U0710405

本書爲
北京大學中國古文獻研究中心成果
國家古籍整理出版專項經費資助項目

道教典籍選刊

老子化胡經校注

郜同麟 校注

中華書局

圖書在版編目(CIP)數據

老子化胡經校注/部同麟校注. —北京:中華書局,
2025.2
(道教典籍選刊)
ISBN 978-7-101-16553-1

Ⅰ.老… Ⅱ.部… Ⅲ.道教-文獻-注釋 Ⅳ.B95

中國國家版本館 CIP 數據核字(2024)第 030353 號

封面題簽:徐　俊
責任編輯:劉浜江
封面設計:周　玉
責任印製:管　斌

道教典籍選刊
老子化胡經校注
部同麟 校注
*
中 華 書 局 出 版 發 行
(北京市豐臺區太平橋西里 38 號　100073)
http://www.zhbc.com.cn
E-mail:zhbc@zhbc.com.cn
河北博文科技印務有限公司印刷
*
850×1168 毫米 1/32・14¼印張・2 插頁・290 千字
2025 年 2 月第 1 版　2025 年 2 月第 1 次印刷
印數:1-3000 册　定價:68.00 元

ISBN 978-7-101-16553-1

道教典籍選刊緣起

道教是我國土生土長的宗教，歷史悠久，可以溯源到戰國時期的方術，甚至更古的巫術，而正式形成於東漢時期。它是我國傳統文化的重要組成部分，對我國人民的思維方式、生活方式，對古代科學、技術的發展，都産生過重大影響，並波及社會政治、經濟等各方面。

道教典籍極爲豐富，就道藏而言，多達五千餘卷，是有待進一步發掘、清理和利用的文化遺産之一。爲便於國内外學術界對道教及其影響的研究，便於廣大讀者瞭解道教的概貌，我們初步擬訂了道教典籍選刊的整理出版計劃。其中既有道教最基本的典籍，也包括各種流派的代表作，有不少書與哲學、思想史關係密切。所有項目，都選用較好的版本作爲底本，進行校勘標點。

由於我們缺乏經驗，工作中難免有失誤之處，亟盼關心此項工作的專家和廣大讀者給以指導與幫助。

中華書局編輯部

一九八八年二月

目録

前言

約在東漢時期，來自印度次大陸的佛教傳入中國。爲了更易於被中國士人接受，佛教或依附黄老之術，於是當時有了「老子入夷狄爲浮屠」的傳説。在中國社會發展和佛教刺激的雙重影響下，中國本土的道教逐漸發展壯大起來。道教徒接受了老子化胡的傳説，又轉而以此爲武器攻擊佛教，編造了多種老子化胡經。其書有過一卷本、二卷本、十卷本、十一卷本等諸種形式，其中有些可能在流傳過程中就已亡佚，但至少有一種流傳至宋代並被收入道藏。元初，佛教、道教進行了一系列重要論争，最終以道教一方失敗告終，這造成的一個後果便是老子化胡經被徹底禁絶。此後數百年間，文獻中再未見到對化胡經的引述。二十世紀初，敦煌藏經洞的發現使一大批古書佚籍重見天日，其中就包括多卷老子化胡經，本書即是對這一批老子化胡經的録文、校注。下面即結合老子化胡説的歷史介紹一下這批文獻。

一、「老子化胡説」與老子化胡經

後漢書襄楷傳載襄楷上書中有「或言老子入夷狄爲浮屠」一句，這是文獻中最早關於老子化胡的記載。從「或言」一語看，這應該是當時的民間傳説。三國志魏書烏丸鮮卑東夷傳裴松之注引魚豢魏略西戎傳亦稱：「浮屠所載與中國老子經相出入，蓋以爲老子西出關，過西域之天竺，教胡。」可見這是漢魏時期已比較流行的傳説。這大概與當時佛、道初興的形勢有關。湯用彤先生即説：「漢世佛法初來，道教亦方萌芽，紛歧則勢弱，相得則益彰。故佛道均藉老子化胡之説，會通兩方教理。」〔一〕

雖東漢時已有老子化胡説，但當時是否形成經典還不能確定。或以爲魏略所引之「浮屠經」即老子化胡經，恐怕證據不足，「浮屠經」應指佛經。一般把老子化胡經的撰作係於西晉王浮名下，這源於佛教文獻的記載。出三藏記集卷一五法祖法師傳：「昔祖平素之日，與浮每争邪正，浮屢屈。既意不自忍，乃作老子化胡經以誣謗佛法。」高僧傳卷一

〔一〕湯用彤漢魏兩晉南北朝佛教史，武漢大學出版社，二〇〇八年，第四二頁。

帛遠傳也有類似的記載，它們應該是同源的。但這一記載卻非常可疑〔一〕。如前所説，老子化胡之説早已流行，並不始於王浮，且這一説法在當時是能够被佛教接受的，並不需要王浮取以作攻擊手段。西晉之時佛道關係並未如後世那樣敵對，道教似乎也没有攻擊佛教的動機。法琳辯正論卷五引此事，且謂出竺道祖晉世雜録，也非常可疑。到佛祖統紀卷三七，又把帛遠、王符（浮）的論争繫於東晉咸康六年（三四〇），這已在帛遠被殺後數十年，更是非常荒誕了。但從出三藏記集和高僧傳的記載看，蕭梁之時佛道關係已非常惡化，當時已有老子化胡經行世，並且佛教徒已將之視作一種羞辱。此後道教徒不停造作老子化胡經，佛教徒也編造出「佛遣三弟子震旦教化，儒童菩薩彼稱孔丘，光净菩薩彼云顔回，摩訶迦葉彼稱老子」〔二〕一類的故事來回應。就這樣，在此問題上，佛道二教紛紛擾擾争論了千餘年。

今已無法確定蕭梁之時老子化胡經的面貌。佛祖統紀認爲後世十一卷本的老子化

〔一〕柴田宣勝老子化胡經僞作者傳に就いへ（史學雜誌第四四編第一號）已指出此説係梁代僧徒僞造。筆者未見柴田氏原文，此據劉屹經典與歷史——敦煌道經研究論集轉引，人民出版社，二〇一一年，第一頁。

〔二〕見法琳破邪論卷上引清浄法行經。

胡經即從王符(浮)一卷本增衍而來,恐怕也是靠不住的。敦煌本老子化胡經卷八、卷一〇形成於北魏中後期(詳下文),未知僧祐、慧皎所見是否即此本。南北朝中後期至唐代中前期形成了多種老子化胡經,敦煌文獻中即存有至少兩種,其中的十卷本又至少是分兩次撰作的。三洞珠囊卷九引了兩種老子化胡經,且均與敦煌本不同,由此可見當時「化胡經」這一經題之下紛繁複雜的文獻面貌。這其中,有一種十卷本的老子化胡經流傳到了宋代,晁公武郡齋讀書志卷一六和鄭樵通志藝文略五都著録了該經。佛祖統紀卷三七則收録一種十一卷本,王利器先生認爲即十卷本加魏明帝序〔一〕,未知確否。但從佛祖統紀卷三六法運通塞志第十七之三晉成帝條注載老子化胡經「第一卷説化罽賓胡王,第二卷俱薩羅國降伏外道」的描述看,恰與敦煌十卷本老子化胡經相合,那麽流傳至宋代的十卷本老子化胡經可能即與敦煌本相近。據續資治通鑑長編卷八六載,王欽若領銜修撰的道藏經目録中也收録了老子化胡經,那麽宋道藏中應該也收録了該經。但這部經流傳至元代,引起了元代統治者的不滿,最終被禁毁。

〔一〕王利器化胡經考,宗教學研究一九八八年第一期。

大約從南北朝中前期起，佛道關係急劇惡化，雙方都依附統治者打擊對方。在「三武滅佛」中，道教徒都起了不小的作用。在佛教的記述中，佛道論争的結果則多是佛教徒大勝，道教徒受到懲處。如續高僧傳卷二四曇無最傳載正光元年（五二〇）無最與道士姜斌對論，姜斌被配徙馬邑；卷二釋彦琮傳載開皇三年（五八三）彦琮與諸道士論議，「道士自伏，陳其矯詐」；佛祖統紀卷三九載總章元年（六六八）因法明排擊老子化胡經，唐高宗「乃勑令搜聚僞本，悉從焚棄」。這些記載是否是歷史實録，道教界所承受的後果是否如此嚴重，都是值得懷疑的。但蒙元初年的一次佛道争端直接導致了老子化胡經的焚禁，張伯淳辯僞録序記録了這次争端的始末：

乙卯間，道士丘處機、李志常等，毁西京天城夫子廟爲文城觀，毁滅釋迦佛像、白玉觀音、舍利寶塔，謀占梵刹四百八十二所，傳襲王浮僞語老子八十一化圖，惑亂臣佐。時少林裕長老率師德詣闕陳奏，先朝蒙哥皇帝玉音宣諭，登殿辯對化胡真僞，聖躬臨朝親證，李志常等義墮詞屈。奉旨焚僞經，罷道爲僧者十七人，還佛寺三十七所。黨占餘寺，流弊益甚。丁巳秋，少林復奏，續奉綸旨，僞經再焚，僧復其業者二百三十七所。由乙卯而辛酉，凡九春，而其徒鼠匿未悛，邪説諂行，屏處猶妄，驚瀆聖情。由是，至元十八年冬，欽奉玉音頒降天下，除道德經外，其餘説謊經文盡行燒毁。

祥邁辯僞録卷二收録了至元十八年(一二八一)的聖旨，其中稱：「更將先生每説謊做來的化胡等經并印板都燒毀了者。」這顯然來自元代的官方文件，其記述應是可靠的。據佛祖歷代通載卷二一，至元二十一年，元世祖又命唐方等刻碑記録「至元十八年十月二十日焚毀道藏僞經始末」。此事件的導火索之一老子八十一化圖至今尚存，且版本衆多。但經此一劫，老子化胡經就完全亡佚了，只在文獻中保留了少量引文。有幸的是，敦煌藏經洞發現了多件老子化胡經寫卷，讓我們得以一睹唐時化胡經的面貌。

二、敦煌本老子化胡經的概況

敦煌藏經洞共發現六件首尾題中含有「化胡經」字樣的寫卷，另有一件無首尾題的殘卷可能也是某種化胡經，現分别介紹如下：

(一)斯一八五七，卷首下部殘損，卷尾完具，五紙，共存經文一百二十五行及首題、卷題、尾題各一行。卷首題「老子化胡經序」，第二十二行有卷題「老子西昇化胡經序説第一」，尾題「老子化胡經卷第一」，卷末有題記「道士索洞玄經」。敦煌藏經洞中有多部索洞玄抄寫的經典，伯二四七五號太玄真一本際經卷二、斯三五六三號太玄真一本際經卷二、伯二三六九號太玄真一本際經卷四、羅振玉雪堂叢刊本太玄真一本際經卷五、斯二九九九號太玄真一本際經卷一〇、伯二二五六號通門論(擬)均有題記「開元二年十一月廿五日,道士索洞玄敬寫」。可知索洞玄是敦煌地區活躍於開元年間的道士,那麽該卷大約也應抄寫於開元前後。

(二)伯二〇〇七,首殘尾全,五紙,共存經文一百一十六行,卷題、尾題各一行。尾題「老子化胡經卷第一」,第十二行有卷題「老子西昇化胡經序説第一」。該卷起老子化胡經序「静之則止」之「則」字左半,相當於斯一八五七號的第十一行。該卷與斯一八五七内容基本相同,可補斯一八五七卷首的少量殘闕。

卷一中的部分内容見於賈善翔猶龍傳和謝守灝混元聖紀。本書對老子化胡經序和卷一的校録即以斯一八五七號爲底本,以伯二〇〇七參校,並參考了猶龍傳、混元聖紀等書。

(三)斯六九六三背,首殘尾全,共十三紙,存經文三百二十四行,尾題一行。尾題「老子化胡經卷第二」。該卷尾題下又有一「宫」字,當是收藏該卷經書的宫觀簡稱。王卡敦煌道教文獻研究——綜述、目録、索引又找到俄敦七六九寫卷,謂與斯六九六三筆跡、殘字吻合〔一〕，可以直接綴合。但今目驗兩卷，筆跡不同，裂縫殘字亦不吻合。俄敦七六九寫卷實爲佛經七佛八菩薩所説大陀羅尼神呪經殘片，與老子化胡經無關。

（四）伯三四〇四，卷首上部微殘，卷尾似完具，共十一紙，存經文二百七十八行，首題一行。首題「□□化胡經受道卷第八」，下有注「奉　勑對定經本」，無尾題。該卷卷背及正面空白處抄有四分律抄。該卷末紙裁爲圭首形，似已爲卷尾。末紙無文字，第十紙抄至末行，且文意似未完結。頗疑末紙爲後期補綴，該卷並不完整。從文意看，缺失的内容可能也不會太多。

（五）伯二〇〇四，首尾完具，共九紙，存經文二百四十二行，首尾題各一行。包首題「老子化胡經卷第十」，首題「老子化胡經玄歌卷第十」，尾題「老子化胡經卷第十」，卷末有「浄土寺藏經」鈐印。該卷包首題及卷題下均有小字「土」，與伯二三三七三洞奉道科誡儀範、故宫博物院藏慈善孝子報恩成道經卷一同。有學者認爲「土」字爲唐道藏的千字文袟號，非是，實爲藏地浄土寺的簡稱。伯二〇〇四卷首紙張稍有殘破，但已被裱補，卷

〔一〕王卡敦煌道教文獻研究——綜述、目録、索引，中國社會科學出版社，二〇〇四年，第一八八頁。

首題下的「土」字正是書於裱補紙上，該卷的包首也應是後補，包首題的筆迹與正文有所不同。那麽該卷很有可能在收入佛寺後又被修補過。

以上五件寫卷首尾題多直接稱「老子化胡經」，學界一般將之視爲同一種文獻，本書也姑從其説，稱之爲「十卷本老子化胡經」，目前共存序和卷一、卷二、卷八、卷一〇。

（六）斯二〇八一，首殘尾全，共六紙，存經文一百三十七行，尾題一行。尾題「太上靈寶老子化胡妙經」。該卷尾題無卷次，則應爲一卷本。該卷的説經主體是「天尊」，與十卷本講述老子事迹有很大不同。因此，該卷顯然是與十卷本不同的另一種化胡經，下文簡稱爲「靈寶化胡經」。

（七）伯二三六〇，首尾缺，中有破洞，起「无極太上」，至「炁遭之於」，共一紙二十八行。卷背有習字雜寫。該卷内容與三洞珠囊卷九所引化胡經文字相近，大淵忍爾據之擬題老子化胡經。該卷説法主體爲「道」，與十卷本老子化胡經及靈寶化胡經均有不同，大淵忍爾認爲可能是化胡經的異本，或是。王卡則認爲該卷筆跡近似斯二〇八一，可能是太上靈寶老子化胡經。但如前所述，斯二〇八一説法的主體與該卷不同；斯二〇八一「有無」之「無」均作「無」，而該卷則作「无」，是兩卷用字不同；斯二〇八一「民」作「民」，而該卷無綴點，作「民」，是兩卷筆跡亦多不同：可知二者並非同卷。

該卷主要内容是講述老君歷代爲帝王師之事，其中並無明確的化胡事迹，項楚認爲本卷是否爲老子化胡經尚有疑問，這是很有道理的。該卷除内容與三洞珠囊卷九所引化胡經相近外，其形式與斯二二九五老子變化經、雲笈七籤卷二所引太上老君開天經等頗有相似之處。杜光庭道德真經廣聖義卷二釋老君事迹氏族降生年代中也有與本卷相近的内容，杜光庭太上黄籙齋儀卷五二所載「歷代聖人神仙所受經」經書名稱及順序也與本卷相合。另外，元趙道一歷世真仙體道通鑑卷一的部分内容也與本卷相近。一切道經音義妙門由起卷一引高上老子本紀、玄中記、瀨鄉記、神仙傳、出塞記等皆有老子爲帝師之事。辯僞録卷二載元憲宗八年（一二五八）所焚四十五部道書名，其中有帝王師録，或亦爲與本經相關的文獻。但值得注意的是，伯二三六〇稱「伏羲之前八万歲，於玉京山南作太清經三百卷」，前引諸種文獻往往詳列老君歷代所出經典，但均無太清經的記載。因此，伯二三六〇應是與前引諸書同源但又不同的一種經典。總之，現在無法確定該卷是否爲老子化胡經，但從與三洞珠囊卷九所引化胡經内容相近可知，該卷與老子化胡經確有非常密切的關係，本書姑稱之爲「别本老子化胡經」。

以上七件寫卷中，伯二三六〇殘損嚴重，内容相對較爲簡單，前文已做了論述，下文將分十卷本系統和靈寶化胡經系統分别論述其餘六件寫卷的内容和時代。

三、十卷本老子化胡經的内容和時代

前面提到，斯一八五七、伯二〇〇七、斯六九六三背、伯三四〇四、伯二〇〇四這五件寫卷首尾題形式一致，應該屬於同一系統。且伯二〇〇七與伯二〇〇四筆跡相近，斯六九六三背和伯三四〇四筆跡相近，可能分别是同一人所抄。因此，將這五件寫卷視作同一系統應該是没有問題的。現存的十卷本老子化胡經共分五個部分，即序、卷一、卷二、卷八、卷一〇，以下分别論述。

斯一八五七號卷首有序題「老子化胡經序」，且下殘存一「魏」字。王國維據趙希弁郡齋讀書後志知所殘當爲「魏明帝撰」一句，其説是〔一〕。該序多爲四言韻語，内容主要是贊歎老子功德、相好。斯一八五七和伯二〇〇七卷首都有殘缺，王維誠發現混元聖紀卷五所引魏明帝老君化胡經讚可補此序，並進一步指出此序係僞託魏明帝〔二〕。劉屹則從其中的思想觀念考察，認爲該序應該晚於儀鳳四年（六七九）撰成的玄元皇帝聖紀，應與

〔一〕王國維唐寫本老子化胡經殘卷跋，觀堂集林，中華書局，一九六一年，第一〇一八頁。
〔二〕王維誠老子化胡經説考證，國學季刊第四卷第二號，一九三四年。

卷一同時作成〔一〕。實際上，序中「止如響紀，消若雲除，□水出火，探巢捕魚，比之於道，不足稱无」幾句，顯然抄自雲笈七籤卷一〇二混元皇帝聖紀中「影離響絶，雲銷霧除，鑽冰求火，探巢捕魚，不足言其無也」，且被改造得語義不明。因此，劉屹的判斷是非常正確的。

卷一序説的主要内容是老君於殷王湯甲時降生，至周昭王時西出，授喜道德五千章句，而後教化八十一胡王，又遊歷五天竺，後還中夏校集仙品，命尹喜降中天竺爲佛陀，授孔子仁義法，降誕王室爲末摩尼，最後於中州「大弘法事」。伯希和、陳垣等學者都注意到其中提到了摩尼教，陳垣、王維誠更注意到其中提到了「大食國王」，這都表明該卷爲唐代的作品。該卷中更有特點的是其中羅列的幾十個外國國名，其中的「護蜜多王」至「波斯國王」十五國恰與龍朔元年（六六一）所置「十六都督府」對應，「石國王」至「火尋國王」一段則爲粟特地區的「昭武」諸姓胡。這些國名中還有佛經中的地名，但如「室羅伐」（即舊譯之「舍衛」）、「迦葉弥羅國」（即舊譯之「罽賓」）均始見於義净、實叉難陀等人的譯經，義净在證聖元年（六九五）方從印度回國抵達洛陽，其主要作品是在神龍元年（七〇

〔一〕劉屹經典與歷史——敦煌道經研究論集，人民出版社，二〇一一年，第一七至三五頁。

五)以後完成的〔一〕。因此，卷一序説應是八世紀的作品。陳垣認該卷「殆作自開元天寶而後」〔二〕，王維誠認爲「或當作於玄宗開元至天寶八載之間」〔三〕，劉屹認爲應該作於開元年間〔四〕。但斯三九六九號摩尼光佛教法儀略引用了該卷的内容，斯三九六九首題下云「開元十九年六月八日，大德拂多誕奉詔集賢院譯」，那麼化胡經卷一不可能成書於開元十九年(七三一)之後。另如前所述，斯一八五七有活動於開元年間的索洞玄的題記，那麽該卷應該成書於開元之前，大約在武周末年至中宗時期。

卷二的主要内容是九十六種外道的名稱及具體屬性。這些描述基本都是虚構的，但也有不少可以找到現實依據。其中，第二十五外道爲「火祆」，第五十外道爲「弥施訶」，第五十一外道爲「摩底」，分别對應了祆教、景教和摩尼教。祆教在北魏中後期傳入中

〔一〕見王邦維義浄與南海寄歸内法傳，載南海寄歸内法傳校注，中華書局，一九九五年，前言第一七至二三頁。
〔二〕陳垣陳垣史學論著選，上海人民出版社，一九八一年，第一四六頁。
〔三〕老子化胡經説考證，國學季刊第四卷第二號，一九三四年。
〔四〕經典與歷史——敦煌道經研究論集，第四三頁。除以上所引三家外，還有不少學者對此問題提出過看法，本書不再一一列舉。

國；據大秦景教流行中國碑，景教在貞觀九年（六三五）方傳入中國；據佛祖統紀卷四十，摩尼教在延載元年（六九四）傳入中國。那麼，卷二應該也是八世紀的作品。又該卷第四一至四九外道之名均爲密宗神名，多見於阿地瞿多、善無畏、不空等人的譯經。阿地瞿多於永徽三年（六五二）方到長安，善無畏、不空等更是到開元以後方到中國。綜合來看，卷二應是八世紀的作品，其形成時間可能與卷一同時或稍後。

卷八品題爲「受道」，主要内容爲老子向胡王傳授經法和戒律。柳存仁認爲該卷大概是南北朝劉宋初的作品〔一〕，劉屹則認爲「這一卷成書當在萬歲通天元年」〔二〕，但證據都嫌不足。值得注意的是，該卷與卷一〇有十分密切的關係。該卷「西」字與「真」「文」「元」等韻部的字押韻，如「天柱未立，日月未分，星宿□□，未有參辰，天无南北，地无東西」「牽天挽地，走使星辰，駈馳日月，或東或西。一日六時，節度其間，冬温夏暑，其神序焉」「日運天雨，血脉相連，天有南北，地有東西，陰陽相對，男女婚姻」，皆其例。這與卷一〇是一致的。卷八的内容與卷一〇也多相照應，如卷一〇中稱：「胡國相釐還迦夷，侵

〔一〕柳存仁老子化胡經卷八的成立時代，載新世紀敦煌學論集，巴蜀書社，二〇〇三年，第一八六頁。
〔二〕經典與歷史——敦煌道經研究論集，第四三頁。

境暴秏買育人，男子守塞憂婆夷。」其語義並不明確。卷八中老子稱：「優婆塞、優婆夷者，迦夷國大兵衆侵煞隣國，奪人男女財寶，人皆忘之，相率於國，男立塞使强兵防守，女人老弱令在家中。胡名劫奪曰劫叛婆，故女子居家者憂其男子在塞上爲迦夷所劫奪傷煞，遂呼男爲優婆塞；男子守塞者憂其女子在家復爲迦夷所劫奪鹵略，乃呼女爲優婆夷。」恰可爲前面所引卷一〇的幾句話作注。此外，卷八稱「吾在其中，騰擲精神，分明日月，整理星辰，修立天道，四氣五行，配當陰陽，列注山川，安人六府，初立精神」，這與卷一〇「畫出天道安山川，置立五岳集靈仙，吹噓寒暑生万民，煩炁衆生人得真，置立五藏施心神，動作六神能語言」意思也一致。逯欽立認爲卷一〇作於北魏中後期，卷八應該與之同時作成。

卷一〇有品名「玄歌」，全卷皆爲韻文，有化胡歌八首、尹喜哀歎五首、太上皇老君哀歌七首、老君十六變詞十八首。關於該卷的時代，逯欽立有非常精彩的論述：

此卷玄歌，按其所涉史實，知爲北魏時代之作。化胡歌第二首云：「致令天氣怒，太上踏地瞋。寺廟崩倒漸，龍王舐經文。八萬四千弟子，一時受大緣。」老君十六變詞第十三首云：「不翫道法貪治生，搊心不堅還俗經，八萬四千受罪緣，破塔毀廟誅道人，打敷銅像削取金。」所言毀寺、焚經、誅戮沙門，實指北魏太武帝太平真君七年滅佛一事，前此無史實也，證此卷玄歌之出在太武帝毁法之後。又按老君十六變詞第一首云：「合口誦經聲璅璅，眼中淚出珠子碟。」北齊顏之推顏氏家訓已引之。化胡歌之二「我在舍衛時」至「太上踏地嗔」等句，北周甄鸞笑道論已引之，俱證此卷玄歌保存齊、周以前原貌也。又魏書釋老志於叙述太武滅佛之後，言「文成帝嗣位，詔復佛法，天下承風，朝不及夕。往時所毁佛寺，仍還修矣，佛像經論皆復得顯」。此其叙録與老君十六變詞所謂「未容幾時還造新，雖得存立帝恐心」亦合，可見玄歌之問世去文成帝時代並不久。〔一〕

其説確當無疑，不過還有幾點可以再做補充。老君十六變詞爲七言體，且句句押韻。早期的七言詩均句句押韻，至劉宋鮑照方出現隔句押韻的形式，蕭梁以後此體大興，七言詩基本變爲隔句押韻〔二〕。老君十六變詞這種句句用韻的形式，恐怕也表明其時代較早。

〔一〕逯欽立先秦漢魏南北朝詩，中華書局，一九八三年，第二二四七頁。又逯欽立跋老子化胡經玄歌（載逯欽立文存，中華書局，二〇一〇年，第五五九至五六三頁）有更詳細的論述，可參看。

〔二〕關於此問題，可參陳允吉中古七言詩體的發展與佛偈翻譯，載氏著佛教與中國文學論稿，上海古籍出版社，二〇一〇年，第九四至一一六頁。

又化胡歌第三首「西」与「山」「懸」韻，老君哀歌第一首「西」與「天」「旋」韻，第四首「西」與「元」「山」韻，可見該卷用韻是將「西」字讀入先仙韻，這正是南北朝中前期特徵。另外，老君十六變詞第五首稱「生在中都在洛川」，既稱洛川爲「中都」，則本卷成書應在孝文帝太和十八年（四九四）遷都洛陽之後。總之，卷一〇應是五世紀末至六世紀初北朝的作品。

四、太上靈寶老子化胡經的内容和時代

斯二〇八一寫卷尾題「太上靈寶老子化胡妙經」，與前述五件寫卷形式不同；該卷説經者爲天尊，與十卷本老子化胡經以老子爲主角也有不同；該卷對佛教非常友好，將佛與道並立，説法的也是佛、道二尊，與十卷本老子化胡經敵視佛教顯然不同。因此大淵忍爾、項楚等學者都認爲本件寫卷是與十卷本老子化胡經不同的另一種「化胡經」〔一〕，這是非常正確的。王卡認爲該卷的部分内容「亦見於晉宋之際所出洞淵神咒經，作者疑即嵩

〔一〕參大淵忍爾敦煌道經目録編，雋雪艷、趙蓉譯，齊魯書社，二〇一六年，第八七五頁；項楚老子化胡經玄歌考校，載柱馬屋存稿，商務印書館，二〇〇三年，第二七三頁。

山著名道士寇謙之」〔一一〕，其説可能有些問題。

該卷卷首殘損，從文意看，第七行「尒時，天尊在坐中語諸群生曰……」才開始正式説經，前面的都是相當於「序分」的部分，那麽該卷前面殘缺的内容可能不會太多。

該卷天尊先言分立五方帝君，次言大聖有佛、道二尊，邊裔「不信罪福，各行惡逆」，故分身二乘教化，若依經法則能得種種好處。其後天尊與胡王互相設食，胡王心懼，火燒天尊，失敗後向天尊降伏受法。然後天尊言劫末當有災難，信道建福可度劫難。該經的結構與一部佛教僞經相近，即普賢菩薩説證明經第二部分證香火本因經。如靈寶化胡經卷首言五方帝，證香火本因經則述六方菩薩；此後靈寶化胡經稱「胡夷越老（獠），一切衆生，心意不同，不識真僞，不信罪福，各行惡逆」，證香火本因經亦云「有一大國，名爲振旦，不識正法，不識如來，不解正法，不識好人」；而後靈寶化胡經云若善男善女「愛樂是經」便得種種好處，證香火本因經則稱「假使有緣比丘僧、比丘尼、優婆塞、優婆夷、善男子、善女人，若受持，若讀誦，若書寫」也能得種種果報。也就是説，兩經的開頭部分結構幾乎一致。這也從側面證明了前文關於靈寶化胡經卷首殘泐不多的論斷。

〔一一〕敦煌道教文獻研究——綜述、目録、索引，第二七頁。

除此之外，兩經還有非常特别的共同點，即關於「二聖並治」的安排。靈寶化胡經中認爲佛、道並峙，説法的是佛、道二尊，未來出世的也是真君、彌勒二位。證香火本因經云：「却後數日，天出明王，地出聖主，二聖並治，并在神州。」也有「明王」和「聖主」並治神州的觀念。這種思想的最初來源大約應爲法華經見寶塔品中多寶佛與釋迦牟尼佛共同説法的場景。但靈寶化胡經和證香火本因經的直接來源恐怕不是法華經，而是與當日政治有很大關係。舊唐書高宗紀云，上元元年（六七四），「皇帝稱天皇，皇后稱天后」；上元二年，「時帝風疹，不能聽朝，政事皆決於天后。自誅上官儀後，上每視朝，天后垂簾於御座後，政事大小皆預聞之，内外稱爲『二聖』。」這正是所謂「二聖並治」[一]。證香火本因經中有大量的讖記，結合歷史來看，其中的「二聖」應該就是暗指唐高宗與武則天。將證香火本因經與武則天聯繫起來的證據並非僅有「二聖」一條。爲武則天篡位所

[一] 另外值得注意的一個問題是，在四川地區發現了一批佛老成對造像，均爲唐玄宗時期的作品（詳參穆瑞明著，胡鋭譯道佛關係的圖像學研究：唐玄宗時期的四川摩崖造像，宗教學研究二〇一九年第四期），這很可能是受到靈寶化胡經或類似經典的影響，由此也可以推知靈寶化胡經產生的時代。

僞造的大雲經疏中大量引用了證明因緣讖，該讖即是據證香火本因經撰作的〔一〕。如果證香火本因經本就在高宗或武周時成書的話，其中有大量有利於武則天的讖記就不奇怪了〔二〕。

證香火本因經中還有不少關於彌勒降生的内容，大雲經疏即取此以證武則天即彌勒。靈寶化胡經也有鮮明的彌勒信仰，其中稱「然後真君來下，及弥勒衆聖治化」，部分語句與佛説彌勒下生經非常相近。北朝時彌勒信仰非常興盛，但北朝末以後，在統治者的打擊下趨於衰落，高宗至武周時，由於武則天的緣故才有短暫的復興〔三〕。靈寶化胡經如此重視彌勒，應該也與武則天有關。

〔一〕可參矢吹慶輝三階教研究，岩波書店，一九二七年，第七二〇至七三四頁；林世田敦煌所出普賢菩薩説證明經及大雲經疏考略，文津學志第一輯，北京圖書館出版社，二〇〇三年；楊剛普賢菩薩説證明經研究，中國俗文化研究第十八輯，四川大學出版社，二〇二〇年。

〔二〕有學者認爲證香火本因經的讖記是在匯編入普賢菩薩説證明經時羼入的，這也有一定可能。

〔三〕關於此問題，可參唐長孺北朝的彌勒信仰及其衰落，載魏晉南北朝史論拾遺，中華書局，二〇一一年，第一九八至二〇七頁。

尤其值得注意的是，證香火本因經中還有關於老子化胡的内容，其中云：「左脇生釋迦，老子作相師。白疊承釋迦，老子重瞻相。」這將佛傳故事中的「相師」替换爲老子，顯然是受了老子化胡故事的影響，但並未如十卷本老子化胡經將佛道對立，而是調和了二者的矛盾，這與靈寶化胡經中對佛道關係的處理如出一轍。這很可能也與武則天的提倡有關。全唐文卷九六載武則天僧道並重敕：「老君化胡，典誥攸著，豈容僧輩妄請削除……明知化胡是真，作佛非謬，道能方便設教，佛本因道而生，老、釋既自元同，道、佛亦合齊重。自今後，僧入觀不禮拜天尊，道士入寺不瞻仰佛像，各勒還俗，乃科違敕之罪。」靈寶化胡經和證香火本因經這種佛道並重的處理正由於統治者的這一態度。

因此，靈寶化胡經大約稍後於證香火本因經，應爲高宗末至武周時的産物。前面提到，唐代中前期有多種化胡經涌現出來。這種化胡經大量涌現的現象，可能是對屢次出現的抑道政策的反動。佛祖統紀卷四〇載總章元年（六六八）焚棄老子化胡經，佛祖歷代通載卷一二亦載此事。神龍元年（七〇五），中宗又下詔禁化胡經。每一次禁毁，勢必造成世間化胡經傳本稀少。待政策寬鬆之後，便有好事者在「化胡」這一主題下融合舊有傳説及時代新風造作出新的化胡經。此靈寶化胡經及十卷本老子化胡經卷一、卷二的出現，正體現了這一道教勢力消長的歷史進程。

五、關於本次校注的説明

敦煌本老子化胡經很早就引起了學者的注意，吉岡義豐道教と佛教、逯欽立先秦漢魏晉南北朝詩、中華道藏、姜佩君敦煌老子化胡經研究等書都部分或全部爲這一批文獻做了録文，又有不少學者做了校勘工作。本書直接據敦煌圖版録文，參考了前人的研究成果，並做了注釋。原卷有殘缺，可據其他文獻補足的，一般直接補足，並出校記説明；無法補足的，則用□號表示，缺幾字用幾個□；不能確定缺字字數者，上部殘缺時用▭號，下部殘缺時用▭號，中部殘缺時用▭號；模糊不清無法録出或殘存偏旁者用▨號表示，缺幾字用幾個▨號；原卷中比較明顯的錯字直接改正，並出校説明，原卷本身有校改符號的據以直接改正；脱字據上下文或文義補出時外加〔　〕號，確定有脱文但無法補出時，用〔□〕表示。

本書的附録共分三部分，第一部分是文獻中關於老子化胡經的引文，第二部分是與老子化胡説有關的文獻，第三部分是老子化胡經的相關史料。具體編排情况詳參各附録下的按語。

中國社會科學院世界宗教研究所張旭先生通讀了書稿並提出了許多寶貴的意見，北京大學歷史系張帆教授審閲了附録三所收幾首元代詔書的標點，山東大學徐俊教授爲本書題寫了書名，謹嚮三位先生致以衷心的感謝。

老子化胡經内容駁雜，部分文字晦澀難通，受整理者學力所限，書中的録文、注釋肯定會有不少問題，懇請讀者見諒，並不吝賜教。

郜同麟

二〇二三年九月

參考文獻

【古代典籍】

白居易集，唐白居易撰，顧學頡校點，北京：中華書局，一九七九年

抱朴子内篇校釋，晉葛洪撰，王明校釋，北京：中華書局，一九八五年

抱朴子外篇校箋，晉葛洪撰，楊明照校箋，北京：中華書局，一九九一年

北山録校注，唐神清撰，宋慧寶注，宋德珪注解，富世平校注，北京：中華書局，二〇一四年

備急千金要方，唐孫思邈撰，高文柱、沈澍農校注，北京：華夏出版社，二〇〇八年

册府元龜，宋王欽若等編，北京：中華書局，一九六〇年

初學記，唐徐堅等著，北京：中華書局，一九六二年

出三藏記集，南朝梁釋僧祐撰，蘇晉仁、蕭錬子點校，北京：中華書局，一九九五年

大乘起信論校釋，南朝梁真諦譯，高振農校釋，北京：中華書局，一九九二年

大唐西域記校注，唐玄奘、辯機原著，季羡林等校注，北京：中華書局，二〇〇〇年

大唐西域求法高僧傳校注，唐義淨著，王邦維校注，北京：中華書局，一九八八年
大慈恩寺三藏法師傳，唐慧立、彦悰著，孫毓棠、謝方點校；釋迦方誌，唐道宣著，范祥雍點校，北京：中華書局，二〇〇〇年
大正新修大藏經，臺北：新文豐出版公司，一九八三年
道藏，北京：文物出版社、上海：上海書店、天津：天津古籍出版社，一九八八年
登真隱訣輯校，南朝梁陶弘景撰，王家葵輯校，北京：中華書局，二〇一一年
獨異志，唐李冗撰，張永欽、侯志明點校，北京：中華書局，一九八三年
讀書雜志，清王念孫撰，南京：江蘇古籍出版社，二〇〇〇年
杜光庭記傳十種輯校，唐杜光庭撰，羅争鳴輯校，北京：中華書局，二〇一三年
杜牧集繫年校注，唐杜牧撰，吴在慶校注，北京：中華書局，二〇〇八年
敦煌變文校注，黄征、張涌泉校注，北京：中華書局，一九九七年
法顯傳校注，東晉釋法顯撰，章巽校注，北京：中華書局，二〇〇八年
法苑珠林校注，唐釋道世著，周叔迦、蘇晉仁校注，北京：中華書局，二〇〇三年
揚雄方言校釋匯證，華學誠匯證，王智群、謝榮娥、王彩琴協編，北京：中華書局，二〇〇六年

佛祖統紀校注，宋志磐撰，釋道法校注，上海：上海古籍出版社，二〇一二年
高僧傳，南朝梁釋慧皎撰，湯用彤校注，湯一玄整理，北京：中華書局，一九九二年
廣成集，唐杜光庭撰，董恩林點校，北京：中華書局，二〇一一年
廣川畫跋，宋董逌撰，叢書集成初編第一六三七册影印學津討原本，上海：商務印書館，一九三九年
廣韻校本，宋陳彭年等編，周祖謨校，北京：中華書局，二〇一一年
國語，上海師範大學古籍整理研究所校點，上海：上海古籍出版社，一九九八年
干禄字書，唐顏元孫撰，叢書集成初編第一〇六四册影印夷門廣牘本，上海：商務印書館，一九三六年
韓昌黎詩集編年箋注，唐韓愈著，清方世舉編年箋注，郝潤華、丁俊麗整理，北京：中華書局，二〇一二年
漢書，漢班固撰，唐顏師古注，北京：中華書局，一九六二年
弘明集校箋，南朝梁釋僧祐撰，李小榮校箋，上海：上海古籍出版社，二〇一三年
後漢書，南朝宋范曄撰，唐李賢等注，北京：中華書局，一九六五年
淮南子集釋，漢劉安編，何寧校釋，北京：中華書局，一九九八年

集古今佛道論衡校注，唐道宣撰，劉林魁校注，北京：中華書局，二〇一八年
稽神録，宋徐鉉撰，白化文點校；括異志，宋張師正撰，白化文、許德楠點校，北京：中華書局，二〇〇六年
金匱要略校注，漢張仲景撰，何任主編，北京：人民衛生出版社，一九九〇年
錦繡萬花谷，明嘉靖繡石書堂刊本
晉書，唐房玄齡等撰，北京：中華書局，一九七四年
敬業堂詩集，清查慎行著，四部叢刊初編影印清康熙刊本
舊唐書，後晉劉昫等撰，北京：中華書局，一九七五年
郡齋讀書志，宋晁公武撰，孫猛校證，上海：上海古籍出版社，一九九〇年
匡謬正俗，唐顏師古撰，叢書集成初編第一一七〇册影印小學彙函本，上海：商務印書館，一九三六年
老子道德經河上公章句，王卡點校，北京：中華書局，一九九三年
禮記正義，漢鄭玄注，唐孔穎達正義，郜同麟點校，杭州：浙江大學出版社，二〇一九年
靈樞經校釋，河北醫學院校釋，北京：人民衛生出版社，一九八二年
六臣注文選，南朝梁蕭統編，唐李善、吕延濟、劉良、張銑、吕向、李周翰注，北京：中華書

局，一九八七年
龍龕手鏡，遼釋行均編，北京：中華書局，一九八五年
路史，宋羅泌撰，景印文淵閣四庫全書第三八三册，臺北：臺灣商務印書館，一九八六年
羅氏識遺，宋羅璧著，叢書集成新編第一二册影印學海類編本，臺北：新文豐出版公司，一九八六年
洛陽伽藍記校箋，北魏楊衒之著，楊勇校箋，北京：中華書局，二〇〇六年
吕氏春秋集釋，許維遹撰，梁運華整理，北京：中華書局，二〇〇九年
南海寄歸内法傳校注，唐義净著，王邦維校注，北京：中華書局，一九九五年
南華真經注疏，晉郭象注，唐成玄英疏，曹礎基、黄蘭發點校，北京：中華書局，一九九八年
攀古小盧雜著，清許瀚撰，續修四庫全書第一一六〇册影印清刻本，上海：上海古籍出版社，一九九四—二〇〇二年
齊民要術校釋，後魏賈思勰原著，繆啓愉校釋，繆桂龍參校，北京：農業出版社，一九八二年
全宋詩，北京大學古文獻研究所編，北京：北京大學出版社，一九九一—一九九八年

全唐文，清董誥等編，北京：中華書局，一九八三年
三國志，晉陳壽撰，南朝宋裴松之注，北京：中華書局，一九五九年
山海經，晉郭璞注，清畢沅校，影印浙江書局本，上海：上海古籍出版社，一九八九年
十三經注疏，影印清嘉慶二十至二十一年南昌府學刊本，北京：中華書局，二〇〇九年
史記，漢司馬遷撰，南朝宋裴駰集解，唐司馬貞索隱，唐張守節正義，北京：中華書局，一九五九年
釋氏要覽校注，宋釋道誠撰，富世平校注，北京：中華書局，二〇一四年
水經注校證，北魏酈道元著，陳橋驛校證，北京：中華書局，二〇〇七年
說文解字注，漢許慎撰，清段玉裁注，影印經韻樓嘉慶二十年刊本，上海：上海古籍出版社，一九八八年
說文新附考，清鈕樹玉撰，續修四庫全書第二一三冊影印清嘉慶六年非石居刻本
說文外編，清雷浚撰，續修四庫全書第二二七冊影印清光緒二年刻本
宋高僧傳，宋贊寧撰，范祥雍點校，北京：中華書局，一九八七年
宋刻集韻，宋丁度等編，北京：中華書局，二〇〇五年
蘇氏演義（外三種），唐蘇鶚撰，吴企明點校，北京：中華書局，二〇一二年

隋書，唐魏徵、令狐德棻撰，北京：中華書局，一九七三年
太平廣記，宋李昉等編，北京：中華書局，一九六一年
太平經合校，王明編，北京：中華書局，一九六〇年
太平御覽，宋李昉等撰，北京：中華書局，一九六〇年
壇經校釋，唐慧能著，郭朋校釋，北京：中華書局，一九八三年
唐大詔令集，宋宋敏求編，北京：中華書局，二〇〇八年
唐會要，宋王溥撰，北京：中華書局，一九五七年
唐六典，唐李林甫等撰，陳仲夫點校，北京：中華書局，一九九二年
通典，唐杜佑撰，王文錦、王永興、劉俊文、徐庭雲、謝方點校，北京：中華書局，一九八八年
通俗編（附直語補證），清翟灝撰，顔春峰點校，北京：中華書局，二〇一三年
通志，宋鄭樵撰，北京：中華書局，一九八七年
通志二十略，宋鄭樵撰，王樹民點校，北京：中華書局，一九九五年
外臺秘要，唐王燾編，影印明崇禎經餘居刊本，北京：人民衛生出版社，二〇〇〇年
王梵志詩校注，唐王梵志著，項楚校注，上海：上海古籍出版社，一九九一年

往五天竺國傳箋釋，唐慧超原著，張毅箋釋；經行記箋注，唐杜環原著，張一純箋注，北京：中華書局，二〇〇〇年

魏書，北齊魏收撰，北京：中華書局，一九七四年

文苑英華，宋李昉等編，北京：中華書局，一九六六年

無上秘要，北周宇文邕編，周作明點校，北京：中華書局，二〇一六年

先秦漢魏晉南北朝詩，逯欽立輯校，北京：中華書局，一九八三年

新唐書，宋歐陽脩、宋祁撰，北京：中華書局，一九七五年

續高僧傳，唐道宣撰，郭紹林點校，北京：中華書局，二〇一四年

續資治通鑑長編，宋李燾撰，上海師範大學古籍整理研究所，華東師範大學古籍整理研究所點校，北京：中華書局，一九七九年

學齋佔畢，宋史繩祖撰，叢書集成初編第三一三册據百川學海本排印，上海：商務印書館，一九三九年

顔氏家訓集解，北齊顔之推撰，王利器集解，北京：中華書局，一九九三年

養性延命録校注，南朝梁陶弘景集，王家葵校注，北京：中華書局，二〇一四年

一切經音義，唐慧琳撰，中華大藏經第五七—五九卷影印高麗藏本，北京：中華書局，一

九九三年
一切經音義，唐玄應撰，中華大藏經第五六—五七卷影印金藏廣勝寺本及高麗藏本
一切經音義三種校本合刊，徐時儀校注，畢慧玉、耿銘、郎晶晶、王華權、徐長穎、許啓峰助校，上海：上海古籍出版社，二〇〇八年
夷堅志，宋洪邁撰，何卓點校，北京：中華書局，二〇〇六年
玉臺新詠箋注，南朝陳徐陵編，清吴兆宜注，清程琰删補，穆克宏點校，北京：中華書局，一九八五年
雲笈七籤，宋張君房編，李永晟點校，北京：中華書局，二〇〇三年
真誥，南朝梁陶弘景撰，趙益點校，北京：中華書局，二〇一一年
真靈位業圖校理，南朝梁陶弘景纂，唐閭丘方遠校訂，王家葵校理，北京：中華書局，二〇一三年
鍼灸甲乙經校注，張燦玾、徐國仟主編，北京：人民衛生出版社，一九九六年
中華道藏，張繼禹主編，北京：華夏出版社，二〇〇四年
終南仙籍，樊光春主編，西安：三秦出版社，二〇一四年
莊子集釋，清郭慶藩撰，王孝魚點校，北京：中華書局，一九八五年

【現代著作】

陳垣史學論著選，陳垣撰，上海：上海人民出版社，一九八一年
道教と佛教，日吉岡義豐撰，東京：日本學術振興會，一九五九年
道教經史論叢，王卡撰，成都：巴蜀書社，二〇〇七年
敦煌道教文獻研究——綜述、目録、索引，王卡撰，北京：中國社會科學出版社，二〇〇四年
敦煌道經目録編，日大淵忍爾著，雋雪艷、趙蓉譯，濟南：齊魯書社，二〇一六年
敦煌老子化胡經研究，姜佩君著，臺北：花木蘭文化出版社，二〇一〇年
敦煌書儀語言研究，張小艷撰，北京：商務印書館，二〇〇七年
敦煌俗字研究，張涌泉撰，上海：上海教育出版社，二〇一五年
敦煌文獻語言大詞典，張涌泉、張小艷、郜同麟主編，成都：四川辭書出版社，二〇二二年
佛教與中國文學論稿，陳允吉撰，上海：上海古籍出版社，二〇一〇年
古代南海地名彙釋，陳佳榮、謝方、陸峻嶺撰，北京：中華書局，一九八六年
觀堂集林，王國維著，北京：中華書局，一九六一年
漢魏兩晉南北朝佛教史，湯用彤撰，武漢：武漢大學出版社，二〇〇八年
經典與歷史——敦煌道經研究論集，劉屹著，北京：人民出版社，二〇一一年

敬天與崇道——中古經教道教形成的思想史背景，劉屹著，北京：中華書局，二〇〇五年
逯欽立文存，逯欽立撰，北京：中華書局，二〇一〇年
摩尼教流行中國考，法伯希和、沙畹撰，馮承鈞譯，上海：上海古籍出版社，二〇一四年
三階教研究，日矢吹慶輝撰，東京：岩波書店，一九二七年
魏晉南北朝史論拾遺，唐長孺撰，北京：中華書局，二〇一一年
西域地名詞典，馮志文、吐爾迪納斯爾、李春華、賀靈、石曉奇等編著，烏魯木齊：新疆人民出版社，二〇〇二年
中國三階教史，張總著，北京：社會科學文獻出版社，二〇一三年
中西交通史料彙編，張星烺編注，朱傑勤校訂，北京：中華書局，二〇〇三年
柱馬屋存稿，項楚撰，北京：商務印書館，二〇〇三年

【論文】

道佛關係的圖像學研究：唐玄宗時期的四川摩崖造像，穆瑞明著，胡鋭譯，宗教學研究二〇一九年第四期
敦煌道經校讀三則，王卡著，道家文化研究第十三輯，北京：生活讀書新知三聯書店，一九九八年

敦煌社會經濟文書語詞輯考，張小艷著，出土文獻與古文字研究第一輯，上海：復旦大學出版社，二〇〇六年

敦煌所出普賢菩薩説證明經及大雲經疏考略——附普賢菩薩説證明經校録，林世田著，文津學誌第一輯，北京：北京圖書館出版社，二〇〇三年

河北蔚縣玉泉寺至元十七年聖旨碑考略，劉建華著，考古一九八八年第四期

化胡經考，王利器著，宗教學研究一九八八年第一期

老子八十一化圖研究，胡春濤著，西安美術學院博士論文，二〇一一年

老子化胡經卷八的成立時代，柳存仁著，載新世紀敦煌學論集，成都：巴蜀書社，二〇〇三年

老子化胡經説考證，王維誠著，國學季刊第四卷第二號，一九三四年

摩尼教對佛道降誕傳説的比附與改造，包朗、楊富學著，文史二〇一六年第四輯

普賢菩薩説證明經研究，楊剛著，中國俗文化研究第十八輯，成都：四川大學出版社，二〇二〇年

玄妙内篇考——六朝至唐初道典文本變化之一例，劉屹著，載郝春文主編敦煌文獻論集，瀋陽：遼寧人民出版社，二〇〇一年

十卷本老子化胡經

老子化胡經序

老子化胡經序

魏□〔一〕

渾元〔二〕未始，老君唯〔三〕先。長於太初，冥昧之前；无〔四〕師无祖，誕生自然；合〔五〕真散朴，乃微乃玄。仰而舉之〔六〕，耀乎霄乾〔七〕；俯而循〔八〕之，深乎淵源。敷二儀〔九〕以布化，燭三光以列天。其性無欲，純粹精也〔一〇〕；體虛抱素，妙難名〔一一〕也。撓之不濁，澄之不清〔一二〕，幽〔一三〕之不昧，顯之不榮。誰謂天高，懸象可標；誰謂〔一四〕地厚，重泉可洮〔一五〕。然夫〔一六〕道也，標之不高，洮之不浚〔一七〕。物受其形，莫鑒其源；人稟其中，莫識其全〔一八〕。美哉乎道，追之弥遠，挹之弥沖〔一九〕，□□□□，□之弥崇；動之則行，靜之則〔二〇〕止；開之則〔二一〕□，□□斯否，爲万物之宗、天地之始。吾欲書之，非筆〔二二〕可紀；吾欲體之，无形可擬。飄乎无外，或沉或〔二三〕浮；淪乎九[□]，潛豪翳餘〔二四〕。止如響紀〔二五〕，消若雲除〔二六〕，鑽冰出火〔二七〕，探巢捕魚，比之於道，不足稱无。深慜後生〔二八〕，託下於陳，爲周柱史，經九百年〔二九〕。金身玉質，口方齒銀，額有叄午〔三〇〕，龍顏犀文〔三一〕，耳高於頂，日角月玄〔三二〕，鼻有雙柱〔三三〕，天中平填〔三四〕，足蹈二五〔三五〕，手把十文〔三六〕。无極之際，言歸崑崙，化彼胡域，次授罽賓，後及天竺，於是遂遷，文垂後世，永乎弗泯。

校注

〔一〕「魏」，斯一八五七號該字後缺損，混元聖紀卷五引魏明帝老君化胡經讚，王卡據補「明帝御製」四字。

〔二〕「渾元」，指天地。漢書叙傳載班固幽通賦：「渾元運物，流不處兮。」顏師古注：「渾元，天地之氣也。」

〔三〕「唯」，混元聖紀引作「爲」。

〔四〕「於太初，冥昧之前，无」，原闕，據混元聖紀補。

〔五〕「合」，混元聖紀作「渝」，當誤。按，「合真」即合於真道，道教文獻中習見此詞，如伯二三三五二號洞玄靈寶長夜之府九幽玉匱明真科：「得道之後，升入无形，與道合真。」斯七九三號太上洞玄靈寶天尊説濟苦經：「此等先生，隨我形變名位，二處恒從侍我，歷化還宮，得道合真。」

〔六〕「散朴，乃微乃玄，仰而」，原闕，據混元聖紀補。「散朴」，指散去朴質而生成萬物。道德經：「朴散則爲器。」河上公章句：「萬物之朴散則爲器用，若道散則爲神明，流爲日月，分爲五行也。」「舉」，混元聖紀作「攀」，似較通。

〔一七〕「霄乾」，近義連文，指天。

〔一八〕「循」，混元聖紀作「察」。按，「循」猶「尋」。莊子秋水：「請循其本。」成玄英疏：「循，猶尋也。」淮南子原道：「是故視之不見其形，聽之不聞其聲，循之不得其身。」

〔一九〕「深乎淵源，敷二儀」，原闕，據混元聖紀補。

〔一〇〕「其性無欲，純粹精也」，原闕，據混元聖紀補。

〔一一〕「名」，混元聖紀作「明」。按，「難名」即難以名狀，古人多用此詞形容道教精微的教義，本書卷八云「道是虚无難名之神」，唐玄宗注道德經「谷神不死」一句亦云「妙用難名」。

〔一二〕「濁，澄之不清」，原闕，據混元聖紀補。後漢書卷五三黄憲傳載郭林宗云：「叔度汪汪若千頃陂，澄之不清，淆之不濁，不可量也。」文選卷五八王儉褚淵碑文：「汪汪焉，洋洋焉，可謂澄之不清，撓之不濁。」本經即用此成句。

〔一三〕「幽」，原闕，據混元聖紀補。

〔一四〕「懸象可標，誰謂」，原闕，據混元聖紀補。「懸象可標」，「懸象」即易繫辭「天垂象，見吉凶」之「垂象」，指日月星辰。「誰謂天高，懸象可標」，謂天雖高，猶有日月星辰標明其高。

〔一五〕「重泉」，即「九淵」，指深淵。「洮」，後世作「淘」。

〔一六〕「夫」，混元聖紀無。

〔一七〕「之不高，洮之不」，原闕，據混元聖紀補。「浚」，深。

〔一八〕「其中，莫識其全」，原闕，據混元聖紀補。

〔一九〕道德經：「大盈若沖。」文選卷二四潘尼贈陸機出爲吴王郎中令：「泳之彌廣，挹之彌沖。」李善注：「字書曰：沖，猶虚也。」

〔二〇〕伯二〇〇七號自「則」字始。

〔二一〕「之則」，原闕，據伯二〇〇七補。

〔二二〕「欲書之，非筆」，原闕，據伯二〇〇七補。

〔二三〕「或沉或」，原闕，據伯二〇〇七補。

〔二四〕此句當有脱文，中華道藏本於「九」下補「淵」字。雲笈七籤卷一〇二混元皇帝聖紀：「結根九泉，沈嶠八海。」疑本經亦當避唐諱作「九泉」。「潛豪翳餘」，蓋謂潛藏於毫毛之中而掩翳其餘。太上洞玄靈寶中和經：「道之弘大，包含天地，變化神炁，布散八極之外，内潛毫毛之中。」

〔二五〕「紀」，當爲「絶」字之誤。雲笈七籤卷一〇二混元皇帝聖紀：「影離響絶，雲銷霧除。」本經與之義同。

〔二六〕「雲除」，原闕，據伯二〇〇七補。

〔二七〕「鑽冰出火」，「鑽」字原闕，「冰」原作「水」。雲笈七籤卷一〇二混元皇帝聖紀：「鑽冰求火，探巢捕魚，不足言其無也。」據補「鑽」字，校「水」作「冰」。

〔二八〕「生」，混元聖紀作「世」。

〔二九〕斯二二九五號老子變化經云：「爲柱下吏七百年。」與此「九百年」不同。有學者認爲這是因本經將老子降生之時上推至殷時導致的。但本經卷一稱老子康王時爲柱下史，昭王時即西邁，中間無論如何不可能有九百年。其實本經卷一「九耀」「九龍」「九井」「九步」「身長九尺」等等，均比附數字九，此處作「九百年」，恐怕也是基於對數字「九」的崇拜，並没有什麽實際意義。

〔三〇〕「額有叄午」，指額頭有特殊紋理。抱朴子内篇雜應：「老君真形者……額有三理上下徹。」三洞珠囊卷八：「額有三理，參午上達。」所謂「叄午」，蓋即指「三理參午上達」「三理上下徹」。

〔三一〕「龍顔犀文」，蓋指人面有如龍、犀之角一樣的紋理。文選卷五四劉孝標辯命論「龍犀日角，帝王之表」，李善注引朱建平相書：「額有龍犀入髮，左角日，右角月，王天下也。」

〔三二〕「日角月玄」，指人額頭兩側有骨隆起。後漢書光武帝紀「身長七尺三寸，美須眉，大口，隆準，日角」，李賢注引鄭玄尚書中候注：「日角謂庭中骨起，狀如日。」又參前條注。

〔三三〕「鼻有雙柱」，指有兩個鼻梁，鼻孔中隔有兩個。三洞珠囊卷八：「鼻有雙柱，形如截筒。」又引靈寶三部八景：「鼻如金柱，具三窗。」初學記卷二三引高上老子内傳：「鼻純骨有雙柱。」

〔三四〕「天中平填」，三洞珠囊卷八作「天庭平填」，此處蓋指面部較平。本書卷八云：「面廣一丈二尺，上下齊平。」

〔三五〕「足蹈二五」，指足底有特殊的圖案。大般若波羅蜜多經卷三八一説佛三十二相云：「世尊足下千輻輪文，輞轂衆相無不圓滿。」可能受此影響，道教也早有老君足下有紋之説，如抱朴子内篇雜應：「老君真形者……足有八卦。」混元聖紀卷二云「足蹈二卍」。此蓋指老君足下有「五」形或「卍」形的紋路。

〔三六〕「手把十文」，指有「十」字形的掌紋。釋法琳辯正論卷六：「老子中胎等經云……手把十字之文，脚蹈二五之畫。」可見「足蹈二五，手把十文」之義。以上爲老子「七十二相」的部分内容。道經中此類内容較多，可參三洞珠囊卷八相好品。

老子化胡經卷第一

老子西昇化胡經序説第一

是時，太上老君以殷王湯甲〔一〕庚申之歲建午之月，從常道境〔二〕，駕三氣雲〔三〕，乘于日精〔四〕，垂芒九耀〔五〕，入於玉女玄妙〔六〕口中，寄胎爲人。庚辰之歲二月十五日〔七〕，誕生于亳，九龍吐水，灌洗其形〔八〕，化爲九井〔九〕。尒時，老君鬚髮皓白，登即能行，步生蓮花，乃至于九〔一〇〕。左手指天，右手指地，而告人曰：「天上天下，唯我獨尊〔一一〕。我當開揚无上道法，普度一切動植衆生，周遍十方，及幽牢地獄，應度未度，咸悉度之。隱顯人間，爲國師範，位登太極无上神仙。」時有自然天衣挂體〔一二〕，神香滿室〔一三〕，陽景重輝〔一四〕。九日中，身長九尺〔一五〕，衆咸驚議，以爲聖人。生有老容，故号爲「老子」。天神空裏讚十号名。所言十者，太上老君、圓神智、无上尊、帝王師、大丈夫、大仙尊、天人父、无爲上人、大悲仁者、元始天尊〔一六〕。

校注

〔一〕「湯甲」，商王有湯，有太甲、小甲、沃甲、祖甲等，並無「湯甲」。有學者爲與下文百有餘載而殷爲周滅之説照應，校「湯」爲「祖」。但道書中的歷史觀非常混亂，唐朝人也不可能如今日般對殷商世系那麽瞭解，用近代以來方有瞭解的殷商史去爲混亂的道書紀年做計算是没有意義的，今仍從原卷作「湯甲」。

〔二〕「常道境」，不見於他經。混元聖紀卷二稱「老君自太清仙境分神化炁，乘日精，駕九龍，化爲五色流珠下降。」

〔三〕「三氣雲」，蓋指玄、元、始三氣之雲。道教認爲人在胎中由三氣凝結而成。伯二三六二號太上洞玄靈寶業報因緣經卷八生神品：「万化之中，人最爲貴，故始入胎中，三氣潛凝，九天冥運。」

〔四〕中國傳統故事有不少夢日入懷而生貴子的傳説，如史記外戚世家載王夫人夢日入懷而生武帝，三國志吴書妃嬪傳裴松之注引搜神記載吴夫人夢日入懷而生孫權，晉書劉聰載記載張氏夢日入懷而生劉聰，類似之例極多。除帝王外，道教人士也採用了這一傳説，如雲笈七籤卷一〇七載李渤梁茅山貞白先生傳稱陶弘景「初娠，母夢日精在懷」。大約這類傳説與佛傳故事乘白象入胎之説互相影響，最後造成了老子乘日精入胎的傳説。另外，「乘于日精」這一表述可能也表明了其佛教來源。上清派修煉方術中有服食日精月華的方法，但彼日精顯然與此無關。吴支謙譯佛説太子瑞應本起經：「菩薩初下，化乘白象，冠日之精，因母晝寢，而示夢焉。」可能這正是「乘于日精」之「日精」的來源。

〔五〕伯希和、沙畹摩尼教流行中國考：「九耀即九曜也，此九曜之説，在七世紀之前，中國尚未知之。」今按，此處「九耀」與下「九龍」「九步」等一例，都是牽合數字「九」而已，與「九曜」未必有什麽關係。洞真上清神州七轉七變儛天經中已有「蕭條九耀，豁落七元」之語，而彼經絶對不會晚到七世紀。兩處所謂「九耀」，均指光芒四處照耀，狀光明之盛。上清元始變化寶真上經：「字方一丈，垂芒焕明。」「九耀」與「焕明」義近。

〔六〕大約在東晉末到劉宋時期，道教界出現了老子母爲玄妙玉女的傳説。三天内解經卷上：「幽冥之中，生乎空洞。空洞之中，生乎太無。太無變化玄氣、元氣、始氣。三氣混沌相因，而化生玄妙玉女。玉女生後，混氣凝結，化生老子，從玄妙玉女左腋而生，生而白首，故號爲『老子』。」關於此一問題，可參劉屹玄妙内篇考——六朝至唐初道典文本變化之一例，郝春文主編敦煌文獻論集，遼寧人民出版社，二〇〇一年。

〔七〕關於老子的出生年月日，此經也與前世之説不同。此經以爲老子生於殷庚辰歲二月十五，續高僧傳卷廿三曇無最傳條載姜斌與曇無最對論，稱老子生於周定王三年九月十四日夜，法琳辯正論卷六則稱「老君降世，始自周文之日」。但化胡經此説經唐玄宗道德真經疏採用後，對後世的影響很大，開成五年（八四〇）更以二月十五日爲「降聖節」，或稱「玄元節」。

另外值得注意的是，「庚辰」上距「庚申」八十年，此即用老子入胎八十一年之説。張守節史記正義引朱韜玉札及神仙傳亦稱「李母八十一年而生」，又引玄妙内篇則稱「玄妙玉女夢流星入口而有娠，七十二年而生老子」。一切道經音義妙門由起引玄妙内篇、高上老子内傳亦云七十二年。唐以後八十一年説更爲流行，這大概也與以唐玄宗道德真經疏爲代表的官方認可有關。

〔八〕此處是比附佛傳故事。晉竺法護譯普曜經卷二：「爾時菩薩從右脇生……九龍在上而下香水，洗浴聖尊。」佛教文獻中以二龍吐水的記載爲多，如修行本起經卷上、佛本行集經卷八、方廣大莊嚴經卷三、過去現在因果經卷一、人唐西域記卷六等，此傳説至中土則或改作九龍吐水，見經律異相卷三八、敦煌變文太子成道經等。

〔九〕「九井」，續漢書郡國志陳國苦縣下劉昭注引伏滔北征記：「有老子廟，廟中有九井，水相通。」南陽郡隨縣下劉昭注又引盛弘之荆州記曰：「縣北界有重山，山有一穴，云是神農所生。又有周迴一頃二十畝地，外有兩重塹，中有九井。相傳神農既育，九井自穿，汲一井則衆井動，即此地爲神農社，年常祠之。」荆州記之書雖晚於北征記，但神農故事似更原始，可能老子廟九井係比附神農故事而來。

〔一〇〕「步生蓮花，乃至于九」，這也是改造自佛傳故事。隋闍那崛多譯佛本行集經卷八：「菩薩生已，無人扶持，即行四方，面各七步，步步舉足，出大蓮華。」

〔一一〕杜光庭墉城集仙録述此事，此下還有「世間之苦，何足樂聞」兩句，猶龍傳卷三同。按，這段話也是從佛傳故事中化出，漢竺大力、康孟詳譯修行本起經卷上：「十月已滿，太子身成。到四月七日，夫人出遊，過流民樹下，衆花開化，明星出時，夫人攀樹枝，便從右脇生墮地。行七步，舉手而言：『天上天下，唯我爲尊。三界皆苦，吾當安之。』」

〔一二〕「自然天衣挂體」，此亦從佛傳故事中來，修行本起經卷上：「釋梵摩持天衣裹之。」道教亦有「天衣」之説，認爲人成道後有自然天衣、天廚以衣食之。天衣可隨人大小自動調整，伯二三八五號太上大道玉清經：「我大道有八寶天衣、自然之服，隨其大小，及與長短。」天衣對人没有拘束，雲笈七籤卷一三引太清中黄真經：「羽服彩霞何所得？皆自五藏生雲翼。」中黄真人注：「人服元氣，而天衣不礙於體。」一般人大概無法看到天衣，故本書卷一〇稱「身著天衣誰知我」。

〔一三〕「神香滿室」，此句亦係比附佛傳故事。修行本起經卷上：「熏香燒香，擣香澤香，虚空側塞。」

〔一四〕「陽景重輝」，「陽景」指陽光，「重輝」指放出雙倍的光芒，此亦比附佛降生的瑞應。修行本起經卷上：「中夜覺天地大動，觀見光明，暉赫非常。」

〔一五〕「身長九尺」，張守節史記正義引朱韜玉札及神仙傳稱老子「身長八尺八寸」，與此不同。但老子「身長九尺」之説亦淵源有自，葛洪抱朴子内篇雜應已見。

〔一六〕「元始天尊」，混元聖紀卷二及元薛致玄道德真經藏室纂微開題科文疏卷二皆作「真元教主」，元徐道齡太上玄靈北斗本命延生真經注則亦作「元始天尊」。十號之説亦比附佛教而來，北涼曇無讖譯菩薩地持經卷三：「如來有十種名稱功德隨念功德，云何十？如來、應、等正覺、明行足、善逝、世間解、無上士、調御丈夫、天人師、佛婆伽婆。」關於老君的十號，尚有另外一種「玄中大法師十號」，與此不同，可參道門經法相承次序卷下、猶龍傳卷一，又參本書第一三六頁注〔一五〕「有古先生」下注。

此後，老君凝神混迹，教化天人，兼説治身中外法。百有餘載，王道將衰，殺戮賢良，枉害无數，忠臣切諫，反被誅夷，天降洪灾，曾无覺悟。如是數載，爲周所滅。康王之時，歲在甲子，示同俗官，晦迹藏名，爲柱下史，師輔王者。至于昭王〔一〕，其歲癸丑，便即西邁，過函谷關，授喜道德五千章句，并説妙真、西昇等經〔二〕，乃至太清上法、三洞真文、靈寶符圖、太玄等法〔三〕。使其教授至精仁者，羽化神仙，令无斷絶。便即西度，經歷流沙，至于闐國毗摩城〔四〕所。

尒時，老君舉如來節〔五〕，招諸從人。倏忽之間，有赤松子、中黄丈人、元始天王、太一元君、六丁玉女、八卦神君，及龍虎君、功曹使者、金乘童子、惠光童子、天官、地官、水官、空官、日官、月官、山官、海官、陰官、陽官、木官、火官、金官、土官、五岳四瀆諸神等君、天丁力士、遊羅將軍、飛天神王、仙人玉女，十万餘衆，乘雲駕龍，浮空而至〔六〕。

校注

〔一〕關於老子西出的時代，史記老子韓非列傳繫於孔子問禮之後，不言時代，斯二二九五號老子變化經以爲當平王時，三天内解經以爲在幽王時。續高僧傳卷廿三曇無最傳載北魏正光元年（五二〇）姜斌與曇無最論議，引開天經，謂老子於敬王四年西入化胡。廣弘明集卷九載甄鸞笑道論引化胡經謂「幽王之日度關」，與三天内解經説同。可能爲了應對來自佛教界的壓力，大約在唐初，道士將老子西出提前到了昭王時（有學者認爲此説最早出現於尹文操奉敕編修的玄元皇帝聖紀中），此説出現後便大爲流行。除此經外，太上混元老子史略、猶龍傳等則均以爲在昭王時出關。

〔二〕妙真經，今已佚，據洞玄靈寶三洞奉道科戒營始卷四法次儀，該經原有二卷。從文獻引文看，該經蓋多爲道德經似的格言。西昇經，今存，正統道藏洞神部本文類載有宋徽宗注，洞神部玉訣類收有陳景元集注。道教傳説老子西出時授與尹喜道德經及此二經，道教義樞卷二七部義：「而尹生所受，唯得道德、妙真、西昇等五卷。」

〔三〕此處所言均非實存的道經。「太清上法」之名蓋因老君出自太清仙境，「三洞真文」是道教經書的通稱，「靈寶符圖」蓋指靈寶類經書中的符圖，「太玄經」則是以道德經爲首的道經部類名。

〔四〕「于闐國」，古國名，在今新疆和田地區。舊唐書卷一九八西戎傳：「于闐國，西南帶葱嶺，與龜兹接，在京師西九千七百里。」「毗摩城」，隋書西域傳：「于闐西五百里有比摩寺，云是老子化胡成佛之所。」「毗摩城」當即比附「比摩寺」而來。從隋書西域傳的記載看，南北朝老子化胡經中已出現此説。但此比摩寺實爲佛教勝地，見大唐西域記卷一二。

〔五〕道教受秦漢制度影響，其神真亦多持節，太上靈寶五符序卷上：「其時有天人神真之官降之，乘寶蓋玄車而御九龍，策雲馬而發天窗，自稱九天真王、三天真皇，並執八光之節，佩景雲之符。」真誥卷二運題象：「裴君從者持青髦之節……周君從者持黄髦之節。」這種節可以麾召鬼神，真誥卷一六闡幽微陶弘景自注云：「鬼不能相制，由如人也。人皆非自然威攝，仙真猶尚握節持鈴，以勒比（此）輩，而况其問（同）類乎？」猶龍傳卷一稱老子「建流霄丹節」，混元聖紀卷四稱老子建「建流霄黄天丹節」。「如來節」未見於其他文獻，顯然是比附「如來」之名而造的節名。

〔六〕此處當是摹仿佛經「序分」神王赴會聽法的模式。這段神名非常駁雜，赤松子是早期神仙，中黄丈人等是道教儀式中常見的啓請對象，龍虎君、功曹使者則是道教發鑪儀式中常見的神吏，金乘童子、惠光童子則不見於其他道書。總之，這段神名應是雜湊而成，無法理出一個系統。

於是，老君處于玉帳，坐七寶座，熿百和香〔一〕，散衆名花，奏天鈞樂〔二〕。諸天賢聖，周帀圍遶。復以神力，召諸胡王，无問遠近，人士咸集。于闐國王，乃至朱俱半王〔三〕、渴叛陁王〔四〕、護蜜多王〔五〕、大月氏王〔六〕、骨咄陁王〔七〕、俱蜜王〔八〕、解蘇國王〔九〕、枝汗那王〔一〇〕、久越得犍王〔一一〕、悒怛國王〔一二〕、烏拉喝王〔一三〕、失范延王〔一四〕、護時健王〔一五〕、多勒建王〔一六〕、罽賓國王〔一七〕、訶達羅支王〔一八〕、波斯國王〔一九〕、疎勒國王〔二〇〕、碎葉國王〔二一〕、龜兹國王〔二二〕、拂林國王〔二三〕、大食國王〔二四〕、殖膩國王〔二五〕、數漫國王〔二六〕、怛没國王〔二七〕、俱藥國王、嵯骨國王、曇陵國王〔二八〕、高昌國王〔二九〕、焉耆國王〔三〇〕、弓月國王〔三一〕、石國王〔三二〕、瑟匿國王〔三三〕、康國王〔三四〕、史國王〔三五〕、米國王〔三六〕、似没盤國王〔三七〕、曹國王〔三八〕、何國王〔三九〕、大小安國王〔四〇〕、穆國王〔四一〕、烏那葛國王〔四二〕、尋勿國王〔四三〕、火尋國王〔四四〕、西女國王〔四五〕、大秦國王〔四六〕、舍衛國王〔四七〕、波羅奈國王〔四八〕、帝那忽國王〔四九〕、伽摩路王〔五〇〕、乾陁羅王〔五一〕、烏長國王〔五二〕、迦葉弥羅國王〔五三〕、迦羅王〔五四〕、不路羅王〔五五〕、泥婆羅王〔五六〕、熱吒國王〔五七〕、師子國王〔五八〕、拘尸那揭羅王〔五九〕、毗舍離王〔六〇〕、劫毗陁王〔六一〕、室羅伐王〔六二〕、瞻波羅國王〔六三〕、三摩咀吒王〔六四〕、烏荼國王〔六五〕、蘇剌吒國王〔六六〕、信度國王〔六七〕、烏剌尸王〔六八〕、扈利國王〔六九〕、猶頭國王、色伽栗王〔七〇〕、漫吐嘍王〔七一〕、泥拔國王〔七二〕、越底延王〔七三〕、奢弥國王〔七四〕、小人國王〔七五〕、軒渠國王〔七六〕、陁羅伊羅王〔七七〕、狼揭羅王〔七八〕、五天竺國王〔七九〕。如是等八十餘國王，及其妃后，并其眷屬，周帀圍遶，皆來聽法〔八〇〕。

校注

〔一〕「百和香」，指以多種香料和合而成的香，文獻中多用來指名貴的香。漢武帝内傳：「燔百和之香，張雲錦之帳。」玉臺新詠卷九吴均行路難：「博山鑪中百和香，鬱金蘇合及都梁。」

〔二〕「天鈞樂」，指天界的美妙音樂。太上洞真智慧上品大誡：「前導鳳歌，後從天鈞。」其來源可能是早期文獻中的「鈞天廣樂」。史記趙世家：「我之帝所甚樂，與百神游於鈞天，廣樂九奏萬舞，不類三代之樂，其聲動人心。」張衡西京賦：「昔者大帝説秦繆公而覲之，饗以鈞天廣樂。」

〔三〕「朱俱半」，當即「朱俱波」。通典卷一九三「朱俱波」條：「朱俱波，後魏時通焉。亦名朱居槃國，漢子合國也。今並有漢西夜、蒲犂、依耐、得若四國之地。在于闐國西千餘里，其西至渴槃陀國，南至女國三千里，北至疏勒九百里，南至葱嶺二百里。」大唐西域記卷一二作「斫句迦國」，季羨林等校注：「斫句迦國：後漢書和法顯傳作子合國，洛陽伽藍記卷五作朱駒波，魏書作悉居半，大方等大集月藏經作遮俱波，南史作句般，新唐書作朱俱波或朱俱槃……即今新疆葉城縣。」

〔四〕「渴叛陁」，即「渴槃陀」。通典卷一九三「渴槃陀」條：「渴槃陀，後魏時通焉。亦名漢陀國，亦名渴羅陀國。理葱嶺中。在朱俱波國西，西至護密國，其南至懸度山，無定界，北至疏勒國界，西北至判汗國。」大唐西域記卷一二作「朅盤陁國」，季羡林等注：「朅盤陁國：漢代爲蒲犁國。洛陽伽藍記作漢盤陁，魏書作訶盤陁，又作渴盤陁，新唐書作喝盤陁，新唐書卷四三下地理地中賈耽所記入四夷道作羯盤陁，慧超往五天竺國傳作渴飯檀……即今之塔什庫爾干（Tashqurgan）。」

〔五〕「護蜜多」，又稱「護蜜」「護密」等。新唐書卷二二一西域傳：「護蜜者，或曰達摩悉鐵帝，曰鑊侃，元魏所謂鉢和者，亦吐火羅故地。東南直京師九千里而羸，横千六百里，縱狹纔四五里。王居塞迦審城，北臨烏滸河。」大唐西域記卷一二「屈浪拏國」條：「從此東北，登山入谷，途路艱險，行五百餘里，至達摩悉鐵帝國。」原注：「亦名鎮侃，又謂護蜜。」季羡林等校注：「達摩悉鐵帝國……此名多半出自伊朗語之 Dar-i Mastit，意爲『Mastit / Mastuj 門』。這個地區基本上就是瓦罕，在瓦罕之南，乞特拉爾東北約九十公里處……瓦罕，後漢書作休密，爲月氏五翖侯之一；洛陽伽藍記作鉢和，魏書稱伽倍之國都和墨城一曰鉢和，亦曰胡密；續高僧傳卷二達摩笈多傳作達摩悉須多；慧超往五天竺國傳作胡密；新唐書作護密、鑊侃。」自「護蜜多」至「波斯」十五國皆與龍朔元年（六六一）所立「十六都督府」有關。唐會要卷七三「安西都護府」條載：「龍朔元年六月十七日，吐火羅道置州縣，使王名遠進西域圖記，并請于闐以西、波斯以東十六國分置都督府，及州八十，縣一百一十，軍府一百二十六。仍以吐火羅國立碑，以記聖德。詔從之……護密多國王居模達城，置烏（鳥）飛州都督府。」

〔六〕「大月氏」，古國名。月氏原居河西走廊西部，後敗於匈奴而遷居中亞，並發展爲貴霜帝國。史記大宛列傳：「大月氏在大宛西可二三千里，居嬀水北……始月氏居敦煌、祁連間，及爲匈奴所敗，乃遠去，過宛，西擊大夏而臣之，遂都嬀水北，爲王庭。」此處之「大月氏國」與當中原兩漢時的大月氏國無關，而是比附唐高宗時所設「月氏都督府」而來，唐會要卷七三：「以吐火羅國葉護居遏换城，置月氏（氏）都督府。」

〔七〕「骨咄陁」，唐會要卷七三：「骨咄施國王居沃沙城，置高附都督府。」本經之「陁」當即「施」字之誤。唐六典卷四載「四蕃之國經朝貢已後……今所在者有七十餘蕃」，其中有「骨咄國」，即此「骨咄施」。大唐西域記「鑊沙國」條季羡林等校注將「骨咄」對音爲「Khottal」，「施」對音爲「Shah」，義爲「王」。骨咄國，大唐西域記卷一作「珂咄羅國」，季羡林等校注：「隋書作珂咄，新唐書作骨咄，册府元龜卷九九九作骨咄。其地在 Wakhsh / Surkhāb 河以東至 Panj 河之地。其主城在今杜尚别市東南 125 公里之 Kulāb。」

〔八〕「倶蜜」，新唐書卷二二一西域傳：「倶蜜者，治山中。在吐火羅東北，南臨黑河。」唐六典卷四作「倶密」。大唐西域記卷一作「拘謎陁國」，季羡林等校注謂即「魏書之居密、久末陀，悟空行記之拘密支」。唐會要卷七三：「倶密國王居褚瑟城，置拔州都督府。」

〔九〕「解蘇國」，唐會要卷七三：「解蘇王居數瞞城，置天馬都督府。」參下注二六「數漫國」下注。

〔一〇〕「枝汗那」，「枝」原作「拔」，據猶龍傳改。「拔汗那」即大宛，大唐西域記卷一作「怖捍國」，季羨林等校注：「今中亞費爾干納地區……史記、漢書、晉書稱大宛國，魏書作破洛那，隋書作鏺汗（古渠搜國），新唐書作拔汗那，後命名寧遠國。慧超往五天竺國傳作跋賀那。」此處前後均對應龍朔元年所置「十六都督府」，而「拔汗那」無可對應。唐會要卷七三：「石汗那國王居艷城，置悅般州都督府。」「枝汗那」當即「石汗那」，恰可與之對應。新唐書卷二二一西域傳：「石汗那，或曰斫汗那。自縛底野南入雪山，行四百里得帆延，東臨烏滸河。」季羨林等引馬迦特以爲大唐西域記卷一之「赤鄂衍那國」，即新唐書之「石汗那」，又引巴托爾德謂「此地當 Surkhan 河上游，今名 Dih-i nau = Denau，意爲新村」。

〔一一〕「久越得犍」，即「久越得建」。唐會要卷七三：「久越得建國王居步師城，置王庭州都督府。」又作「久越德建」，見册府元龜卷九九九引開元六年十一月丁未阿史特勒僕羅上書。大唐西域記卷一「鞠和衍那國」，季羨林等校注：「新唐書地理志作久越得健，酉陽雜俎卷一〇作俱德健。故址在呾蜜之東，Kāfirnihān 河下游之 Qobadian，今改名爲米高揚格勒。」

〔一二〕「悒怛國」，即「挹怛」，亦即「嚈噠」。通典卷一九三：「嚈噠國，或云高車之別種，或云大月氏之種類。其源出於塞北。自金山而南，在于闐之西，東去長安一萬一百里……挹怛同。至隋時又謂挹怛國焉。挹怛國，都烏滸水南二百餘里，大月氏之種類也。勝兵五六千人。

俗善戰。先時國亂，突厥遣通設字詰强領其國。俗同吐火羅。南去漕國千五百里，東去瓜州六千五百里。大業中，遣使來貢。」唐會要卷七三：「嚈噠部落活路城，置大汗都督府。」「活路城」當即大唐西域記卷一之「忽露摩國」，季羨林等校注：「其地當在今杜尚別附近。」

〔一三〕「烏拉喝」，唐會要卷七三：「烏拉喝國王居摩喝城，置旅獒州都督府。」「烏拉喝」當即隋書西域傳之「烏那曷」。隋書西域傳：「烏那曷國，都烏滸水西，舊安息之地也。王姓昭武，亦康國種類，字佛食。都城方二里。勝兵數百人。王坐金羊座。東北去安國四百里，西北去穆國二百餘里，東去瓜州七千五百里。」張星烺中西交通史料彙編以爲即巴里黑，亦即今阿富汗北部的巴爾赫。

〔一四〕「失范延」，唐會要卷七三：「失范延國王居伏戾城，置寫鳳都督府。」大唐西域記卷一作「梵延那」，季羨林等校注：「魏書卷九七作范陽，慧超往五天竺國傳作犯引，隋書卷六七裴矩傳和新唐書作帆延、望延……其國都則爲今阿富汗首都喀布爾西部約一百五十英里的巴米揚城。」

〔一五〕「護時健」，唐會要卷七三：「護特犍國王居遏密城，置奇沙州都督府。」舊唐書卷四〇地理志作「護特健」，新唐書地理志則作「護時犍」，册府元龜卷九九九引開元六年十一月丁未阿史特勒僕羅上書作「護時健」。大唐西域記卷一有「胡寔健國」，當即此「護時健」，季羨林等校注：「胡寔健位於木鹿／馬里（Muru／Merv）與縛喝／巴里黑之間。Āb-i Qaysār 與 Āb-i

Safīd 兩河流經其境，兩河均發源於 Band-i Turkistān 北坡，遇沙而伏。」

〔一六〕「多勒建」，唐會要卷七三：「多勒建國王居低保那城，置崑墟州都督府。」大唐西域記卷一作「呾刺健」，季羡林等校注引米諾爾斯基謂其地位於 Kunduz 以東的 65 公里處。

〔一七〕「罽賓」，古地名，歷代所指不一。大約早期指迦葉彌羅，即今克什米爾地區，後指迦畢試，在今阿富汗東北地區，具體考證可據往五天竺國傳「罽賓國」條下張毅箋釋。唐會要卷七三：「罽賓國王居遏紇城，置修鮮都督府。」又參下注五三「迦葉弥羅」下注。

〔一八〕「訶達羅支」，唐會要卷七三：「訶達羅支國王居伏寶瑟顛城，置條枝都督府。」新唐書西域傳：「謝颭居吐火羅西南，本曰漕矩吒，或曰漕矩，顯慶時謂訶達羅支，武后改今號。東距罽賓，東北帆延，皆四百里。南婆羅門，西波斯，北護時健。其王居鶴悉那城，地七千里，亦治阿娑你城。」大唐西域記卷一二「迦畢試國」條季羡林等校注：「漕矩吒國：梵語 Jāguda 之對音，其意殆指鬱金香……都城古稱鶴悉那，Ghazni 或 Ghaznīn，今譯加兹尼或哥疾寧，在今阿富汗首都喀布爾以南 155 公里自喀布爾至坎大哈途中處。」

〔一九〕「波斯」，伊朗的古名。七世紀中葉，薩珊波斯被阿拉伯帝國攻滅，王子卑路斯向唐朝求援，唐朝在波斯東部地區設立都督府。舊唐書卷一九八西戎傳：「波斯國，在京師西一萬五千三百里，東與吐火羅、康國接，北鄰突厥之可薩部，西北拒拂菻，正西及南俱臨大海……伊嗣候懦弱，爲大首領所逐，遂奔吐火羅，未至，亦爲大食兵所殺。其子名卑路斯，又投吐火羅葉護，獲免。卑路斯龍朔元年奏言頻被大食侵擾，請兵救援。詔遣隴州南由縣令王名遠充使西域，分置州縣，因列其地疾陵城爲波斯都督府，授卑路斯爲都督。」唐會要卷七三：「波斯國王居疾陵城，置波斯都督府。」張星烺中西交通史料彙編認爲：「回教初興時，賽其斯坦(Sejistan)之首府曰柴蘭其(Zaranj)音與疾陵亦相近。柴蘭其近古代魯斯吐姆(Ru-stum)王之都城法爾斯(Fars)。」

〔二〇〕「疎勒國」，即「疏勒」，古國名，在今新疆喀什市。舊唐書卷一九八西戎傳：「疏勒國，即漢時舊地也。西帶葱嶺，在京師西九千三百里。其王姓裴氏。」

〔二一〕「碎葉國」，通典卷一九三引杜環經行記：「碎葉國，從安西西北千餘里，有敎達嶺，嶺南是大唐北界，嶺北是突騎施南界。」大唐西域記卷一作「素葉水城」，季羨林等校注：「近人根據蘇聯考古發掘材料指出，碎葉故址當在托克瑪克城西南八公里處之阿克—貝西姆。」

〔二二〕「龜兹」，古國名，在今新疆庫車市。舊唐書卷一九八西戎傳：「龜兹國，即漢西域舊地也，在京師西七千五百里。其王姓白氏。」此處疎勒、碎葉、龜兹，合前于闐，爲唐初的「安西四鎮」。舊唐書卷一九八西戎傳：「先是，太宗既破龜兹，移置安西都護府於其國城，以郭孝恪爲都護，兼統于闐、疏勒、碎葉，謂之『四鎮』。」

〔二三〕「拂林」，文獻中或作「拂菻」，古國名，即東羅馬。舊唐書卷一九八西戎傳：「拂菻國，一名大秦，在西海之上，東南與波斯接。」大唐西域記作「拂懔」。

〔二四〕「大食」，混元聖紀同，猶龍傳作「大石」。按，「大食」古亦或作「大石」。舊唐書卷八九姚璹傳：「時有大石國使請獻獅子。」新唐書則作「大食」。「大食」即阿拉伯帝國。舊唐書卷一九八西戎傳：「大食國，本在波斯之西。」

〔二五〕「膩」，混元聖紀、猶龍傳作「賦」。按，「膩」字是。「殖膩」當即「識匿」。舊唐書卷一〇四高仙芝傳：「又二十餘日至特勒滿川，即五識匿國也。」新唐書卷二二一西域傳下：「識匿，或曰尸棄尼，曰瑟匿。東南直京師九千里，東五百里距葱嶺守捉所，南三百里屬護蜜，西北五百里抵俱蜜。初治苦汗城，後散居山谷。有大谷五，酋長自爲治，謂之五識匿。」大唐西域記卷一二有「尸棄尼國」，季羨林等校注：「悟空行記作赤匿、式匿，新唐書卷二二一下作識匿、瑟匿。尸棄尼，今稱舒格楠(Shighnān)。」

〔二六〕「數漫」，唐會要卷七三：「解蘇王居數瞞城，置天馬都督府。」「數漫」蓋即「數瞞」，如此則與前「解蘇」是一國。大唐西域記卷一作「愉漫國」，季羨林等校注云：「玄奘稱愉漫之王爲奚素突厥，奚素與解蘇當是同名異譯……其地當在 Kafirnihān 河上游，故址在今杜尚別附近。」

〔二七〕「怛没」，伯二〇〇七號誤作「恒没」，猶龍傳、混元聖紀皆作「怛没」。按，新唐書卷二二一西域傳下：「怛滿，或曰怛没，東陀拔斯，南大食，皆一月行；北岐蘭，二十日行；西即大食，一月行。居烏滸河北平川中。獸多師子。西北與史接，以鐵關爲限。」大唐西域記卷一作「呾蜜」，季羨林等校注：「呾蜜國：即 Tirmidh。新唐書西域傳大食條作怛没。位於 Surkhan

河注入阿姆河河口不遠處。」

〔二八〕「曇陵」，新唐書卷二二二南蠻傳：「墮和羅……有二屬國，曰曇陵、陀洹。曇陵在海洲中。」古代南海地名彙釋「曇陵」條：「或謂即 Tambralinga 的省譯，又作單馬令，指今泰國西南岸的洛坤。也有的認爲指董里，或緬甸的丹那沙林。」前「俱藥」「嵯骨」均不見於其他文獻，或亦爲海上絲綢之路的地名。

〔二九〕「高昌」，古地名，即今新疆吐魯番市附近。南北朝後期至唐初，高昌地區有獨立政權麴氏高昌，唐太宗時滅之以爲郡縣。舊唐書卷一九八西戎傳：「高昌者，漢車師前王之庭，後漢戊己校尉之故地，在京師西四千三百里。其國有二十一城，王都高昌……是時薛延陀可汗表請爲軍向導，以擊高昌，太宗許之……竟以其地置西州，又置安西都護府，留兵以鎮之。」

〔三〇〕「焉耆」，地名，即今新疆焉耆縣，唐初於此有王國。舊唐書卷一九八西戎傳：「焉耆國，在京師西四千三百里，東接高昌，西鄰龜兹，即漢時故地。其王姓龍氏。」

〔三一〕「弓月」，舊唐書卷五高宗紀載咸亨四年十二月丙午「弓月、疎勒二國王入朝請降」。據新唐書卷四〇地理志，弓月城在庭州至碎葉的交通線上，「渡石漆河，踰車嶺，至弓月城。過思渾川、蟄失蜜城，渡伊麗河，一名帝帝河，至碎葉界。」則弓月城在今伊寧、霍城附近。中國歷史地圖集繪弓月在霍城西北。

〔三二〕「石國王」，猶龍傳在後「狼揭羅王」下。按，石國與下史國、米國等均爲昭武諸姓胡，不當與五天竺相次，猶龍傳蓋有錯亂。隋書卷八三西域傳：「石國，居於藥殺水，都城方十餘里。」大唐西域記卷一作「赭時國」，季羨林等校注：「魏書西域傳作者舌，隋書稱石國，經行記稱石國一名赭支，新唐書作柘支、柘折……今塔什干仍爲石城之意。此爲今塔什干附近的中亞地區名及大城名，其大致範圍爲錫爾河支流 Barak（Parak）河流域，此河現名 Chirchik 河。古赭時城當在距離今天 Chirchik 河不遠的 Binkath。」自此「石國」至「火尋國」，多是所謂昭武諸姓胡，多爲粟特地區附近的國名。隋書西域傳：「康國……舊居祁連山北昭武城，因被匈奴所破，西踰葱嶺，遂有其國。支庶各分王，故康國左右諸國並以昭武爲姓，示不忘本也……米國、史國、曹國、何國、安國、小安國、那色波國、烏那曷國、穆國皆歸附之。」

〔三三〕「瑟匿國」，即「識匿」，參上注二五「殖膩」下注。

〔三四〕「康國」，隋書卷八三西域傳：「康國者……都于薩寶水上阿禄迪城。」大唐西域記卷一作「颯秣建國」，季羨林等校注：「颯秣建國：魏書作悉萬斤，隋書作康國，新唐書作康國及薩末鞬。故址在今中亞撒馬爾罕以北 3.5 公里處之一高地上。」

〔三五〕「史國」，隋書卷八三西域傳：「史國，都獨莫水南十里，舊康居之地也……北去康國二百四十里，南去吐火羅五百里，西去那色波國二百里，東北去米國二百里，東去瓜州六千五百里。」大唐西域記卷一作「羯霜那國」，季羨林等校注：「城址在颯秣建（撒馬爾罕）南七十五公里處，爲中世紀從颯秣建至縛喝（Balkh）大路中途之大城，始建於七世紀初。」

〔三六〕「米國」，隋書卷八三西域傳：「米國，都那密水西，舊康居之地也……西北去康國百里，東去蘇對沙那國五百里，西南去史國二百里，東去瓜州六千四百里。」大唐西域記卷一作「弭秣賀國」，季羨林等校注：「弭秣賀國：隋書作米國。新唐書卷二二一下西域傳作『米，或曰彌末，曰弭秣賀。』……弭秣賀作爲城鎮，學者多比定之爲現今的 Ǧuma'abazar，然從近年蘇聯考古發掘報告來看，有關羯霜那／史國及那色波一帶的考古資料不多，故弭秣賀鎮之確切位置尚難以考定。然而，穆斯林文獻既載明弭秣賀鎮距離那色波不遠，其在颯秣建之西南殆無疑義。」

〔三七〕「似没盤國」，新唐書卷二二一西域傳下：「貞觀二十年，（識匿）與似没、役槃二國使者偕來朝……似没者，北接石。土俗與康同。役槃，亦與康鄰。出良馬。」「似没盤」或即「似没、役槃」誤脱一「役」字而誤。從「北接石」看，二地蓋在塔什干以南，帕米爾高原以北。

〔三八〕「曹國」，隋書卷八三西域傳：「曹國，都那密水南數里，舊是康居之地也……東南去康國百里，西去何國百五十里，東去瓜州六千六百里。」大唐西域記卷一作「劫布呾那國」，季羨林等校注：「按劫布呾那王治瑟底痕城，當是穆斯林地理文獻中之 Ithtākhanj，Ithtikhan 之對音，其地在颯秣建之西偏北。又穆斯林地理文獻中亦有城名劫布呾那（Kabūdhanjkat），位於颯秣建之東二法爾撒赫（約合十二公里）處。根據瑟底痕及劫布呾那兩城之位置，可以推知劫布呾那國的大致方位。」

〔三九〕「何國」，隋書卷八三西域傳：「何國，都那密水南數里，舊是康居之地也……東去曹國百五十里，西去小安國三百里，東去瓜州六千七百五十里。」大唐西域記卷一作「屈霜你伽國」，季羨林等校注：「新唐書卷二二一下西域傳稱：『何，或曰屈霜你迦，曰貴霜匿。』托瑪舍克曾從古波斯聖書阿維斯陀（Avesta）中尋求何國之對音。馬迦特認爲『何』乃阿拉伯語 Qayy 或 Qayyi 之音譯（見古突厥碑銘年代考，頁 60），並舉出穆斯林地理學家伊斯塔赫里記載説，貴霜匿爲『粟特的文化最高之城，粟特諸城之心臟』。」

〔四〇〕「大小安國」，「大安」即安國，新唐書卷二二一西域傳下：「安者，一曰布豁，又曰捕喝，元魏謂忸蜜者。東北至東安，西南至畢，皆百里所。西瀕烏滸河，治阿濫謐城，即康居小君長罽王故地。」大唐西域記卷一作「捕喝國」，季羨林等校注謂在今布哈拉附近。「小安」即東安國，新唐書卷二二一西域傳下：「東安，或曰小國，曰喝汗，在那密水之陽，東距何二百里許，西南至大安四百里。治喝汗城，亦曰斤。」大唐西域記卷一作「喝捍國」，季羨林等校注謂「位於那密水（今澤拉夫善河）之北」。

〔四一〕「穆國」，隋書卷八三西域傳：「穆國，都烏滸河之西，亦安息之故地，與烏那曷爲鄰……東北去安國五百里，東去烏那曷二百餘里，西去波斯國四千餘里，東去瓜州七千七百里。」杜環經行記作「末禄」，張一純箋注：「末禄，後漢書卷一一八西域傳作木鹿，隋書卷八三西域傳作穆國，舊唐書卷一九八西戎傳作木鹿，元史卷一太祖本紀作馬魯，即今中亞土庫曼共和國之

Merv 城……此地爲呼羅珊首府，黑衣大食之發祥地。」

〔四二〕「烏那葛國」，即「烏那曷」，亦即前「烏拉喝」，參前注〔一三〕「烏拉喝王」下注。

〔四三〕「尋勿」，史書未見。昭武諸姓國中，還有「戊地」本經未提及，或「尋勿」即「戊地」異譯。據新唐書西域傳，戊地在火尋東南六百里。

〔四四〕「火尋國」，新唐書卷二二一西域傳下：「火尋，或曰貨利習彌，曰過利，居烏滸水之陽。東南六百里距戊地，西南與波斯接，西北抵突厥曷薩，乃康居小王奥鞬城故地。」大唐西域記卷一作「貨利習彌伽國」，季羡林等校注：「在阿姆河下游兩岸地區，地土質肥沃，有水灌溉，自古以來爲中亞文化發達地區之一……魏書作忽似密；新唐書西域傳波斯條作火辭彌；康國條作火尋、過利、貨利習彌。」

〔四五〕「西女國」，傳説中的國名。大唐西域記卷一一：「拂懔國西南海島有西女國，皆是女人，略無男子。」新唐書卷二二一西域傳下：「西北距拂菻，西南際海島，有西女種，皆女子，多珍貨，附拂菻，拂菻君長歲遣男子配焉。」文獻中關於「女人國」「小人國」之類的傳説有多種，其方位或在東或在西。其他國家也有類似的傳説。此處所言「西女國」，恐即是由佛教徒帶來的印度傳説。

〔四六〕「大秦」，即「拂林」，指東羅馬。舊唐書卷一九八西戎傳：「拂菻國，一名大秦。」參前注〔二三〕「拂林」注。

〔四七〕「舍衛國」，佛教聖地，有祇洹精舍等佛教中心。大唐西域記卷六作「室羅伐悉底」，季羨林等校注：「室羅伐悉底位於阿契羅伐替（Aciravati）河畔，通王舍城以及西南方各處的三條重要商道在此地會合，是北印度的商業中心之一。」

〔四八〕「波羅奈國」，佛教聖地，爲釋迦牟尼初轉法輪之地，有鹿野苑等佛教中心。大唐西域記卷七作「婆羅痆斯國」，季羨林等校注：「又譯波羅那斯、波羅痆斯、波羅㮈，曾名貝拿勒斯（Benares），今名瓦臘納西，在阿拉哈巴德（Allāhābād）下游八十英里，位於恒河左岸……我國佛教徒如法顯、悟空、繼業和朝鮮僧人慧超都曾到過這裏。」

〔四九〕「帝那忽國」，文獻中未見。舊唐書卷三太宗紀：貞觀二十二年「五月庚子，右衛率長史王玄策擊帝那伏帝國，大破之。」「帝那忽國」或即「帝那伏帝國」之訛傳。又通典卷一九三：「大唐武德中，其東西南北四天竺悉爲中天竺所并。貞觀十五年，其王姓乞利咥，名尸羅逸多，或云姓刹利氏，遣使奉表。二十二年，右衛率府長史王玄策奉使天竺。會尸羅逸多死，國大亂，其臣那伏帝阿羅那順自立，乃發兵拒。」「那伏帝阿羅那順」當即舊唐書之「帝那伏帝」，乃中天竺（亦即摩揭陀國）篡位者，並非國名。既有文獻將此人名誤作國名，老子化胡經卷一的作者又據之訛作「帝那忽國」。

〔五〇〕「伽摩路」，當即「伽没路」。舊唐書卷一九八西戎傳：「五天竺所屬之國數十，風俗物産略同。有伽没路國，其俗開東門以向日。王玄策至，其王發使貢以奇珍異物及地圖，因請老子像及道德經。」大唐西域記卷一〇作「迦摩縷波」，季羨林等校注：「舊唐書、新唐書中譯爲伽没路，新唐書又作箇没盧，在今印度阿薩姆邦的西部。」

〔五一〕「乾陁羅」，又譯作「犍陀羅」「健陀羅」「健馱邏」等。洛陽伽藍記卷五：「（惠生）至正光元年四月中旬入乾陀羅國。土地亦與烏場國相似。」大唐西域記卷二「健馱邏」條季羨林等校注：「健馱邏位於庫納爾河和印度河之間的喀布爾河流域，包括旁遮普以北的白沙瓦和拉瓦爾品第（Rawalpindi）地區。」

〔五二〕「烏長」，混元聖紀、猶龍傳作「烏萇」。魏書卷一〇二西域傳：「烏萇國，在賒彌南。北有葱嶺，南至天竺。」大唐西域記卷三作「烏仗那」，季羨林等校注：「法顯傳、魏書作烏萇，洛陽伽藍記卷五作烏萇或烏場，大唐西域求法高僧傳作烏長那，新唐書卷二二一下西域傳下作烏萇，又作越底延，開元釋教録作鄔荼，梵語雜名作烏儞也曩……此國在斯瓦特河（Swāt）河上，包括現代的 Pangkora、Bijāwar、Swat 與 Buna 四縣。」

〔五三〕「迦葉弥羅」，古稱「罽賓」，約在今克什米爾地區附近。大唐西域記卷三作「迦濕彌羅」，實叉難陀譯華嚴經卷四五作「迦葉彌羅」。慧超往五天竺國傳亦有「迦葉彌羅國」，張毅箋釋：「此國玄奘作迦濕彌羅，南海寄歸傳作羯濕彌羅，新唐書西域傳及册府元龜作箇失密。」參前注〔一七〕「罽賓國王」下注。

〔五四〕「迦羅」，即「劫比羅」「迦毗羅」，爲釋迦牟尼降生之地。慧琳一切經音義卷六大般若波羅蜜多經音義第五〇二卷：「劫比羅國，正梵音云劫比羅伐窣堵國，舊名迦比羅衛國，或曰迦羅，皆梵語訛略也。即是釋迦如來降生之地，净梵王所治之境。」關於該國具體所在的考證，可參大唐西域記卷六「劫比羅伐窣堵國」條季羡林等校注。

〔五五〕「不路羅」，當即「鉢露羅」。大唐西域記卷一一：「鉢露羅國周四千餘里，在大雪山間，東西長，南北狹。」季羡林等校注：「洛陽伽藍記卷五作鉢盧勒，魏書作波路，高僧傳智猛傳作波崙。新唐書作鉢露、勃律（有大小勃律之分，大勃律即鉢露羅，小勃律在亞興河流域）。當地居民屬藏族，操藏語……此地又號稱小西藏，以别於大西藏（即我國舊時所謂前、後藏）。」

〔五六〕「泥婆羅」，古國名，在今尼泊爾。舊唐書卷一九八西戎傳：「泥婆羅國，在吐蕃西……貞觀中，衛尉丞李義表往使天竺，塗經其國。」大唐西域記卷七作「尼波羅國」，季羡林等校注：「又譯作泥婆羅、儞波羅、尼八剌，指今尼泊爾國加德滿都谷地。」

〔五七〕「熱吒國」，文獻未見，頗疑即大唐西域記卷四之「磔迦國」，季羡林等校注謂「指整個旁遮普平原」。

〔五八〕「師子國」，即今斯里蘭卡，大唐西域記卷一一作「僧伽羅國」。

〔五九〕「拘尸那揭羅」，佛教聖地，爲釋迦牟尼涅槃之所。大唐西域記卷六：「拘尸那揭羅國城郭頹毁，邑里蕭條……城西北三四里，渡阿恃多伐底河，西岸不遠，至娑羅林。其樹類槲，而皮青白，葉甚光潤。四樹特高，如來寂滅之所也。」季羡林等校注：「這一佛教聖地也是我國赴印高僧必然去巡禮的地方……但現代對其地望的考證却有不同的説法。」具體考證本書不再引述。

〔六〇〕「毗舍離」，即「毗耶離」，佛教聖地，爲維摩詰居士的住地。大唐西域記卷七作「吠舍釐國」，季羨林等校注：「又譯毘舍離、薜舍離、維耶離、鞞奢隸夜、鞞貰羅、維耶，或意譯爲廣博、莊嚴。吠舍釐爲古代梨車毘（Licchavi）部族的國名和首府名……吠舍釐城在今甘達克（Gandak）河左岸哈齊普爾（Hājīpur）以北十八英里木扎伐浦爾（Muzaffarpur）地方的巴莎爾（Basā r h）。」

〔六一〕「劫毗陁」，混元聖紀同，猶龍傳作「劫比他」。亦作「劫毗陀」，冥祥大唐故三藏玄奘法師行狀云「展轉到劫毗陀國，禮拜聖跡」。大唐西域記卷四有「劫比他國」，季羨林等校注：「此名雜阿含經卷一九作僧伽舍，增一阿含經卷二八作僧伽尸，法顯傳作僧伽施，阿育王經卷三作僧柯奢，悟空行記作泥嚩韈多……康寧哈姆比定爲現今北方邦法魯迦巴德（Farrukhābād）縣的Sankīsa村。」

〔六二〕「室羅伐」，即舍衛國，玄奘譯作「室羅伐悉底」，義浄始譯作「室羅伐」。玄應一切經音義卷三金剛般若經音義：「舍衛國，十二遊經云無物不有國，或言舍婆提城，或言舍羅婆悉帝夜城，並訛也。正言室羅伐國。」似玄應之前已譯作「室羅伐」。慧琳一切經音義卷一〇金剛般若波羅蜜經音義「舍衛國」條與玄應音義該條大致相同，但「室羅伐」作「室羅伐悉底」。

因此，玄應音義很有可能是後人改動後的面貌。此處出現「室羅伐」這一譯名，説明本卷可能是義浄譯經之後才造作出的。

〔六三〕「瞻波羅國」，當即瞻波國。法苑珠林卷一七敬法篇引善見律論有「瞻婆羅國迦羅池」，大正藏本善見律毗婆沙則作「瞻婆國」。大唐西域記卷一〇作「瞻波國」，季羡林校注：「瞻波，原係城名，梵文、巴利文 Campā 音譯，佛典中有瞻蔔、闡蔔、閻波、旃波、占波等異譯，意譯無勝，是鴦伽國（Ariga）的首都，位於瞻波河（今名 Chāndan）及恒河岸。」

〔六四〕「三摩咀吒」，「咀」，猶龍傳作「詛」，混元聖紀作「怛」。按，此即大唐西域記卷一〇之「三摩呾吒國」，是「咀」當爲「呾」字之誤。季羡林等校注：「三摩呾吒，梵文 Samatata 音譯，慈恩傳卷四作三摩怛吒；有平地之義，因該國土地平坦而得名，爲印度東北部最重要的古國之一……其領域在恒河及梅格納河三角洲上，并包括現代的提帕拉（Tipperah）、納奥卡里（No-akhali）、昔爾赫特（Sylhet）。」

〔六五〕「烏茶」，混元聖紀、猶龍傳作「嗚茶」。大唐西域記卷一〇：「烏荼國周七千餘里。」季羡林等校注：「其地據考訂爲今奥里薩邦的北部。」

〔六六〕「蘇剌吒」，大唐西域記卷一一作「蘇剌侘」，季羡林等校注：「釋迦方志譯作蘇剌吒。慈恩傳卷四作『（至阿難陀補羅國）又西北行五百里至蘇剌侘國』。此國在今卡提阿瓦半島南部卡奇灣上，地名蘇拉特（Surat），即蘇剌侘古名的訛略。」

〔六七〕「信度」，南亞古國名，見大唐西域記卷一一，季羨林等校注：「信度的領域以在迦畢試與羅荼兩者之間爲宜，即相當於薩特累季（Sutlaj）河與印度河合流處，巴哈瓦爾浦爾（Bahavarpur）與昔爾卡爾浦爾（Shilkarpur）之間地區，即現今巴基斯坦的旁遮普省南部。」

〔六八〕「烏剌尸」，猶龍傳同，混元聖紀作「烏利尸」。大唐西域記卷三有「烏剌尸國」，季羨林等校注引司威麥爾頓以爲當今哈查拉（Hazara）。

〔六九〕「扈利國」，太平御覽卷七九四引南州異物志：「扈利國，在奴調洲西南邊海。」古代南海地名彙釋：「或謂即扈枝黎，即今印度西孟加拉邦胡格里（Hugli）河口一帶。」

〔七〇〕「色伽栗」，混元聖紀同，猶龍傳無。按，「色伽栗」當即「色伽梨」，史繩祖學齋佔畢卷二「王會、貢職兩圖之異」條引李公麟云：「唐閻令西域圖兼彼土山川，而絶色伽梨，凡九國，中有狗頭、大耳、鬼國爲可駭，皆所以盛會同而奢遠覽。」此處「猗頭國」「色伽栗」等當即出自類似圖像，未必爲實際存在的地名。又，「色伽栗」與「僧伽羅」音略近，未知是否是「僧伽羅」異譯。僧伽羅即師子國，參前注〔五八〕「師子國」下注。

〔七一〕「漫吐㗄」，混元聖紀、猶龍傳作「漫吐漫」。文獻中未見該地名，或與「猗頭國」之類相近，亦出自傳説。

〔七二〕「泥拔」，猶龍傳同，混元聖紀作「尼拔」。文獻中未見該地名。

〔七三〕「越底延」，即烏長國，參前文該條注（注〔五二〕）。新唐書卷二二一西域傳同時列烏茶（烏萇）與越底延，也不能分辨。

〔七四〕「奢弥」，猶龍傳作「奢彌」，混元聖紀作「賒彌」。通典卷一九三：「賒彌，後魏時聞焉。在波知之南。山居。不信佛法，專事諸神。亦附嚈噠。東有鉢盧勒國，路嶮，緣鐵鏁而度，下不見底。後魏遣使宋雲等，竟不能達。」大唐西域記卷一二：「商彌國周二千五六百里。」季羨林等校注：「商彌國：漢書作雙靡，洛陽伽藍記卷五作賒彌，魏書作舍彌，月藏經作賒摩。新唐書卷二二一下西域傳下波斯條後稱，商彌亦作俱位。俱位，悟空行記作拘緯。其地當在今馬斯圖吉（Mastuj）和乞特拉爾（Čitral）之間。」

〔七五〕「小人國」，傳説中的國名。通典卷一九三：「小人，在大秦之南。軀纔三尺。」

〔七六〕「軒渠國」，傳説中的國名。通典卷一九三將該國與小人國、三童國列於一處：「軒渠，其國多九色鳥……以上三國與大秦鄰接。」

〔七七〕「陁羅伊羅」，通典卷一九三：「陀羅伊羅，隋時聞焉。在烏荼國北，大雪山坡上。緣梯登山，接七百梯，方到其國。」西域地名詞典以爲即釋迦方志之「陀歷」、大唐西域記之「達麗羅川」。

〔七八〕「狼揭羅」，見大唐西域記卷一一，季羨林等校注：「其地望一般比定爲莫克蘭的東部，現今巴基斯坦俾路支省東南部地方。」

〔七九〕「五天竺」，猶龍傳同，混元聖紀無「五」字。按，文獻中多稱「五天竺」，爲古代對南亞地區的總稱。舊唐書卷一九八西戎傳：「天竺國……其中分爲五天竺：其一曰中天竺，二曰東天竺，三曰南天竺，四曰西天竺，五曰北天竺。地各數千里，城邑數百。」

〔八〇〕自「尒時，老君舉如來節」以下，顯然是模仿佛經「序分」中列舉聽法弟子的模式。

尒時，老君告諸國王：「汝等心毒，好行煞害，唯食血肉，断衆生命。我今爲汝説夜叉經〔一〕，令汝断肉，專食麥麨〔二〕，勿爲屠煞。不能断者，以自死肉〔三〕。胡人佷戾〔四〕，不識親疎，唯好貪婬，一无恩義。鬚髮拳鞠〔五〕，疏〔六〕洗至難，性既羶腥〔七〕，體多垢穢，使其脩道，煩惱行人，是故普令剔除鬚髮，隨汝本俗，而衣氍裘。教汝小道，令漸脩學，兼持禁戒，稍習慈悲，每月十五日，常須懺悔。」又以神力，爲化佛形，騰空而來，高丈六身，體作金色〔八〕，面恒東向，示不忘本。「以我東來，故顯斯狀，令其見者，發慈善心。汝等國王，所有朝拜，一像吾面，東向政事。」

校　注

〔一〕「夜叉經」，當是道教徒杜撰的經名。但佛教戒律中有教導五夜叉食「自死肉」的記載，義浄譯根本説一切有部毗奈耶破僧事卷一一：「時五藥叉往至王所，舉手讚歎：『唯願大王福壽長遠。』白言：『大王，我今飢渴，唯願慈悲，布施飲食。』王告侍臣：『當施種種上妙飲食。』時五藥叉即白王言：『我渴飲血，飢唯食肉，不喫餘食。』王告侍臣：『勿損衆生，當可求覓自死血肉，施彼令食。』時五藥叉復白王言：『我今所食惟熱肉血，而不食彼自死肉血。』王既聞已，復作是念：『不可損生，施彼而食，當以我身熱血、熱肉施彼食之。』作是念已，即命醫人。醫既到已，王尋報言：『當刺我身五處出血，令五藥叉各各飲之。』醫便答王：『此五藥叉，至極下品，我今不忍刺王出血。』王善醫術，皆悉明了，遂自以針刺其五處，令血流出，令彼飽滿。復爲説法，令其充足，授與五戒。」此事見載於多種經論，如賢愚經卷二、大唐西域記卷三、菩薩本生鬘論卷三、佛説千佛因緣經等。化胡經此段可能即敷衍此本生故事而成。

〔二〕「麥麨」，將麥炒熟後再磨成粉製成的乾糧，南亞古時常食此物，佛教文獻中習見。南海寄歸内法傳卷一：「然而西國噉嚼，多與神州不同……一飯，二麥豆飯，三麨，四肉，五餅。」

〔三〕「自死肉」，從自己死亡的動物屍體上獲取的肉。早期佛教認爲食自死肉不破戒。後秦弗若多羅譯十誦律卷二六：「三種浄肉聽噉。何等三？若眼不見、耳不聞、心不疑……云何不疑？心中無有緣生疑，是中有屠兒家有自死者，是主人善，不故爲我奪命，如是不疑。」

〔四〕「佷戾」，凶暴乖戾。

〔五〕「拳鞠」，猶「拳曲」，彎曲。

〔六〕「疏」，通「梳」。

〔七〕「羶腥」，本指腥味，又常用來指稱邊裔民族。唐大詔令集卷七八憲宗加謚昭文章武大聖至神孝皇帝議：「方興謀於戎虜，深注意於河湟。伏以疆土開拓而有時，腥膻冠帶而有日。」

〔八〕「高丈六身，體作金色」，即佛的形象。後漢書西域傳：「世傳明帝夢見金人，長大，頂有光明，以問群臣。或曰：『西方有神名曰佛，其形長丈六尺而黃金色。』帝於是遣使天竺問佛道法，遂於中國圖畫形像焉。」

如是不久，過葱嶺，山中有深池，毒龍居止。五百商旅宿於池濱，爲龍所害，竟不遺一。我遣其國渴叛陁王，傳祝與之，就池行法。龍王恐怖，乃變爲人，謝過，向王請移別住，不復於此更損人民，令後往來，絶其傷害〔一〕。次即南出，至于烏場〔二〕。遍歷五天〔三〕，入摩竭國〔四〕。我衣素服，手執空壺，置精舍中，立浮屠教，号清浄佛，令彼刹利、婆羅門〔五〕等而奉事之，以求无上正真之道。

校注

〔一〕佛傳故事及佛教本生故事中有佛降伏毒龍的情節，本經此處或即敷衍此類佛教故事而成。菩薩本行經卷中：「一時，佛在羅閱祇比留畔迦蘭陀尼波僧伽藍，優連聚落有一泉水，中有毒龍名曰酸陀梨，甚大兇惡，放於雹霜，傷破五穀，令不成熟，人民飢餓……爾時，世尊明日晨朝著衣持鉢，入城乞食，詣於龍泉。食訖洗鉢，洗鉢之水澍於泉中。龍大瞋恚，即便出水，吐於毒氣，吐火向佛。佛身出水滅之……於是世尊蹈龍頂上，龍不得去。龍乃降伏，長跪白佛言：『世尊，今日特見苦酷。』佛告龍曰：『何以懷惡苦惱衆生？』龍便頭面作禮，稽首佛足，長跪白佛言：『願見放捨，世尊所勑，我當奉受。』佛告龍曰：『當受五戒爲優婆塞。』龍及妻子盡受五戒爲優婆塞，慈心行善，不更霜雹，風雨時節，五穀豐熟。諸疫鬼輩盡皆走去，向毗舍離。摩竭國中人民飽滿，衆病除愈，遂便安樂。」又可參太子瑞應本起經卷下、佛本行集經卷四〇至四一、增壹阿含經卷一四等。

〔二〕「烏場」，當即前烏長國。洛陽伽藍記即作「烏場」。

〔三〕「五天」，當指五天竺。

〔四〕「摩竭國」，當即摩揭陁，爲印度大國。大唐西域記卷八摩揭陁國條季羨林等校注：「又譯摩竭、摩揭、摩訶陀、默竭陀、摩伽陀、墨竭提……爲印度古代十六大國之一。其領域大體相當於現今印度比哈爾邦的巴特那（Patna）和加雅（Gayā）地方。」

〔五〕「剎利」，即剎帝利，與婆羅門均爲印度種姓名。此二種姓等級最高，佛經中多或特別舉出，如鳩摩羅什譯妙法蓮華經卷二信解品：「諸婆羅門、剎利、居士皆恭敬圍繞，以真珠瓔珞，價直千萬，莊嚴其身。」此處當亦是對這類佛經的模仿。

歷年三八，穆王之時，我還中夏，使〔一〕入東海，至于蓬萊、方丈等洲，到於扶桑〔二〕，蹔過太帝之所〔三〕，校集仙品稱位高下。又經八王二百餘載，幽深演〔四〕之時，歲次辛酉，三川震蕩〔五〕，王者將亡，數遭百六〔六〕，非人可制，我更西度，教化諸國。次入西海，至于聚窟、流麟等洲〔七〕，摠召十方神仙大士，及初得道地下主者〔八〕，并未授任遊散仙人、至孝至忠適經歷度者，如是等輩，八万餘人，校量功德、行業〔九〕輕重，授其職位，五等仙官〔一〇〕，廿七品〔一一〕，仙真上聖，岳瀆、三天〔一二〕，咸悉補擬。

校　注

〔一〕「使」，疑當作「便」。

〔二〕「扶桑」，傳説中的東方之地。淮南子天文訓：「日出于暘谷，浴于咸池，拂于扶桑，是謂晨明。」道教又敷衍出大量内容，上清外國放品青童内文：「東方去中國九十萬里外，名爲呵羅提之國，一名星國。國外有扶桑，在碧海之中，地方萬里，上有太帝宫，太真王之别治。有（其）上生林如桑，皆長數千丈，大者三千圍，兩兩同根而生，有實，赤如椹，仙人所啖食，體作金光色，其實皆九千歲一生。」

〔三〕「太帝」，即「扶桑大帝」，道教的重要神真，居於扶桑。無上秘要卷二三：「太帝君，治於扶桑之杪會方之臺。」上清大洞真經卷六扶桑大帝九老仙皇君道經：「太帝九老京，校仙登扶桑。」是太帝君有校定仙品之職。

〔四〕「幽深演」，義不明，當有誤。據下文，可知此句指幽王時。據史記周本紀，幽王名宫湦，或「幽深演」當作「幽王宫涅」。

〔五〕「三川震蕩」，史記周本紀：「幽王二年，西周三川皆震。」

〔六〕「數遭百六」，傳説中「數遭百六」則有災厄。漢書律曆志：「易九厄曰：初入元，百六，陽九。」顔師古引孟康注：「所謂陽九之厄、百六之會者也。初入元百六歲有厄者，則前元之餘氣也，若餘分爲閏也。易爻有九六七八，百六與三百七十四，六乘八之數也，六八四十八，合爲四百八十歲也。」

〔七〕「聚窟、流麟等洲」，按漢武帝内傳：「……祖、瀛、玄、炎、長、元、流、生、鳳麟、聚窟，各爲洲名。」十洲記亦載此十洲名，皆無「流麟」。此蓋作者偶失，或有脱文。

〔八〕「地下主者」，道教一種低等神仙。真誥卷七：「地下主者，解下道之文官。」道典論卷二引太極真人飛仙寶劍上經：「夫至忠至孝之人，既終，皆受書爲地下主者。一百四十年乃得受下仙之教，授以大道。從此漸進，得補仙官，一百四十年聽一試進也。」「地下主者」又分三等，參真誥卷一三。

〔九〕「行業」，本爲佛教術語，指身、口、意之行動及由此産生的影響後世的力量。伯二一三三號背金剛般若波羅密經講經文：「業如影，行如身，行業還同影与人，善業感招生勝處，業緣重即却沉淪。」可見「行業」之義。道教又在此基礎上有所發展。雲笈七籤卷八九引洞神誡身保命篇：「故萬品所起，莫過於心。萌於心者，名曰行業。行業所操，名曰善惡。故縱欲爲惡，息貪爲善。善者能爲濟俗出塵之益，惡者必作敗德染穢之資。」

〔一〇〕「五等仙官」，道樞卷三九傳道上篇：「仙非一也，其等有五，其法有三。五等：一曰鬼之仙，二曰人之仙，三曰地之仙，四曰神之仙，五曰天之仙。」

〔一一〕「廿七品」，道教義樞卷一：「太清仙九品，上清真九品，玉清聖九品，三九二十七品，同脩平等，俱入一乘。觀有淺深，義開差等，何者？太真科云：小乘仙有九品，一者上仙，二者高仙，三者大仙，四者神仙，五者玄仙，六者真仙，七者天仙，八者靈仙，九者至仙。中乘真有九品，一者上真，二者高真，三者太真，四者神真，五者玄真，六者仙真，七者天真，八者靈真，九者至真。大乘聖有九品，一者上聖，二者高聖，三者大聖，四者神聖，五者玄聖，六者真聖，七者仙聖，八者靈聖，九者至聖。」

〔一二〕「岳瀆」，即前「五岳四瀆」之屬。「三天」，即清微天、禹餘天、大赤天，是道教天界觀中較高的三天。道教義樞卷七：「太真科云：三天最上，號曰大羅，是道境極地。妙氣本一，唯此大羅，生玄、元、始三炁，化爲三清天也。一曰清微天玉清境，始氣所成。二曰禹餘天上清境，元氣所成。三曰大赤天太清境，玄氣所成。」

如是又經六十餘載，桓王之時，歲次甲子〔一〕，一陰之月〔二〕，我令尹喜乘彼月精〔三〕，降中天竺國〔四〕，入乎白浄夫人〔五〕口中，託廕〔六〕而生，号爲悉達〔七〕。捨太子位，入山脩身〔八〕，成无上道，号爲佛陁。始建悉曇十二文字〔九〕，展轉離合，三万餘言，廣説經誡，求无上法。又破九十六種邪道〔一〇〕，歷年七十〔一一〕，示入涅槃。

校注

〔一〕關於釋迦牟尼的生年，南北朝以來比較通行的説法是比附春秋莊公七年「恒星不見，星隕如雨」的記載（可參文選卷五九王巾頭陁寺碑文李善注引顧微吴縣記、玉燭寶典卷四等），當周莊王十年甲午。北周釋道安認爲當周桓王五年乙丑（見歷代三寶記卷一），此處稱甲子入胎，則正用道安之説。

〔二〕「一陰之月」，指夏曆五月。禮記月令孟春「天氣下降」，孔穎達疏：「陽氣之升，從十一月爲始。陽氣漸升，陰氣漸下，至四月，六陽皆升，六陰皆伏。至五月，一陰初升，陰氣漸升，陽氣漸伏。至十月，六陰盡升，六陽盡伏。」北周釋道安以佛誕之四月八日爲周曆四月（參歷代三寶記卷一一「二教論一卷」條下引），當夏曆二月，上推十月，則正當夏曆五月。

〔三〕佛教多稱佛祖乘象入胎，此處稱乘月精，蓋與前老子乘日精入胎照應。參第一〇頁注〔四〕「乘于日精」下注。

〔四〕「中天竺國」，釋迦牟尼所出生的迦維羅衛國（又譯劫比羅伐窣堵國），於五天竺中正當中天竺。歷代法寶記卷一：「佛以莊王九年癸巳四月八日，現白象形，從兜率降中天竺國迦毗羅城浄飯大王第一夫人摩耶右脇。」亦稱佛出生地爲「中天竺國」。

〔五〕「白浄夫人」，釋迦牟尼之父浄飯王，或譯爲「白浄王」，見修行本起經卷上、長阿含經卷二二、普曜經卷一等，稱佛母摩耶夫人爲「白浄夫人」蓋由於此。

〔六〕「託廕」，即「託陰」，指託胎、託生，靈魂寄託於胞胎之中。這本是一個佛教術語，「陰」即「中陰」，是死後轉生之前的靈魂。道世法苑珠林卷二六宿命篇感應緣「乘禪師」條：「命終中陰託河東薛氏爲第五子。」可證。此詞在佛教文獻中習見，如北敦四〇四〇號八相變：「歸當七月中旬，託陰摩耶腹内。」該卷前文稱「何處堪吾託生腹」，可見「託陰」即「託生」。又稱「託廕」「託蘊」，伯二九九九號太子成道經：「上從兜率降人間，託廕王宫爲生相。」義浄譯根本説一切有部毗奈耶卷一三：「時有一天，從勝妙天下，託蘊王妃。」

〔七〕「悉達」，即悉達多，爲釋迦牟尼之名。甄鸞笑道論云：「化胡、消冰經皆言：『老子化罽賓，身自爲佛。』」又引化胡經云：「老子復見於世，號迦葉。」甄正論引化胡經云「老子化身乘六牙白象，從日中下降浄飯王宫，入摩耶夫人胎中，生而作佛」。法琳辯正論引明威化胡經亦云「老子渡流沙，教胡王，爲浮圖，變身作佛」。此經則謂尹喜作佛，與此前的化胡經有所不同。

〔八〕「身」，伯二〇〇七號作「道」。

〔九〕「悉曇」，乃一種梵文字母。義浄南海寄歸内法傳卷四：「一則創學悉談章，亦名悉地羅窣堵。斯乃小學標章之稱，但以成就吉祥爲目，本有四十九字，共相乘轉，成一十八章，惣有一萬餘字，合三百餘頌。凡言一頌，乃有四句，一句八字，惣成三十二言。更有小頌大頌，不可具述。六歲童子學之，六月方了。斯乃相傳是大自在天之所説也。」悉曇字母有四十九個，此處稱「悉曇十二文字」，應不是指悉曇字母個數，而是指佛教十二部經。晋瞿曇僧伽提婆譯增壹阿含經卷二一：「十二部經，如來所説，所謂契經、祇夜、本末、偈、因緣、授決、已説、造頌、生經、方等、合集、未曾有。」

〔一〇〕「九十六種邪道」，傳説在釋迦牟尼時代有六師九十六外道，薩婆多毗尼毗婆沙卷五：「爾時有梵志是外道六師門徒。六師者，一師十五種教，以授弟子，爲教各異，弟子受行，各成異見。如是一師出十五種異見。師別有法，與弟子不同，師與弟子通爲十六種，如是六師有九十六。」本書卷二則附會出九十六外道名字。

〔一一〕一般認爲釋迦牟尼在世七十九歲（見僧祐釋迦譜卷四，費長房歷代三寶記卷一及卷一四），此言「歷年七十」，蓋取大數。

襄王之時，其歲乙酉，我還中國，教化天人，乃授孔丘仁義等法〔一〕。尒後王誕六十年間，分國徙〔二〕都，王者无德，我即上登崑崙，飛昇紫微〔三〕，布氣三界，含養一切。

校注

〔一〕此即比附莊子中天道、天運兩篇中孔子與老子的對話。然而孔子生當周靈王時，襄王早孔子百餘年，此蓋道士信口編排，不可深究。

〔二〕「徙」，原作「從」，伯二〇〇七號同，當爲「徙」字之誤。所謂「分國徙都」蓋指周赧王時東西周分治。史記周本紀：「王赧時東西周分治，王赧徙都西周。」然周赧王距襄王三百餘年，距孔子生時亦二百餘年。

〔三〕「紫微」，即玄都紫微宫，道教認爲天尊常居於此，道教徒成仙後亦入紫微宫。伯二三九九太上洞玄靈寶空洞靈章：「七祖離苦根，長歌升紫微。」伯二八六五太上靈寶洞玄滅度五練生尸經：「此之諸賢，並受滅度之法、升天之傳、鎮靈之道，而得崇虚陵清，策空高霞，遊晏紫微，受號真人也。」太上洞玄靈寶無量度人上品妙經：「紫虚鬱秀，輔翼萬仙。」嚴東注：「紫虚者，紫微宫也……紫微之館鬱勃出乎玉清之上，中有沙蘭之宫，宫有新得度者，受靈寶之人，巨億萬衆，功德未備，停散其中。」

後經四百五十餘年，我乘自然光明道氣，從真寂境飛入西那玉界蘇隣國中〔一〕，降誕王室，示爲太子，捨家入道，号末摩尼〔二〕，轉大法輪，説經誡律定慧等法，乃至三際及二宗門〔三〕，教化天人，令知本際〔四〕，上至明界，下及幽塗，所有衆生，皆由此度。摩尼之後，年垂五九〔五〕，金氣將興，我法當盛，西方聖象，衣彩自然，來入中洲，是効也。當此之時，黄白氣合，三教混齊，同歸於我。仁祠精舍，接棟連甍，翻演後聖大明尊法〔六〕。

中州〔七〕道士，廣説因緣，爲世舟航，大弘法事。動植含氣〔八〕，普皆救度，是名揔攝一切法門。

老子化胡經卷第一

校注

〔一〕「西那玉」，伯希和、沙畹摩尼教流行中國考：「按洞冥記之西那汗國，及開封猶太碑之西方綠那玉國，與此國之名稱似不無相類之處。」今按，早期靈寶經中大量出現西那玉國，恐怕未必有現實地理方位可與之對應。伯二三九九太上洞玄靈寶空洞靈章：「是日大慶，卅二天帝君侍衛天尊，並乘八景玉轝，三素飛雲，瓊輪羽蓋，迴光齊降太上道君於西那玉國鬱察之山浮羅之岳。」伯二四六一號太上洞玄靈寶智慧上品大戒：「元始天尊以開皇元年七月一日午時，於西那玉國鬱察山浮羅之岳長桑林中，授太上道君智慧上品大戒法文。」例多不舉。該詞可能也有域外來源，但古史曚昧，今亦難考。

「蘇隣國」，伯希和、沙畹：「按玄奘西域記有蘇剌薩儻那，即新唐書之蘇利悉單，北史中有波斯之宿利城，隋書中有蘇藺城，疑與蘇鄰國同地而異名，此地即 Suristan。」此國名當出自摩尼教經典。斯三九六九號摩尼光佛教法儀略：「摩尼光佛誕蘇隣國跋帝王宫。」「蘇隣」應是域外語言的音譯（柳博賨先生見告，可能是 Suria〔叙利亞〕或者摩尼出生地 Asoristan 或更晚一點的 Suristan 的對音）。

〔二〕「末摩尼」，斯一八五七號「尼」字原作「尼」，後改作「君」，伯二〇〇七號則作「尼」，今徑録作「尼」，下「摩尼」同。大約在唐高宗時期，道經經歷了一次清整運動，其中的佛教術語往往被刪改，此處「末摩尼」被改作「末摩君」，或許正因「摩尼」爲佛教術語。末摩尼，又作「摩尼」「末尼」，爲摩尼教創教教主。摩尼教創教於公元三世紀，至遲在武周時已傳入中土，佛祖統紀卷四〇載延載元年（六九四）「波斯國人拂多誕持二宗經僞教來朝」。敦煌文獻中有摩尼教殘經數種，可參看。摩尼教關於末摩尼出世神話也多借用佛傳，可參包朗、楊富學摩尼教對佛道降誕傳説的比附與改造一文。

〔三〕「三際及二宗門」，摩尼教中的重要術語。伯三八八四號摩尼光佛教法儀略：「初辯二宗：求出家者，須知明暗各宗，性情懸隔，若不辯識，何以修爲？次明三際：一，初際；二，中際；三，後際。初際者，未有天地，但殊明暗，明性智慧，暗性愚癡，諸所動静，無不相背。中際者，暗既侵明，恣情馳逐，明來入暗，委質推移。大患猒離於形體，火宅願求於出離。勞身救性，聖教固然。即妄爲真，孰敢聞命？事須辯折，求解脱緣。後際者，教化事畢，真妄歸根，明既歸於大明，暗亦歸於積暗。二宗各復，兩者交歸。」

〔四〕「本際」，在敦煌摩尼教經典中未見該詞，這本爲一個佛教術語，多用來指過去世之初際。道教又發展了這一術語，羽四一〇太玄真一本際經疏：「斯則離有無而爲本，本不可窮；超理境而爲際，際難測度。」又云：「本者太始，際猶涯際。言聖人從太玄虚寂之體妙而起元，和真一之妙用，爲天地之本始，作万物之涯際，故云太玄真一本際。」唐初道士似喜言「本際」，可參續高僧傳卷一五釋義褒傳義褒與李榮關於「本際」的辯論。此處老子化胡經作者蓋由摩尼教之「際」聯想到「本際」這一術語。

〔五〕「年垂五九」，斯三九六九號摩尼光佛教法儀略釋此云：「五九四十五，四百五十年，教合傳於中國。至晉太始二年正月四日，乃息化身，還歸真寂，教流諸國，接化蒼生。從晉太始至今開[元]十九歲，計四百六十年。證記合同，聖跡照（昭）著。」

〔六〕「後聖大明尊法」，當指摩尼教法。北敦二五六號摩尼教殘經：「當知是師所説正法，皆悉微妙，樂説大明。」但在道教語境中，「後聖」多指後聖金闕帝君。斯四二二六號太平部卷二：「上清金闕後聖元（九）玄帝君，姓李，諱弘元曜靈，一諱玄水俄景，字光明，一字日淵。太一之胄，玄帝時人。上和元年，歲在庚寅，九月三日甲子卯時，始育北玄玉國天罡靈鏡（境）人鳥閣萊山中李谷之間。母夢玄雲日月纏其[形]，乃感而懷胎。厥年三歲，言成金章；行年二生（七），棄俗離親。三元下教，施行廿四事，受書爲上清金闕後聖帝君，上昇上清，中遊太極宫，下治十天，封掌兆民，及諸天河海神仙地源，陰察洞天。」相近的内容又見於正統道藏本太平經鈔甲部。上清經中亦多言及後聖帝君。老子化胡經此處蓋將摩尼教與本土信仰結合起來。

〔七〕「州」，伯二〇〇七號作「洲」。

〔八〕「含氣」，指有生命者。抱朴子内篇論仙：「仙法欲令愛逮蠢蠕，不害含氣。」

老子化胡經卷第二

（上缺）

陁羅〔一〕□□万二千▨▨▨□□作師子吼〔二〕，詐行慈善▨□□心供養。

第五外道名少〔三〕□□百鬼神以爲眷屬。著人□□殺害，見者生瘡，切筋入□□罪。

第六外道名賓〔四〕□□爲眷屬。慳貪▨〔五〕□□▨□□啓告。著人之時，令人疾病。

第七外道〔六〕□□神有八万七千以爲眷屬。并候照神□□神，此等諸神，若脩定時，作白骨觀〔七〕□□入定則止。

校　注

〔一〕據猶龍傳卷四，前四種外道分别名「鬱遮羅外道」「差法智男富外道」「倮形外道」「熱灰身外道」。前兩種外道從名字無法判斷其具體所指。「倮形外道」在佛經中經常出現，如摩訶僧祇律卷一一：「裸形外道猶欲剥取兩張氎。」玄奘西行猶見此種外道，大唐西域記卷九：「毗布羅山上有窣堵波，昔者如來説法之處。今有露形外道多依此住，修習苦行，夙夜匪

解。」同書卷一〇載珠利耶國、達羅毗茶國均有「露形外道」。「熱灰身」可能也是指一種印度的苦行修法。鳩摩羅什譯十地毗婆沙論卷一三：「十地道亦如是，無有外道苦行等諸難。所謂灰身，入冰，拔髮，日三洗，翹一足，日一食，二日一食，乃至一月一食，默然至死，常舉一臂，常行忍辱，五熱炙身，卧刺蕀上，入火，入水，自投高巖，深爐中立，牛屎燒身，直趣一方不避諸難，常著濕衣裳，水中卧等，身苦心苦，不至正智。」「熱灰身」可能與「灰身」「五熱炙身」類似。義浄南海寄歸内法傳卷一亦云：「或露體拔髮，將爲出要；或灰身椎髻，執作昇天。」

〔二〕「師子吼」，佛教常用來喻指如來説法，如長阿含經卷一六：「如來在大衆中勇捍無畏，作師子吼，善能説法。」本卷出現多次「師子吼」，均非褒義。

〔三〕據猶龍傳，第五外道名「少子騫」。

〔四〕據猶龍傳，第六外道名「賓頭盧」。按，賓頭盧，又稱賓頭盧頗羅墮，爲佛弟子之一，佛教齋會一般要請賓頭盧。慧簡譯請賓頭盧法：「近世有一長者聞説賓頭盧阿羅漢受佛教勅爲末法人作福田，即如法施設大會，至心請賓頭盧。」敦煌文獻中有不少迎請賓頭盧的疏，如伯三一〇七、斯五六九六等。本經稱「……啓告」，可能與此有關。

〔五〕斯六九六三背此字右下殘泐，據殘畫似是「獨」字。

〔六〕「外道」，斯六九六三背此二字殘泐，據殘畫及文例補。據猶龍傳，第七外道名「遮護神」。

〔七〕「白骨觀」，佛教觀法之一，即觀想死屍成一堆白骨，具體可參鳩摩羅什譯禪秘要法經。

第八外道名爲到〔一〕見，有五□鬼神以爲眷屬。好著▨〔二〕□者能使和柔，善忍辱者能令□

第九外道〔三〕名爲信行〔四〕，有十万鬼神以爲眷屬。能□爲惡，惡者增長，見者即病，形如師子□獸，入人身中，作神鬼語。

第十外道名〔五〕□有五万三千鬼神以爲眷屬。遊行世□疫氣，住忏〔六〕黄疸，手足疼痹，令入□俗。

校注

〔一〕「爲到」，斯六九六三背此二字殘泐，次字據殘畫知爲「到」字，然猶龍傳第八外道僅名「到見」二字，據上下文例知所殘首字當即「爲」字。「到見」，即「倒見」。佛教多將不符合佛教教義的看法斥作「倒見」「邪倒見」，如雜阿含經卷三四：「若作是見，世間常，此則真實，餘則虛妄者，此是倒見。」

〔二〕斯六九六三背此字僅存左半「女」旁，似爲「婬」字。

〔三〕「第九外道」，斯六九六三背此四字殘泐，據本卷體例補。

〔四〕「信行」及下第十一外道「見到」均爲佛教「十八學人」中的名目，中阿含經卷三〇：「云何十八學人？信行、法行、信解脱、見到、身證、家家、一種、向須陀洹、得須陀洹、向斯陀含、得斯陀含、向阿那含、得阿那含、中般涅槃、生般涅槃、行般涅槃、無行般涅槃、上流色究竟，是謂十八學人。」「信行」又或作「隨信行」，「見到」又或作「見至」。瑜伽師地論卷二六：「云何隨信行補特伽羅？謂有補特伽羅，從他求請，教授教誡，由此力故，修證果行，非如所聞、所受、所究竟、所思、所量、所觀察法，自有功能，自有勢力，隨法修行。唯由隨他補特伽羅信而修行，是名隨信行補特伽羅……云何見至補特伽羅？謂即隨法行補特伽羅於沙門果得觸證時，説名見至補特伽羅。」本經「信行」「見到」或即指此。另外，三階教的創教者名信行。此處第九外道也可能指三階教。關於信行生平，見續高僧傳卷一六。張總中國三階教史有更詳細的論述，可參。

〔五〕據猶龍傳，第十外道名「邊見」。佛教稱偏執一邊的見解爲「邊見」，曇無讖譯大般涅槃經卷三九的富那、清净二梵志即爲「邊見外道」。

〔六〕「住忓」，義不可通，當有誤。

第十一外道名爲見到〔一〕，七万二千五□□〔二〕神以爲眷屬。行處无益，化人爲惡，亦説諸法苦空无常〔三〕，示教衆生誡定慧法〔四〕，説寂滅樂〔五〕、有无二邊〔六〕、无想无我〔七〕，令邪慧解，見聰明相，得禪得果，亦得解脱，及无漏智〔八〕。

校　注

〔一〕「見到」，見前第九外道「信行」下注。

〔二〕斯六九六三背此二字殘闕，據文例似爲「百鬼」二字。

〔三〕「苦空无常」，佛經中常見的教義。鳩摩羅什譯維摩詰經弟子品：「憶念昔者，佛爲諸比丘略説法要，我即於後敷演其義，謂無常義、苦義、空義、無我義、寂滅義。時維摩詰來謂我言：『唯，迦旃延，無以生滅心行説實相法。迦旃延，諸法畢竟不生不滅，是無常義；五受陰洞達空無所起，是苦義；諸法究竟無所有，是空義；於我、無我而不二，是無我義；法本不然，今則無滅，是寂滅義。』」

〔四〕「誡定慧法」，即佛教所謂「三無漏學」。楞嚴經卷六：「所謂攝心爲戒，因戒生定，因定發慧，是則名爲三無漏學。」

〔五〕「寂滅樂」，又作「寂静樂」，佛教「四種樂」之一。雜阿含經卷一七：「有四種樂。何等爲四？謂離欲樂、遠離樂、寂滅樂、菩提樂。」

〔六〕「有无二邊」，佛教指執有、執無的兩種邪見。大智度論卷一五：「有無二邊，觀諸法生時、住時，則爲有見相；觀諸法老時、壞時，則爲無見相。三界衆生，多著此二見相。是二種法，虚誑不實。」故佛經中屢稱需斷、離「有無二邊」。老子化胡經此處將「有无二邊」與「寂滅樂」並列，這是很不合理的。

〔七〕「无想无我」，「无想」在佛教中指無想念的狀態，一般用於無想定或無想天中。「无我」參前「苦空无常」下注。將這兩個詞並列不太合理。

〔八〕「无漏智」，佛教指遠離一切煩惱的智慧。大智度論卷一九：「無漏智慧常觀一切無常。觀無常故，不生愛等諸結使。」

第十二外道名爲〔一〕空見，有二千五百鬼神以爲眷屬□是常无常，言无相智〔二〕，佛性身中，何須外求？當自供養心中真佛〔三〕。

第十三外道名爲虚空，有三万六千鬼神以爲眷屬。能令入定，節節火然〔四〕，自然讀經，不須世間文字章疏〔五〕，久久生心，顛狂癡騃。

第十四外道名不遮護□十鬼神以爲眷屬。善巧方便，作▨□作唱，言无次第，嗔喜不定，食无多少，猶如餓鬼。

第十五外道名爲首羅〔六〕，有二千八百鬼神以爲眷屬。好習外化諸餘佛道，能作菩薩、帝釋天形，持諸餘食与入定人，七日而死。

校　注

〔一〕「外道名爲」，斯六九六三背此四字殘泐，據文例補。

〔二〕「无相智」，佛馱跋陀羅譯大方廣佛華嚴經卷三五：「如來智慧無相，智慧無礙，智慧具足，在於衆生身中。」「无相智」當即指這種「無相智慧」。

〔三〕佛教多言佛在心中，佛馱跋陀羅譯大方廣佛華嚴經卷三五：「此菩薩摩訶薩自知身中悉有一切諸佛菩提。何以故？彼菩薩心不離一切如來菩提故。如自心中，一切衆生心中，亦復如是，無量無邊，無處不有，不可破壞，不可思議。」伯二九六三號浄土五會念佛誦經觀行儀卷下法照浄土法身讚：「心中有寶鏡，不識一生休。諸佛在心頭，汝自不能求。慎勿令虚過，急手早勤求。」

〔四〕「節節火然」，這也是佛教的一種禪觀方法，禪秘要法經卷上：「此想成已，復當更教令心廣大，使彼行人見一閻浮提縱横亂骨。見諸骨外周匝四面有大火起，焰焰相次，燒諸亂骨。見諸骨人節節火起。」

〔五〕此二句似指「不立文字」的禪宗。壇經：「一切經書及諸文字，小大二乘，十二部經，皆因人置，因智惠性故，故然能建立。若無世人，一切萬法，本元不有。故知萬法本因人興，一切經書因人説有……故知一切萬法盡在自身中，何不從於自心頓現真如本性？」

〔六〕「首羅」，敦煌文獻中有一種佛教僞經首羅比丘經，又稱首羅比丘見五百仙人並見月光童子經，共有十餘號，其内容較爲駁雜，佛道雜糅。未知「首羅」外道是否即與此經有關。

第十六外道名空乱音〔一〕，有二千五百鬼神以爲眷〔二〕屬。能乱道法，在在處處〔三〕，皆作乱想，▨▨□□脩定所作福處，皆能惱乱。

第十七外道名梵鉢賒，有三万二千鬼神以爲眷屬。多行邪法，壞正真道。若睡若寤，作諸鬼形，或婦女形，妖㚷或人〔四〕，令其心退。

第十八外道名爲洪照，有三百鬼神以爲眷屬。此鬼善作陁羅尼〔五〕，□種歌唄〔六〕，六時行道〔七〕，遊行世間，惱乱行者，精▨退失，憂惱不樂。

校注

〔一〕「空乱音」，或即佛教所稱的「惡取空」，指固執於空而誤解空。大方廣十輪經卷六：「爾時，世尊説是偈已，於大衆中無量百千人民，多有空亂意衆生，斷於善根，説無因果，趣向惡道。」

〔二〕「以爲眷」，斯六九六三背此三字殘泐，據殘畫及文例補。

〔三〕「在在處處」，到處，處處。佛經及中古文獻中習見此詞，鳩摩羅什譯摩訶般若波羅蜜經卷二三：「是菩薩用是漏盡智，令衆生得須陀洹果乃至阿羅漢果、辟支佛道，在在處處，皆令衆生入善法中。」

〔四〕「㚷」，字書不載，當爲「魅」之異體「㫰」（見玉篇）的换旁字。「或」，即「惑」，古今字，此卷「迷惑」之「惑」多寫作「或」。

〔五〕「陁羅尼」，意譯爲「總持」，一般多用來指咒語。

〔六〕「□種歌唄」，斯六九六三背首字殘泐，疑爲「種」字。「歌唄」，指佛教贊唱經咒、偈頌等。

〔七〕「六時行道」，印度將一日分爲六時，佛教於念佛、誦經戒以及齋會儀式多要每時舉行。高僧傳卷五道安傳載道安所製僧尼軌範三例，其二即爲「常日六時行道飲食唱時法」。道教儀式也借用了這一形式，如伯二三五二號洞玄靈寶長夜之府九幽玉匱明真科：「明達大法師於中央被頭散結，依訣徒炭，六時請謝，中庭行事。」伯二六〇六號太上洞玄靈寶无量度人上品妙經：「凡有此灾，同炁皆當齊心脩齋，六時行香，十遍轉經。」又可參第二〇〇頁注〔一〇〕「三時入礼求長生」下注。

第十九外道名爲普安，有三万一千鬼神以爲眷屬。在天爲天魔，在世間爲外道，使鬼交戰，乃至乾闥婆〔一〕、阿脩羅〔二〕、夜叉〔三〕、鳩槃荼〔四〕、羅刹鬼〔五〕等。見入定人漏盡斷或〔六〕，恐怖失性，忘其正念。

校注

〔一〕「乾闥婆」，佛教「八部衆」之一，施奏雅樂之神。翻譯名義集卷二：「乾闥婆，或犍陀羅。浄名疏：此云香陰，此亦陵空之神，不噉酒肉，唯香資陰，是天主幢倒樂神，在須彌南金剛窟住。什曰：天樂神也，處地十寶山中，天欲作樂時，此神身有異相出，然後上天。新云『尋香行』。應法師云『嗅香』。」

〔二〕「阿脩羅」，爲古印度的戰鬥神，亦爲佛教「八部衆」之一。翻譯名義集卷二：「阿脩羅，舊翻『無端正』，男醜女端正。新翻『非天』。浄名疏云：此神果報最勝，隣次諸天而非天也。」

〔三〕「夜叉」，鬼名，亦爲佛教「八部衆」之一。翻譯名義集卷二：「夜叉，此云勇健，亦云暴惡。舊云閱叉。西域記云：藥叉，舊訛曰夜叉。能飛騰空中。什曰：秦言貴人，亦言輕健。有三種，一在地，二在虚空，三天夜叉。地夜叉但以財施故，不能飛空。天夜叉以車馬施故，能飛行。肇曰：天夜叉居下二天，守天城池門閣。」

〔四〕「鳩槃荼」，佛教傳説中的鬼名。翻譯名義集卷二：「鳩槃荼，亦云槃查，亦云俱槃荼。此云甕形，舊云冬瓜。此神陰如冬瓜，行置肩上，坐便踞之，即厭魅鬼。」

〔五〕「羅刹鬼」，佛教鬼名。翻譯名義集卷二：「羅刹，此云速疾鬼，又云可畏，亦云暴惡。」

〔六〕「漏盡断或」，指煩惱、疑惑均已斷盡。

第二十外道名爲張世，有三千七百鬼神以爲眷屬。此鬼著人，狀似風狂，作師子吼，令人失氣〔一〕。手中出香〔二〕，誦陁羅尼，得那解智〔三〕，説空三昧、无相三昧〔四〕，承虚論議，愚謂真佛。此神預知他心之事〔五〕，却語衆言：「欲有惡人壞我正法〔六〕。」

校注

〔一〕「失氣」，指因恐懼而喪氣、失去勇氣，此處蓋指聞「師子吼」而恐怖失氣。焦氏易林臨之困：「履危不止，與鬼相視。驚恐失氣，如騎虎尾。」上清高上滅魔玉帝神慧玉清隱書經：「瓊音既震，則凶穢消除，山精殘滅，萬靈受事，神真輔衛，九魔伏形，寒靈失氣，天鋒仰曜，神威俯攝（懾），辟毒禳試，萬妖滅跡。」其中的「寒靈」亦因「瓊音」而「失氣」。

〔二〕「手中出香」，佛八十種好中有「毛孔出香氣」（參摩訶般若波羅蜜經卷二四），疑此「手中出香」即比附佛之相好。

〔三〕「那解智」，義不可通，疑有誤，或爲道教徒臆造的詞。

〔四〕「空三昧、无相三昧」，佛教「三三昧」之二。大智度論卷八：「云何爲三三昧？空三昧門，無相、無作三昧門。云何爲空三昧？以空行、無我行攝心，是名空三昧。云何爲無相三昧？以寂滅行、離行攝心，是爲無相三昧。云何爲無作三昧？無常行、苦行攝心，是爲無作三昧。」

〔五〕「此神預知他心之事」，佛教認爲佛、菩薩能够知他人心意，故有「他心智」「他心通」等説法。鳩摩羅什譯摩訶般若波羅蜜經卷五：「云何名他心智？知他衆生心，是名他心智。」大般若波羅蜜多經卷九：「有菩薩摩訶薩他心智證通，能如實知十方各如殑伽沙界他有情類心、心所法，所謂遍知他有情類。」

〔六〕「欲有惡人壞我正法」，佛經中多有此類内容，如曇無讖譯大般涅槃經卷七：「我般涅槃七百歲後，是魔波旬漸當沮壞我之正法。」闍那崛多譯大寶積經卷八〇：「未來世中諸比丘，棄捨功德及戒行，以懷嫉妬鬭諍故，覆滅損壞我正法。」

第二十一外道名爲无相，有五千八百鬼神以爲眷屬。此神著人，乍哭乍啼，或歌或儛，能作天王、帝釋之法。所住之處，多有毒虵。又自剋期得道之日，若隨去者，必死不疑。

［第］〔一〕二十二外道名爲真帝〔二〕，有五万三千鬼神以爲眷屬。此神論議，无能當者。著人之時，作沙門像，持衣鉢等遊行世間，亦作神廟諸佛形像。此神化人，令入邪道。

第二十三外道名爲梵音，有七万七千鬼神以爲眷屬。能轉人心，不信者信，邪覺觀智〔三〕，脩習禪定，亦令布施，能断他道，壞人善根，敗乱正法。時諸僧尼，入禪三昧〔四〕，忤〔五〕入耶罔，常隨黑闇，无〔六〕智之者，呼爲正真。

校注

〔一〕「第」，原脱，據文例補。

〔二〕「帝」，猶龍傳作「諦」。此外道或附會南朝高僧真諦，真諦事跡詳參續高僧傳卷一拘那羅陀傳。

〔三〕「邪覺觀智」，蓋指邪覺、邪觀、邪智，即錯誤的想法。

〔四〕「禪三昧」，即禪定。

〔五〕「忤」，當讀作「悞」，同「誤」。

〔六〕「无」，原誤作「天」，中華道藏校作「无」，是。

第二十四外道名曰宗明，有二千鬼神以爲眷屬。此神在世，名都部將使，常居山澤，亦号山神，亦名林主，若斬伐者，皆不免害。脩道之人，常持四規明鏡〔一〕自照，以絶妖妫。

第二十五外道名爲火祆〔二〕，有一万鬼神以爲眷屬。著人之時，唯燒甘草，供養火具〔三〕。

第二十六外道名爲廣學，有二千八百鬼神以爲眷屬。入人身中，猶若風狂，詐稱法師，与人論議。身長丈二，目有三角〔四〕，爪長一尺，毛如猪鬣。若逢之者，无不喪命。

校 注

〔一〕「四規明鏡」，道教法器，傳説用以自照可見神仙。抱朴子内篇雜應：「或用明鏡九寸以上自照，有所思存，七日七夕則見神仙，或男或女，或老或少，一示之後，心中自知千里之外、方來之事也。明鏡或用一，或用二，謂之日月鏡。或用四，謂之四規鏡。四規者，照之時，前後左右各施一也。用四規所見來神甚多，或縱目，或乘龍駕虎，冠服彩色，不與世同，皆有經圖。」抱朴子内篇遐覽載有四規經、明鏡經，當即述「四規明鏡」之法。正統道藏正一部又有太上明鑑真經，可參。

〔二〕「火祆」，猶龍傳誤作「大拔」。火祆，即祆教，爲瑣羅亞斯德教在中國的稱呼。陳垣火祆教入中國考：「以火以光表至善之神，崇拜之，故名拜火教。因拜光又拜日月星辰，中國人以爲其拜天，故名之曰火祆。祆者，天神之省文，不稱天神而稱祆者，明其爲外國天神也。」

〔三〕祆教崇拜聖火，故有「唯燒甘草，供養火具」之説。通典卷四〇載有薩寶、薩寶府祆正之官，云：「武德四年，置祆祠及官，常有群胡奉事，取火祝詛。」出土文物中亦多有祆教祀火的圖像資料，如安伽墓、虞弘墓、史君墓等墓石槨。

〔四〕「目有三角」，眼睛除兩眼角外另有一角，蓋呈三角形。歷世真仙體道通鑑卷三八「張天師」條稱張道陵「隆準方頤，目有三角」，則「目有三角」爲仙相，但此處與之顯然不同。徑山志卷三載藏叟禪師自題像云：「眼三角似燕山愁胡，面百摺如趙婆呷醋。」或「目有三角」即是對胡人的醜化描述。

第二十七外道名爲清脩，有四万三百鬼以爲眷屬。所作事業，著青赤衣，乘金銀車，天女侍衛。或作鬼形、夜叉、虎狼、罔兩〔一〕等形。

第二十八外道名爲講論，有二千一百鬼神以爲眷屬。專行腫節、癲狂、瘧等。

第二十九外道名爲顯極，有一千二百鬼神以爲眷屬。此神在世，行飢渴病，无故諍訟，破和合衆〔二〕，令人墜落水火深阬。

第三十外道名阿脩羅，有四千八百鬼神以爲眷屬。善持兵馬〔三〕，遊行世間，有善心者，皆能壞之，令人容色變化无定，狀如脩羅〔四〕，手足皆動，吹蠡打鼓，唱唄摇鈴〔五〕。

校注

〔一〕「罔兩」，鬼名，後作「蝄蜽」「魍魎」。左傳宣公三年：「螭魅罔兩，莫能逢之。」杜預注：「罔兩，水神。」國語魯語下：「木石之怪曰夔、蝄蜽。」韋昭注：「蝄蜽，山精，好斅人聲而迷惑人也。」

〔二〕「和合衆」，即「僧伽」的意譯。翻譯名義集卷一：「僧伽，大論秦言衆多比丘一處和合，是名僧伽。譬如大樹叢林，是名爲林。」浄名疏云：「律名四人已上皆名衆。」律鈔曰：「此云和合衆。」道教也借用了這一名詞表示道衆，如北敦三八一八號太上洞玄靈寶天尊名：「或於師間有鄣，殺害尊人，破和合衆，不發無上正真之心。」

〔三〕「善持兵馬」，因阿修羅爲戰鬥神，故稱「善持兵馬」。佛經中多有阿修羅與帝釋天交戰的記載，可參經律異相卷四六。

〔四〕「脩羅」，即「阿脩羅」。佛經中少見對阿修羅外貌的描寫，此處蓋僅爲比附「阿脩羅」這一外道名而已。

〔五〕「吹蠡打鼓，唱唄摇鈴」，「蠡」即螺。此二句應均指佛教儀式中的聲響。韓愈華山女：「街東街西講佛經，撞鐘吹螺鬧宮庭。」法顯傳那竭國條：「每日出後，精舍人則登高樓，擊大鼓，吹螺，敲銅鈸。王聞已，則詣精舍，以華香供養。」洪炎寶峰讀駒父壁間詩次其韻：「隔林見潭影，迎客有鈴音。梵唄出廣殿，飛舞來珍禽。」

第三十一外道名爲舍依，号師子王〔一〕，有二万二千鬼神以爲眷屬。入人身中，喜樂无常，四支沉重，煩怨濇〔二〕，欠㰦〔三〕不樂。

第三十二外道名爲憩駕女，是象王神〔四〕，有五万三千鬼神以爲眷屬。此鬼著人，身形班色〔五〕，常皺眉語，或哭或歌，乍嗔乍喜。

第三十三外道名爲慧意，有三千七百鬼神以爲眷屬。此神在此，卧者皆起，行者即住，目見空中幡盖形像，能轉人心，得自然食〔六〕。善解三昧〔七〕，一坐三日，每日誦經近逾千卷。

校　注

〔一〕「師子王」，佛教常用來比喻佛、菩薩，如佛本行集經卷九載太子三十二相：「十七，太子頰車方正，如師子王。」佛馱跋陀羅譯大方廣佛華嚴經卷二六：「菩薩爲法師，猶如師子王。」

〔二〕「濇」下疑脱重文符。「濇濇」，郁滯之貌，鍼灸甲乙經卷九：「心痛，腹漲，濇濇然，大便不利，取足太陰。」「煩怨」，或作「煩冤」，指氣鬱滯。金匱要略方論卷上：「陰氣孤絶，陽氣獨發，則熱而少氣煩冤。」

〔三〕「欠㰦」，猶今言「哈欠」。詩經邶風終風：「願言則嚏。」毛傳：「嚏，跲也。」經典釋文經文「嚏」作「疌」，毛傳「跲」作「劫」，且引崔靈恩云：「毛訓疌爲㰦，今俗人云欠欠㰦㰦是也，不作『劫』字。人體倦則伸，志倦則㰦。」中國傳統以頻繁欠㰦爲體有疾病的症侯，靈樞經卷三經脉：「其病實則手鋭掌熱，虚則欠㰦，小便遺數。」外臺秘要卷八：「又茯苓湯，主風痰氣發即嘔吐欠呿、煩悶不安。」

〔四〕象王神，佛教也多用來比喻佛、菩薩，如大般若波羅蜜多經卷三八一：「世尊雙臂脩直牖圓，如象王鼻平立摩膝，是爲第九。世尊陰相勢峰藏密，其猶龍馬，亦如象王，是爲第十。」

〔五〕「班色」，即「斑色」。「身形班色」，蓋指因疾病而身體出現色斑。

〔六〕「自然食」，指自然産生的食物。佛教、道教多有仙聖或多福之人能「衣食自然」的説法，如支謙譯太子瑞應本起經卷上載佛誕生之瑞應，即有「天百味食，自然在前」，伯二四三一號洞玄靈寶諸天内音自然玉字亦稱「生死皆受自然之廚，懽樂七寶之中」。

〔七〕「三昧」，「定」的梵文音譯。下「一坐三日」等，即對修定的描述。

第三十四外道名鳩摩䖝那，有三万七千鬼神以爲眷屬。若脩定時，此鬼即來爲人説法，見男見女〔一〕，爲禽爲獸，若喪門〔二〕，若婆羅門，若魔〔三〕若梵，若自在天〔四〕、釋提桓因〔五〕，見梵音相〔六〕，誡定慧中，得空三昧、色无想定〔七〕；若身輕舉，至于他方；若白骨觀，脩五門禪〔八〕、十二因緣〔九〕、四念處〔一〇〕、四正勤〔一一〕、四如意足〔一二〕、五根〔一三〕、五力〔一四〕、七覺分〔一五〕、八聖道〔一六〕、三空〔一七〕、四真諦〔一八〕。是爲神説鬼著，見種種形，狐狸、雞狏、夜叉、鳩荼〔一九〕、布恒那〔二〇〕、畢舍遮〔二一〕、羅刹、阿脩羅、半闍羅〔二二〕鬼。若二眼、四眼、六眼、八眼、十二眼，乃至百眼、千眼；兩頭、四頭、百頭、千頭；百手、千手，執持樂器，万種音聲；銅〔二三〕頭、鐵頭、金頭、銀頭；銅嘴〔二四〕、鐵嘴、金嘴、銀嘴，或長一尺、二尺，乃至一丈，手足亦尒；銅爪、鐵爪，或員〔二五〕或方、或尖或岐〔二六〕。神爲説法，鬼爲怖人，脩定見之，戰悚流汗，氣息欲断。誦祝去之〔二七〕。

校　注

〔一〕「見男見女」，表現爲男人或女人。「見」讀作「現」，顯現、呈現之義。

〔二〕「喪門」，即「沙門」，可能是道教徒爲醜化佛教造出的假「舊譯」。弘明集卷八劉勰滅惑論引三破論：「本舊經云：『喪門喪門，由死滅之門。』云其法無生之教，名曰『喪門』。至羅什又改爲『桒門』，僧禕又改爲『沙門』。沙門，由沙汰之法，不足可稱。」佛祖統紀卷四一：「實録妄謂弟子守佛冢者爲『喪門』，羅什改作『桒門』『沙門』。」

〔三〕「魔」，斯六九六三背原作「摩」，據文義改。

〔四〕「自在天」，此處當即指「大自在天」，印度神名，音譯爲「摩醯首羅」，即印度教的濕婆。翻譯名義集卷二：「摩醯首羅，大論：此云大自在，正名摩訶莫醯伊濕伐羅。八臂三眼，騎白牛。」普門疏云：樓炭稱爲阿迦尼吒，華嚴稱爲色究竟。或有人以爲第六天，而諸經論多稱大自在，是色界頂。釋論云：過浄居天，有十住菩薩，號大自在，大千界主。十住經云：大自在天光明勝一切衆生，涅槃獻供，大自在天最勝，故非第六天也。灌頂云：字威靈帝。」

〔五〕「釋提桓因」，印度神名，即「帝釋天」。翻譯名義集卷二：「釋提桓因，大論云：釋迦，秦言能；提婆，秦言天；因提，秦言主。合而言之，云釋提婆那民，或云釋迦提婆因陀羅，今略云帝釋，蓋華梵雙舉也。」

〔六〕「梵音相」，佛祖三十二相之一，指佛祖發出的音聲清浄悦耳。鳩摩羅什譯摩訶般若波羅蜜經卷二四：「云何三十二相……二十八者梵音深遠，如迦蘭頻伽聲。」

〔七〕「无想定」，佛教文獻中所載的一種外道的修定方法，執著於「無想」。大智度論卷一七：「無想有三種：一、無想定，二、滅受定，三、無想天。凡夫人欲滅心，入無想定；佛弟子欲滅心，入滅受定。」法苑珠林卷五六道篇述意部：「夫論天報，識復豐華。服玩光新，身形輕妙。而自在天上更是魔王，無想定中翻爲外道。」至於本句的「色」字則不可解。

〔八〕「五門禪」，五種坐禪的方法。劉宋曇摩蜜多譯五門禪要用法：「坐禪之法要有五門：一者安般；二、不浄；三、慈心；四、觀緣；五、念佛。」

〔九〕「十二因緣」，佛教理論中指諸有情生死流轉的過程。大寶積經卷九四：「所謂無明緣行，行緣識，識緣名色，名色緣六入，六入緣觸，觸緣受，受緣愛，愛緣取，取緣有，有緣生，生緣老死，是名十二因緣……是菩薩見諸法從因緣起，知寂滅樂，精勤修學，廣分別已，則無明滅。

無明滅則行滅……生滅則老死滅。如是菩薩雖觀十二因緣起滅，而不證於滅。菩薩如是知十二因緣。」

〔一〇〕「四念處」，佛教的四種觀法，即觀身、受、心、法，起不浄、苦、無常、無我等智慧。大智度論卷一九：「問曰：何等是四念處？答曰：身念處，受、心、法念處，是爲四念處。觀四法四種：觀身不浄，觀受是苦，觀心無常，觀法無我。是四法雖各有四種，身應多觀不浄，受多觀苦，心多觀無常，法多觀無我。」

〔一一〕「四正勤」，佛教的四種修行品目。大智度論卷四八：「菩薩摩訶薩摩訶衍，所謂四正勤。何等四？須菩提，菩薩摩訶薩未生諸惡、不善法，爲不生故，欲生勤精進攝心行道；已生諸惡、不善法，爲斷故，欲生勤精進攝心行道；未生諸善法，爲生故，欲生勤精進攝心行道；已生諸善法，爲住不失，修滿增廣故，欲生勤精進攝心行道。」

〔一二〕「四如意足」，佛教的修行品目。大智度論卷八八：「云何爲四如意足？欲三昧斷行成就初如意足，精進三昧、心三昧、思惟三昧斷行成就如意足。」

〔一三〕「五根」，佛教指能生善法的五種「根」。大智度論卷八八：「云何爲五根？信根、精進根、念根、定根、慧根。」

〔一四〕「五力」，佛教指維持正信的五種力量。大智度論卷八八：「云何爲五力？信力、精進力、念力、定力、慧力。」

〔一五〕「七覺分」，佛教指爲五根、五力所顯發的七種覺悟。大智度論卷八八：「云何爲七覺分？念覺分、擇法覺分、精進覺分、喜覺分、除息覺分、定覺分、捨覺分。」

〔一六〕「八聖道」，佛教所稱的八種正道。大智度論卷八八：「云何爲八聖道分？正見、正思惟、正語、正業、正命、正精進、正念、正定。」

〔一七〕「三空」，佛教此術語有多種所指，此處應指「三三昧」，詳參第六三頁注〔四〕「空三昧、无相三昧」下注。

〔一八〕「四真諦」，佛教指四種真實不虚的道理，即苦、集、滅、道四諦，又稱「四聖諦」等。大般若波羅蜜多經卷三八〇：「云何名爲四聖諦智？善現！苦智、集智、滅智、道智。」

〔一九〕「鳩茶」，可能即是「鳩槃茶」的訛略，詳參第六二頁注〔四〕「鳩槃茶」下注。

〔二〇〕「布恒那」，當爲「布怛那」之誤。「布怛那」爲佛教文獻中的一種餓鬼。玄應一切經音義卷二一大菩薩藏經第二卷音義：「布怛那，都達反。舊云富單那，或作富多那，此義言臭，是餓鬼中勝者也。」

〔二一〕「畢舍遮」，佛教文獻中的一種餓鬼。玄應一切經音義卷二一大乘十輪經第一卷音義：「畢舍遮，舊言毗舍闍，又作毗舍遮，鬼名也，餓鬼中勝者也。亦言癲狂鬼。」

〔二二〕「半闍羅」，佛教文獻中此詞爲神名，而非鬼名。曇無讖譯大般涅槃經卷二四：「世有衆生事八十神。何等八十？十二日、十二大天……摩醯首羅天、半闍羅天、鬼子母天、四天王天、造書天、婆藪天，是名八十。」佛教文獻中又有藥叉名「半遮羅」，或即此「半闍羅」。義浄譯根本説一切有部毗奈耶雜事卷三一：「是時北方健陀羅國，復有藥叉名半遮羅。」

〔二三〕「銅」，斯六九六三背此字字迹漫漶不可識，依下文文例補「銅」字。

〔二四〕「嶲」，「嘴」字俗體，見龍龕手鏡。

〔二五〕「員」，讀作「圓」。「員」「圓」古今字，敦煌道教文獻中「方圓」之「圓」多寫作「員」。

〔二六〕「岐」，「歧」之訛形，此處指帶分叉的武器。

〔二七〕該經對第三十四、第三十八、第四十一外道的描述頗似對大乘起信論的摹仿。大乘起信論云：「或有衆生無善根力，則爲諸魔外道鬼神之所惑亂。若於坐中現形恐怖，或現端正男女等相，當念唯心，境界則滅，終不爲惱。或現天像、菩薩像，亦作如來像，相好具足。或説陀羅尼。或説布施、持戒、忍辱、精進、禪定、智慧。或説平等、空、無相、無願、無怨、無親、無因、無果，畢竟空寂，是真涅槃。或令人知宿命過去之事，亦知未來之事，得他心智，辯才無礙，能令衆生貪著世間名利之事。又令使人數瞋數喜，性無常准。或多慈愛，多睡多病，其心懈怠。或卒起精進，後便休廢。生於不信，多疑多慮。或捨本勝行，更修雜業。若著世事種種牽纏，亦能使人得諸三昧少分相似，皆是外道所得，非真三昧。或復令人若一日、若二日、若三日乃至七日住於定中，得自然香美飲食，身心適悦，不飢不渴，使人愛著。或亦令人食無分齊，乍多乍少，顔色變異。以是義故，行者常應智慧觀察，勿令此心墮於邪網。當勤正念，不取不著，則能遠離是諸業障。應知外道所有三昧，皆不離見、愛、我慢之心，貪著世間名利恭敬故。真如三昧者，不住見相、不住得相。乃至出定，亦無懈慢，所有煩惱，漸漸微薄。若諸凡夫不習此三昧法，得入如來種性，無有是處。以修世間諸禪三昧，多起味著，依於我見，繫屬三界，與外道共。若離善知識所護，則起外道見故。」

第三十五外道名梵摩闍羅，有五万八千鬼神以爲眷屬。其神能作種種形狀，禽獸草木、日月參辰、山川河海，種種神祇、虫獸、音聲、言語等事。

第三十六外道名網旃陁羅，有八万六千鬼神以爲眷屬。能見種種色像，端正、醜陋，乍大乍小，一切禽獸草木等形。

第三十七外道名那羅延〔一〕，有九万三千鬼神以爲眷屬。此之鬼神有大力勢，令人心想，種種生疑，聞善不信，聞惡多喜，能勸他人生不善心，无誡定慧，令人狂乱，垂涎吐沫，狀似顛人，久久不持〔二〕，必當狂死。

校　注

〔一〕「那羅延」，印度神名，即金剛力士。慧琳一切經音義卷四一大乘理趣六波羅蜜多經第一卷音義：「那羅延，梵語欲界天名。此天多力，身緣金色，八臂，金翅鳥王，手持鬪輪，及種種器仗，每與阿脩羅王戰争也。」下稱「有大力勢」，正與「多力」相應。

〔二〕「持」，當爲「治」的避諱字，治療之義。

第三十八外道名爲千炭，有七万三千鬼神以爲眷屬。多有方便，多觸惱人，狀如鬼神，或作海神、龍虵、鳥獸、五道之神〔一〕，發動三毒〔二〕。脩定之人，見是事已，謂是真佛出法教化，失其定心。世人見之，謂爲化佛〔三〕，礼此神耳，被其化言，勤行礼懺。當授汝法，他心智〔四〕、无礙智〔五〕、漏盡正觀〔六〕，无師獨悟，断絶煩惱；勤行精進，當得无上正真之道。汝行大空，无怨无親〔七〕，无彼无我，无男无女，一切色无像无想，推空達觀〔八〕，見空、行空、身空，觀一切因像空〔九〕，諸法皆空。於脩定中不浄觀法〔一〇〕、四大觀法〔一一〕，於其中間得自在定〔一二〕。汝以自得解脱，更勤精進，不久成道，出大深泥，度大海水，得到彼岸，无因无果〔一三〕，无繫无縛，无有對治〔一四〕。誰繫此業？業不生果，果不生業，果業不生。以不生故，常樂我浄〔一五〕。唯有空法，是空性因緣，中无我故，中道涅槃空故，衆多因緣，一切歸空。

校注

〔一〕「五道之神」，又稱「五道大神」「五道將軍」等，是掌管冥界的神。中古佛教、道教都對「五道大神」有信仰。這一概念大約爲佛教本有，後被道教借用。吴支謙譯太子瑞應本起經：「即起上馬，將車匿前行數十里，忽然見主五道大神，名曰賁識，最獨剛强，左執弓，右即持箭，腰帶利劍，所居三道之衢：一曰天道，二曰人道，三曰三惡道。此所謂死者魂神所當過見者也。」此是佛教文獻中五道大神的形象。真誥卷一五闡幽微陶弘景注：「此（引者按，指六天宫）即應是北酆鬼王決斷罪人住處，其神即應是經呼爲閻羅王所住處也，其王即今北大帝也，但不知五道大神當是何者爾。」可見這一神名在蕭梁時代已被道教引入。唐宋時代有不少關於五道大神的祈請文、靈驗記等。

〔二〕「三毒」，指貪、嗔、癡。

〔三〕「化佛」，猶「化身」，指佛爲救度衆人而變化出的種種形相。

〔四〕「他心智」，佛教「十智」之一，指能知他人的思想。參第六三頁注〔五〕「此神預知他心之事」下注。

〔五〕「无礙智」，佛教指於一切法都無障礙的智慧，一般指如來的智慧。摩訶般若波羅蜜經卷一二：「『世尊，無礙智波羅蜜是般若波羅蜜。』佛言：『一切法無障無礙故。』」

〔六〕「漏盡正觀」，可能即是指佛教的「漏盡智」。大般若波羅蜜多經卷九：「有菩薩摩訶薩漏盡智證通，能如實知十方各如殑伽沙界一切有情，若自若他，漏盡不盡。此通依止金剛喻定，斷諸障習，方得圓滿，得不退轉菩薩地時，於一切漏亦名爲盡，畢竟不起現在前故。菩薩雖得此漏盡通，不墮聲聞及獨覺地，唯趣無上正等菩提，不復希求餘義利故。」

〔七〕「无怨无親」，「怨」指害我者，「親」指愛我者。佛經中多言「怨親平等」。

〔八〕「推空達觀」，「達觀」指縱觀、全面考慮，在南北朝至隋唐道家、道教中又發展出了特别含義，如舊題張道陵太清金液神丹經序：「有戀則甚惑，樂無亦未達，達觀兼忘，同歸於玄。」「推空達觀」蓋指由空而全面考慮，最終見「諸法皆空」。

〔九〕「一切因像空」，似不可通，疑「像」爲「緣」字之誤。

〔一〇〕「不浄觀法」，佛教的一種禪觀方法，指觀自身臭穢不浄。詳可參禪秘要法經卷上。

〔一一〕「四大觀法」，佛教的一種禪觀方法，指觀一切爲地水火風四大組成而無常、無自性。詳可參禪秘要法經卷上。

〔一二〕「自在定」，指通達無礙的「定」，佛經中常見，如曇無讖譯大般涅槃經卷一九：「今有大醫名富蘭那，一切知見，得自在定，畢竟修習清浄梵行，常爲無量無邊衆生演説無上涅槃之道。」

〔一三〕「无因无果」，佛教認爲涅槃則無因無果。曇無讖譯大般涅槃經卷二九：「我所宣説涅槃因者，所謂佛性，佛性之性不生涅槃，是故我言涅槃無因。能破煩惱，故名大果，不從道生，故名無果。是故涅槃無因無果。」

〔一四〕「對治」，本指對症治療，佛教用來指斷除煩惱。求那跋陀羅譯雜阿含經卷一五：「云何良醫善知病對治？謂良醫善知種種病，應塗藥、應吐、應下、應灌鼻、應熏、應取汗……如來、應、等正覺爲大醫王，於生根本知對治如實知，於老、病、死、憂、悲、惱、苦根本對治如實知，是故如來、應、等正覺名大醫王。」故佛經中多言「對治」諸煩惱、繫縛、怖畏。如果本來清淨則不需要「對治」。玄奘譯大寶積經卷三九：「無邊際相，故無有對治。離對治相，故如是諸法本來清淨，無垢無執。」

〔一五〕「常樂我淨」，佛教認爲涅槃之後可得此四功德。大般若波羅蜜多經卷三三二：「唯有涅槃寂靜微妙，具足種種常、樂、我、淨真實功德。」

第三十九外道名毱拔〔一〕摩，有七万五千鬼神以爲眷屬。多諸方便，種種幻化，變女爲男，轉男爲女，二根多根〔二〕，男面女身，女面男身，或爲畜生。脩定之人，得淨之心，或入火光三昧，或入水光三昧〔三〕，或得如意慈三昧，「或」〔四〕得大空三昧，或得如想三昧。如是等種種三昧，皆是外道鬼神之所幻或，非真實也。

第四十外道名爲睒摩〔五〕，有八万三千鬼神以爲眷屬。能爲女物，不自覺知，嗔慢嫉妬，不可捺觸，亦善諂諛，似鬼神形，令人邪見，不信罪福〔六〕。

校注

〔一〕「拔」，斯六九六三背原作「犾」，即「拔」之訛形，猶龍傳亦作「拔」，據改。

〔二〕「二根」，佛教文獻中指同時具有男根、女根的雙性人。伯二一四八號毗尼心：「又問十三難者名義云何……十三，二根難。此人一身具有男女二根，於僧尼二衆皆無置處，故名爲難。」

「多根」，佛教文獻中未見，當爲道教徒臆造。

〔三〕「火光三昧」「水光三昧」，均爲佛教禪定的一種狀態。增壹阿含經卷一九：「是時，目連躬自露地敷座而坐，而入初禪；從初禪起，入第二禪……從有想無想處起，入火光三昧；從火光三昧起，入水光三昧；從水光三昧起，入滅盡定；從滅盡定起，入水光三昧；從水光三昧起，入火光三昧；從火光三昧起，入有想無想定……」又可參禪秘要法經卷下。下文的「如意慈三昧」等，可能是道教徒的編造，在佛教文獻中未見。

〔四〕「或」，斯六九六三背原無，據文例補。

〔五〕「睒摩」，疑即「琰摩」，即「琰摩羅」「閻摩羅」「閻羅」，指冥司鬼王。慧琳一切經音義卷七〇阿毗達磨俱舍論第八卷音義：「琰摩，或作閻摩羅，或言閻羅，亦作閻摩羅社，又言夜磨盧迦，皆是梵音楚夏聲訛轉也。此譯云縛，或言雙世。竊謂苦樂並受，故以名焉。」

〔六〕「罪福」，指作惡得惡報、修善得福報的報應觀。這本是佛教的觀念，但被道教借用。敦煌文獻中有四件天尊説隨願往生罪福報對次説預修科文妙經，可參考。

第四十一外道名摩醯首羅〔一〕，有一万三千鬼神以爲眷屬。此神能以種種偈誦，諸法空定〔二〕、无相定〔三〕、金剛定〔四〕、自相定〔五〕，无因无果法〔六〕、乘空法、誡行法、染法〔七〕、諸欲法，煩惱滋多，五益〔八〕纏縛，煩惱識想、无義想、觀空无我想〔九〕，言持者何所利也。

校注

〔一〕「摩醯首羅」，即「大自在天」，參第七〇頁注〔四〕「自在天」下注。自此第四十一外道至第四十九外道，均爲密教儀式中常見的神名。

〔二〕「諸法空定」，當即佛教所謂「空定」，指觀空相的禪定。

〔三〕「无相定」，佛教指捨離諸相的一種禪定境界。阿毗達磨大毗婆沙論卷一〇四：「法印經説，若觀色聲香味觸相而捨諸相，名無相定。彼觀境界相，而捨有情相，謂以空定觀色等法，捨有情想，於中都無女男等故。」

〔四〕「金剛定」，佛教指菩薩在最後位時證得的禪定，已斷除一切煩惱。大乘本生心地觀經卷二：「爾時，菩薩入金剛定，斷除一切微細所知諸煩惱障，證得阿耨多羅三藐三菩提。」

〔五〕「自相定」，似不可通，可能是道教徒編造的術語。

〔六〕「无因无果法」，佛教認爲這是外道的觀念。廣弘明集卷二六蕭衍斷酒肉文：「外道執斷常見，無因無果，無施無報。」

〔七〕「染法」，與「净法」相對，能够染污善心之法。前「乘空法、誡行法」文獻中未見，不知所謂。下「諸欲法」亦不見於其他文獻。

〔八〕「五益」，疑當即「五欲」。大智度論卷一七：「五欲者，名爲妙色、聲、香、味、觸。欲求禪定，皆應棄之。」

〔九〕「煩惱識想」，不知所謂。「无義想」，蓋指認爲佛法無意義、無利益的想法，與下「言持者何所利也」相對應。「觀空无我」乃是符合佛教教義的觀念，與前二想並列，亦讓人無法明瞭其義。

第四十二外道名折羅神〔一〕，有三万六千鬼神以爲眷屬。遊行世間，所不作者，皆能爲之。入人身中，乍寒乍熱，或嗔或喜，或笑或歌。

第四十三外道名拔闍羅〔二〕，有七万七千鬼神以爲眷屬。能往六欲諸天〔三〕，作諸過患，又作男女形像，入人夢交，能作万類鬼神形像。

校注

〔一〕「折羅神」，猶龍傳作「跋折羅神」。按，「跋折羅」爲梵語「金剛」的音譯，翻譯名義集卷三：「跋折羅，亦云斫迦羅，大論云越闍，新云縛左羅，西域記云伐羅闍，此云金剛。起居注云：晉武帝十三年，燉煌有人獻金剛寶。生於金中，色如紫石英，狀如蕎麥，百鍊不消，可以切玉如泥。」此處蓋指金剛力士。但下文已有「拔闍羅」，即「跋折羅」之異譯。

〔二〕「拔闍羅」，即「跋折羅」，「金剛」的音譯。翻梵語卷五外道名第二十四：「跋闍子，應云跋闍羅，譯曰金剛。」

〔三〕「六欲諸天」，佛教認爲欲界有六重天。般若譯大方廣佛華嚴經卷一三：「復有十千六欲天王，所謂四大天王、忉利天王、夜摩天王、兜率陀天王、妙變化天王、他化自在天王。」

第四十四外道名遮文荼〔一〕，有一千鬼神以爲眷屬。其神黄色，四牙，食諸血祀，能治鬼神病，喜能媚人，持其祀者，死人〔二〕其黨，无有出也。

第四十五外道名爲尼藍〔三〕，有七百鬼神以爲眷屬。其神青色，能治鬼病。受其法者，便入邪道，善爲祝咀〔四〕，敗人善根。

第四十六外道名商羯羅〔五〕，有七百鬼神以爲眷屬。此神天王，善説因緣、小乘法門，能使立破，或乱人心，畢竟不免，墮於地獄。

第四十七外道名央俱施〔六〕，有七百鬼神以爲眷屬。此神善治一切鬼病，持其祝者，能縛病人，身滅之後，魂屬其部。

第四十八外道名摩利支〔七〕，有八百鬼神以爲眷屬。是神女身，兼有使者，常行目前〔八〕，無人能見。持其法人，亦能持病，盖是邪法，非正道也。

第四十九外道名阿吒薄俱〔九〕，有五百鬼神以爲眷屬。此神著人，有大力勢，能除鬼病，善傾倒人。入其法門，爲邪所攝，不見正道。

校注

〔一〕「遮文茶」，密教神名。覺苑大日經義釋演密鈔卷五：「遮文茶等者，此是夜叉，趣攝能以呪術瓛禱害於世人，世人亦有行此法者。」阿地瞿多譯陀羅尼集經卷一二佛説諸佛大陀羅尼都會道場印品所載壇場安排有「遮文茶座」。

〔二〕從下「无有出也」看，「人」字或爲「入」字之誤。

〔三〕「尼藍」，佛教有「尼藍婆金剛」，可能即此外道名所出。阿地瞿多譯陀羅尼集經卷四十一面觀世音神呪經載壇場佈置云：「此院南行從東頭，先安火頭金剛，次安尼藍婆羅陀羅（原注：唐云青金剛也），次母嚕陀吒伽（原注：金剛兒名）。次蘇皤（原注：二合）斯馳（原注：二合）迦羅，次素婆休（原注：亦是金剛兒也），次央鳩尸，次跋折羅商迦羅。」「央鳩尸」當即下文「央俱施」，「商迦羅」當即下文「商羯羅」。陀羅尼集經卷七佛説金剛藏大威神力三昧法印呪品亦「跋折囉尼藍婆羅達囉」與「跋折囉商迦羅」「跋折囉鴦俱尸」並列。下文「其神青色」的描述亦與「青金剛」之説相合。

〔四〕「咀」，「詛」的換旁俗字，與「咀嚼」之「咀」同形。

〔五〕「商羯羅」，佛教文獻中此音譯對應的内容較多，結合上下文，此處應指密宗的「商羯羅菩薩」。陀羅尼集經卷一所載金剛地印法第二院南面的神位：「第三商羯羅菩薩，第四央俱施菩薩。」

〔六〕「央俱施」，密宗神名，詳前。陀羅尼集經卷七有「央俱施療病法印大呪」，與下「此神善治一切鬼病」的描述相合。

〔七〕「摩利支」，密宗神名。義浄譯佛説大孔雀咒王經及不空譯佛母大孔雀明王經中有「摩利支藥叉」，與「商羯羅藥叉」等並列。陀羅尼集經卷一〇有佛説摩利支天經，云：「若人欲得供養摩利支天者，應用金若銀若赤銅若白檀若赤檀等，隨力所辦，作摩利支天像。其作像法，似天女形……其像左右各作一侍者，其侍者亦作天女形，種種嚴飾。」與下文「是神女身，兼有使者」相合。

〔八〕「常行目前」，陀羅尼集經卷一〇佛説摩利支天經云：「日前有天名摩利支，有大神通自在之法。常行日前，日不見彼，彼能見日。無人能見，無人能知，無人能捉，無人能害。」則或「目」爲「日」字之誤，也可能是道教徒的誤讀。

〔九〕「阿吒薄俱」，佛教鬼名。波羅頗蜜多羅譯寶星陀羅尼經卷一〇阿吒薄俱品：「爾時，夜叉衆中大將軍主名阿吒薄俱，而作可畏夜叉之形。」不空譯佛母大孔雀明王經卷中有「呵吒薄俱將」，在義浄譯佛説大孔雀咒王經作「曠野藥叉王」，大正藏注其梵文爲 ā ṭavaka，又或譯作「阿吒婆拘」「阿吒嚩迦」「遏吒薄俱」等。其夜叉將的身份亦與下「有大力勢」之文相合。

第五十外道名弥施訶〔一〕，有一千二百鬼神以爲眷屬。入人身中，若行五欲，説煞生得罪，能治衆邪。久事之者，令入邪道。

第五十一外道名爲摩底〔二〕，有六百鬼神以爲眷屬。身作赤色，能治鬼病，獨用威力，不与衆同。持其祝者，轉落邪道。

校注

〔一〕「弥施訶」，景教神名，即今譯之「彌賽亞」。伯三四八七號景教三威蒙度讚：「弥施訶普尊大聖子，廣度苦界救無億。」景教亦有不殺生的觀念，與下「説煞生得罪」相合。羽四五九號序聽迷詩所經：「第五願者，衆生自莫煞生，亦莫諫他殺。所以衆生命共人命不殊。」

〔二〕「摩底」，伯希和、沙畹摩尼教流行中國考云：「『底』字疑爲『尼』字之訛，觀其列在景教之後，可以推想及之也。」徐鉉稽神録載清源人楊某家鬧鬼，「後有善作魔法者，名曰明教」，能持經驅鬼，可見摩尼教確有驅鬼之術（此證承蓋佳擇先生教示）。

第五十二外道名那俱跋羅，有一千鬼神以爲眷屬。其神能轉諸天形象，若竹若木，或泥或石，或金或銅，作諸像者，皆能倒之。

第五十三外道名趙神鬼，有六万二百鬼神以爲眷屬。此鬼神説言：十二時齋我〔一〕，受婆羅門法〔二〕，槽中一食〔三〕，衣足盖形，不畜長也〔四〕。

第五十四外道名鉢健提〔五〕，有五千三百鬼神以爲眷屬。令人猶豫，捉心不定。

第五十五外道名鳩留伽闍〔六〕，有二千鬼神以爲眷屬。若脩定者，即來惱人，或作天身，或作佛身，或菩薩形、自在天形，或作六親眷屬〔七〕形，乃至王難官府〔八〕，説法令人煩惱，失道心定。

校注

〔一〕「十二時齋我」，古印度一日分六時，十二時乃是中土觀念。由此可見老子化胡經本卷之觀念雜糅。

〔二〕「婆羅門法」，「婆羅門」爲印度種姓之一，爲僧侣、學者階層。「婆羅門法」即指佛教出現之前婆羅門原有的修法。

〔三〕「槽中一食」，「槽」字字書不載，或當爲「遭」字訛形。佛教文獻中或有「遭中一食」，即「日中一食」之義。伯二一八六號普賢菩薩説證明經：「明冥禮拜，六時行道，遭中一食，進心不闕。」

〔四〕「衣足盖形，不畜長也」，佛教有不畜長物的規定。十誦律卷二七：「佛種種因緣讚持一切物去，若比丘少欲住，衣趣蓋形，食趣充軀，是比丘所行處，共衣鉢俱無所顧戀。譬如鳥飛，與毛羽俱飛在空中。比丘亦如是，少欲知足，衣趣蓋形，食趣充軀。是比丘所行處，共衣鉢俱無所顧戀，亦如鳥飛。」

〔五〕「鉢健提」，印度傳説中的力士名。翻譯名義集卷二鬼神篇第二十一：「鉢健提，此云堅固。」大般涅槃經卷一一：「十人中力士力不如一鉢健提力，十鉢健提力不如一八臂那羅延力。」

〔六〕「闇」，猶龍傳作「闇」，似較是。

〔七〕「六親眷屬」，「六親」指父母、兄弟、妻子，「眷屬」指家族成員以及隨從。佛經中常以「六親眷屬」指各種社會關係。

〔八〕「王難官府」，「王難」，佛教的七難之一，指由國王帶來的災難。北敦一四一一六號天請問經疏：「七難者：一火難、二風難、三水難、四王難、五賊難、六人難、七鬼難。火以燒焦爲難，風以躁動爲難，水以溺爛爲難，王以威力爲難，賊以劫煞爲難，人以侵害爲難，鬼以情（精）魅爲難。世間之人，多不免此七種災難。」「官府」，指「官司」，古人認爲遇到官司也是災難，故有「官災」一詞。上清九真中經内訣：「官灾消憩，衆邪滅亡。」

第五十六外道名爲光照，有三万鬼神以爲眷屬。遊行世間，与脩定人作諸留難〔一〕，令人短氣〔二〕，顔色異常，或復能食，不知飽足。

第五十七外道名爲威嚴，有二万鬼神以爲眷屬。此神嫉妬，見他利養〔三〕，及得財物，寧自眼瞎，不忍見之。

第五十八外道名爲洪廣，有二十七万五千鬼神以爲眷屬。此神欺誣詐〔四〕，諂曲規利〔五〕，多諸種病，貪鬼、嗔鬼、淫鬼、慢鬼、妬鬼、謗道等鬼，種種不利。

第五十九外道名爲迴向〔六〕，有二十万六千鬼神以爲眷屬。見人善事，即生誹謗。

校注

〔一〕「留難」，阻礙、爲難，故意刁難。曇無讖譯金光明經卷二：「爾時隣敵更有異怨爲作留難，於其境界起諸衰惱、災異、疫病。」

〔二〕「短氣」，呼吸短促。下稱「顔色異常」，亦短氣之表現。

〔三〕「利養」，佛經中多用來指佛教徒接受的財物供養。佛經中往往告誡信衆不應嫉妒他人利養，如玄奘譯説無垢稱經香臺佛品：「菩薩於他利養無嫉妬心，於己利養不生憍慢。」鳩摩羅什譯維摩詰經香積佛品則作「不嫉彼供，不高己利」。

〔四〕疑「誣詐」二字中當有一爲衍文。

〔五〕「諂曲規利」，通過虚僞矯詐的方式求取利益。「諂曲」本指曲意逢迎，但在文獻中多偏指「曲」，即虚僞不實、姦猾矯詐之義。如曇無讖譯大般涅槃經卷七：「姦僞諂曲，貪利無厭。」佛陀跋陀羅、法顯譯摩訶僧祇律卷二三：「爾時有人食前著沙門標幟，手捉黑鉢入聚落乞食，食後著外道標幟，手捉木鉢，復逐人入林中池水園觀處乞食……復有人言：『汝不知耶？此沙門諂曲，爲衣食故兼兩入。』」

〔六〕「迴向」，佛教術語，主要指迴轉自己的功德施予衆生。伯二五八〇號净名經關中釋抄卷上：「迴向者，爲（謂）凡修善皆迴向无上菩提，纓絡有三種：一迴事向理，二迴己功德普施衆生，三迴因向果。」此處云「見人善事，即生誹謗」，則恰反其義而用。

第六十外道名毗曇脩多羅〔一〕，有二十万八千鬼神以爲眷屬。脩定慧，真實无二。能去煩惱，无愛无癡，无縛无解，百八塵勞〔二〕所不能汙。若乞食時，從一至七〔三〕。若過此者，无有是處。出家之人，二指食飯〔四〕，亦説罪波逸提〔五〕等。

［第］〔六〕六十一外道名爲振威，有七万九千鬼神以爲眷屬。隨逐婦女，遊行世間，善行祝術，令人怖畏。

第六十二外道名闡楊白〔七〕，有七千八百鬼神以爲眷屬。若入定時，喜喚人名，或見低身婦女污路〔八〕，或見天人天女伎樂。

校注

〔一〕「毗曇」，即「阿毗曇」「阿毗達磨」，「無比法」之義，佛教用來指「論」。「脩多羅」，「經」的梵文音譯。翻譯名義集卷四：「修多羅，或『修單蘭』，或『修妬路』，西域記名『素怛覽』，舊曰『修多羅』，訛也……以此方周孔之教名爲五經，故以『經』字翻『修多羅』。」又，「阿毗曇，或云『阿毗達磨』，此云『無比法』。謂無漏法慧爲最勝故。」「毗曇脩多羅」即「三藏」的經、論二藏，但此處可能僅是道教徒取兩個梵文音譯詞拼湊起來而已，與其本義無關。

〔二〕「百八塵勞」，即「百八煩惱」。「塵勞」即「煩惱」異譯。大智度論卷七：「十纏、九十八結，爲百八煩惱。」鳩摩羅什譯維摩詰經弟子品：「爲與衆魔共一手作諸勞侣，汝與衆魔及諸塵勞等無有異。」玄奘譯説無垢稱經聲聞品則作：「而以尊者爲與衆魔共連一手，將諸煩惱作其伴侣，一切煩惱自性即是尊者自性。」

〔三〕「若乞食時，從一至七」，佛教有乞食不得過七家之説。分别功德論卷四：「所以言金毗羅比丘者，常行七家乞食，不得過七。所以然者，立誓限七故也。乞食時欲福度衆生，專心念道，無有貪想，若得好惡，不以增減，隨次乞食，不擇貧富。若一家二家得食時，更有布施者，足則止，不足便受。若至七家不得食者，便還所止，思惟行道，不念明日當至某家、不至某家，都無分别之想，故名七家沙門也。」

〔四〕「二指食飯」，佛教戒律認爲不得二指抄食。四分律卷五四：「彼即問離婆多言：『大德上座，得二指抄食不？』彼還問言：『云何二指抄食？』答言：『大德長老，足食已捨威儀，不作餘食法，得二指抄食食不？』離婆多言：『不應爾。』」相近的内容又見十誦律卷六〇、根本説一切有部毗奈耶雜事卷四〇等。

〔五〕「波逸提」，又譯「波夜提」「波逸底迦」等，佛教戒律中的罪名，爲所犯較輕者，懺悔即可滅罪。根本説一切有部毗奈耶雜事卷四〇説二指食即「得波逸底迦罪」。

〔六〕「第」，斯六九六三號背脱該字，據文例補。又或上「等」字爲「第」字之誤。

〔七〕「闡楊白」，猶龍傳作「蔵揚自」。

〔八〕「污路」，即「污露」，猶言不浄。晉法炬、法立譯法句譬喻經卷四喻愛欲品：「於是化女即解瓔珞、香薰、衣裳，倮形而立，臭處難近。二人觀之，具見污露。化沙門即謂一人言：『女人之好，但有脂粉、芬薰、衆華，沐浴塗香，著衆雜色衣裳以覆污露，强薰以香，欲以人觀。譬如革囊盛屎，有何可貪？』」

第六十三外道名自在廣博嚴浄，有七万六千鬼神以爲眷屬。常伺世人長短之事，令人多睡，或作野狐，或時耳中聞種種〔一〕聲。

第六十四外道名伎㚸道，有十万九千鬼神以爲眷屬。令人著耶，聞雜香臭〔二〕，自言得道，作上行人，便即犯誡。

第六十五外道名〔三〕求那拔那，有三十万八千鬼神以爲眷屬。▨▨▨相具足，行步之時，唱言阿菟菩薩〔四〕、觀世音菩薩、虚空藏菩薩〔五〕，以誑世人，令人〔六〕邪道。

校注

〔一〕下「種」字，原卷字迹漫漶不可識，據殘畫及文意補。鳩摩羅什譯妙法蓮華經法師功德品：「若善男子、善女人，受持此經，若讀、若誦、若解説、若書寫，得千二百耳功德。以是清浄耳，聞三千大千世界，下至阿鼻地獄，上至有頂，其中内外種種語言音聲。」「或時耳中聞種種聲」似即針對佛經中的類似描述。

〔二〕「聞雜香臭」，妙法蓮華經法師功德品：「若善男子、善女人受持是經，若讀、若誦、若解説、若書寫，成就八百鼻功德。以是清浄鼻根，聞於三千大千世界上下内外種種諸香。」所謂「令人著耶，聞雜香臭」似即暗諷此文。

〔三〕「名」，斯六九六三背此字殘泐，據文例補。

〔四〕「阿菟菩薩」，文獻中未見。彌勒菩薩名「阿逸多」（見妙法蓮華經從地踊出品），未知「菟」是否爲「逸」字之誤。

〔五〕「虚空藏菩薩」，佛教菩薩名，佛經有虚空藏菩薩經、大集大虚空藏菩薩所問經等，可參。

〔六〕「人」，疑當爲「入」字之訛。

第六十六外道名爲依真，有三十二万鬼神以〔一〕爲眷屬。著人之時，遍身體痒，或痛生瘡，或復頑痺〔二〕，心腹脹滿，喉塞舌痛，或多惡夢。

第六十七外道名爲得爽，有二十万五千鬼神以爲眷屬。令人多慈，作神作聖，其狀似胡，或如婦女，發言怡悦，或復麁獷，外示精進，實无善心。

第六十八外道名爲明練，有二十万四千鬼神以爲眷屬。自稱調御丈夫、天人師〔三〕，遊行世間，滅人善心。

第六十九外道名葛壞衣，有四十万鬼神以爲眷屬。亦行禪定，愚者謂佛，大致供養。

第七十外道名爲尼利，有四十二万鬼神以爲眷屬。詐爲邪善，能令男女種有漏業，生死根莪〔四〕，日有增長，墜落无窮，未有出期。

校注

〔一〕「以」，斯六九六三背此字殘防，據文例補。

〔二〕「頑痺」，指身體麻木無知覺。

〔三〕「調御丈夫、天人師」，此爲如來十號之二。北涼曇無讖譯菩薩地持經卷三：「如來有十種名稱功德隨念功德，云何十？如來、應、等正覺、明行足、善逝、世間解、無上士、調御丈夫、天人師、佛婆伽婆。」

〔四〕「莪」，「栽」字俗體，見集韻。

第七十一外道名高望提，有二十万四千鬼神以爲眷屬。能令著者説陰陽界普廣嚴浄，脩定无礙，於利養、財物如奪己命，凡所食噉，与猪狗无異。

第七十二外道名阿求那，有四十万八千鬼神以爲眷屬。威猛各部，遊行世間，号爲禪師，不断煩惱。所有説議，便説断見言无。自爲朋黨，四部弟子，各教禪；淫瞋多者，令不净；作是觀者，教令勤心。

第七十三外道名騰空道畏，有二十万三千鬼神以爲眷屬。此鬼毛羽猶如鐵色，縱暴世間。脩定之人，神來之時，謂呼得定，是善入空，凝然不動；或從空起，乍歌乍儛，鬼氣遍心，令其戰動；或作諸病，不令入道。

第七十四外道名弗沙莫沙，有二十万三千鬼神以爲眷屬。令人風冷，或作狂顛，或失音，或身腫。

第七十五外道名那健陁，有二万三千鬼神以爲眷屬。入人身中，輕舉健行，多愁惱，喜嗔恚，漸漸增長，終能致命。

第七十六外道名婆摩智那，有四十万鬼神以爲眷屬。脩善之處，皆悉能壞，爲菩薩像，若一若二，及至无量，以或世人。

第七十七外道名尼連旃，有四十万鬼神以爲眷屬。此神專爲菩薩形像，爲人説法，爲魔事所縛，作魔眷屬。

第七十八外道名頗梨頗，有四十万鬼神以爲眷屬。初行精進，後便懈怠，入人身中，生大誹謗，又復嘿然〔一〕。其所論議，或發聲言：我今休息，諸法虚妄，无有一實〔二〕。於是中作諸猖狂，无有羞恥。

校注

〔一〕「嘿然」，即「默然」。「嘿」同「默」。

〔二〕「我今休息，諸法虚妄，无有一實」，頗疑此乃對涅槃經或類似經典的諷刺。「諸法虚妄，无有一實」是佛經中常見的觀點，如竺法護譯生經卷二佛説和利長者問事經：「假使有説世事皆虚，悉未曾有，則諸佛説。所以者何？世事悉虚，無有一實，於是世間皆未曾有。」

第七十九外道名道利道，有四十万鬼神以爲眷屬。雖有道名，不多造惡，獨守一志，清潔梵行，於大道中无所妨也。

第八十外道名阿扇旃帝，有八万四千鬼神以爲眷屬。其神儒雅，不阻道法，各自脩善，不相侵嬈。

第八十一外道名空解大道，有八万四千鬼神以爲眷屬。能令衆生爲競訟，所爲念定，皆失无餘，善守境者，乃得脱耳。

第八十二外道名爲姤神，有七万五千鬼神以爲眷屬。入人身中，作諸事業，皆言上勝，无多造惡，不破壞人所作行業。

第八十三外道名爲道堅，有四十万鬼神以爲眷屬。不殺生，无嗔怒，於彼於此等无差別，皆是不思議力，非世間也。

第八十四外道名爲到行，有八万九千鬼神以爲眷屬。有威德神通，變化无量无邊，大度衆生，不思議也。

第八十五外道名爲梵意〔一〕，有九万九千鬼神以爲眷屬。處處施化，示見雜食。

校注

〔一〕「意」，斯六九六三號背原作「音」，猶龍傳作「意」，據改。前第二十三外道已名「梵音」，則此處當以「意」字爲是。

第八十六外道名爲大豐，有七千七百鬼神以爲眷屬。唯逐女婦有善心者。

第八十七外道名爲超空，有九万二千鬼神以爲眷屬。於黄昏時，遍房惱觸〔一〕坐卧行人，令其驚恐。

第八十八外道名爲善女天〔二〕，有一万鬼神以爲眷屬。各〔三〕自行道，不相參合，其性柔軟，每順大道。

校注

〔一〕「惱觸」，近義連文，煩擾、冒犯。佛教文獻中習見該詞，又或作「觸惱」。別譯雜阿含經卷二：「佛作是念：『魔王波旬來作嬈亂。』即説偈言：『……當知波旬，欲來惱觸。』」可知「惱觸」與「嬈亂」義近。

〔二〕「善女天」，佛教文獻中對女性神的稱呼，如金光明經贊嘆品即稱堅牢地神爲「善女天」。

〔三〕「各」，斯六九六三號背原作「名」，中華道藏改作「各」，可從。

第八十九外道名玄通太虚，有七千鬼神以爲眷屬。此諸鬼神，於道中出入行來，不覺不知，与衆和合，常聽説法，飲食節度，一如常法。

第九十外道名爲戎角〔一〕，有七千八百鬼神以爲眷屬。其神質直，不横侵擾。

校　注

〔一〕「戎角」，猶龍傳作「我角」。

第九十一外道名爲曠賢，有一万九千鬼神以爲眷屬。多諸方便，持齋礼拜，唯能知他，而不自知。

第九十二外道名燈分化，有三万二千鬼神以爲眷屬。居道法中，染行相似〔一〕，四衆合和〔二〕，无能分別，所説空法，不可信盡。

第九十三外道名阿囉囉吒〔三〕，有二万一千鬼神以爲眷屬。其神廣德，常居海邊，大施衆生飲食湯藥，及以床榻供養之具。

校注

〔一〕「染行」，即污染行、不净行。此二句蓋謂雖居道法之中，但所行與不净行相似。

〔二〕「四衆」，佛教稱比丘、比丘尼、優婆塞、優婆夷爲「四衆」。雜阿含經卷三一：「有四種善好調伏衆。何等爲四？謂比丘調伏、比丘尼調伏、優婆塞調伏、優婆夷調伏，是名四衆。」

〔三〕「阿囉囉吒」，猶龍傳作「阿羅囉吒」。

第九十四外道名阿盧至，有七万三千鬼神〔一〕以爲眷屬。旃頭首檀，如无差等，次轉五清，諸根惣變，凝然自在，住不退地〔二〕。

第九十五外道〔三〕名照明五瞿，有少鬼神以爲眷屬。其神微妙，有大功德，不可稱量，乃照无色世界。

第九十〔四〕六外道名殷阿旃陁利，有九十万八千鬼神〔五〕以爲眷屬。四眼白眉，作師子吼，將領女人□〔六〕作法事，无人能見。此鬼著時，或赤白□□▨〔七〕黄色，多語妄說，卜度人情。

校注

〔一〕「神」，斯六九六三號背原泐，據文例補。

〔二〕「不退地」，不退之位地，佛經中常見，但具體指十地中哪一地，各家所說不同。鳩摩羅什譯妙法蓮華經提婆達多品：「娑婆世界，三千衆生住不退地，三千衆生發菩提心而得受記。」窺基妙法蓮華經玄贊卷二：「不退有四：一，信不退，十信（住）第六名不退心，自後不退生邪見故。二，位不退，十住第七名不退位，自後不退入二乘故。三，證不退，初地以上即名不退，所證得法不退失故。四，行不退，八地已上名不退地，爲、無爲法皆能修故。今此菩薩皆八地已上故，言於無上正等覺不退轉，定當證故，故不退者非即不轉。又不退有二：一，已得不退，初地即得；二，未得不退，八地方得。無上正覺是未得法故，八地以上能不退轉，情祈正覺心進不動，法駛流中任運轉故，名不退轉，此不退者即是不轉。」本段前文「旃頭首檀，如无差等，次轉五清」無法讀通，不知所謂。

〔三〕「道」，斯六九六三號背此字原泐，據文例補。

〔四〕「第九十」，斯六九六三號背此三字字迹漫漶，據殘畫及文例補。

〔五〕「神」，斯六九六三號背原泐，據文例補。

〔六〕「女人□」，斯六九六三號背此三字殘泐，前二字據殘畫當是「女人」，第三字全泐。

〔七〕斯六九六三號背前二字全泐，第三字右半殘泐，左半存「礻」旁。

之。

尒時，老君爲諸弟子及衆生故，告尹〔一〕喜言：「是諸外道鬼神有九十六種，略爲説此諸鬼神，敗乱正法，於脩道人，能爲魔〔二〕事，作諸變恠，種種形像。或復令人墜落道陷，諸衆生便不休息。吾去之後，遍行於世，乃至東夏，専行邪或，迷乱人心，令其顛倒狂或，著者不悟。或令断髮削須，烏衣跣足〔三〕，種種形狀，求人利〔四〕養，行淫欲事，貪取錢財，遣人捨男捨女，□□□命，乃至頭目、國城、妻子，无所悋惜〔五〕。云過去未來，得諸果報，人无悟者。復令國王帝主▨□信向，破乱政事，不自歸道。著此外道，則生我慢〔六〕，矯誑百端，或乱大道。我故爲汝説偈。」▨□即作誦曰：

校注

〔一〕「尹」，斯六九六三號背此字殘泐，據文意補。

〔二〕「魔」，斯六九六三號背原作「摩」，據文意改。

〔三〕「烏衣」，古時爲貧賤之服，此處或爲對「壞色袈裟」的蔑稱。「烏衣跣足」蓋指佛教徒苦修的樣貌。

〔四〕「利」，斯六九六三號背此處僅存右半「刂」旁，據文意當爲「利」字。

〔五〕此蓋諷刺佛教稱如來往世施捨國城、妻子等事。大方便佛報恩經卷一：「爲一切父母故，常修難行苦行，難捨能捨，頭目、髓腦、國城、妻子、象馬、七珍、輦輿、車乘、衣服、飲食、卧具、醫藥，一切給與。」佛本生故事中此類之事極多，如菩薩本緣經卷上之一切施王、太子須大拏經之須大拏等。

〔六〕「我慢」，指以自我爲中心，倨傲、傲慢。成唯識論卷四：「我慢者，謂倨傲。恃所執我，令心高舉，故名我慢。」

天地間炁〔一〕，生諸妖耶，當以正道，除去氛祲〔二〕。
第一思惟，无我无主〔三〕，諸法如空，不可轉相〔四〕。
一實境界〔五〕，非魔鬼神，之所住處，實智方□〔六〕。
假空有故，法性理无〔七〕，湛然常住，无有去□〔八〕。
一智實故，二智摩故，三除相故，四分別空〔九〕。
乾元亨利貞，邪不干正〔一〇〕，臨兵鬭者，皆列陣前行〔一一〕。
老君曰：「若初著邪，誦前半偈；若全著者，盡誦此偈；若不去者，惣誦斯偈，亦念十方大道、三世天尊。後一行偈是常道祝，心常念之，勿令退散。恒念正真，相續不絶，如是乃能離諸〔一二〕邪鬼外道等也。汝等勤行念之。」

老子化胡經卷第二

校注

〔一〕「間炁」，蓋指間雜之炁、不純正之炁，與下「正道」相對。
〔二〕「氛祲」，妖氣，此處指諸外道。
〔三〕「无我无主」，佛教基本教義之一，指一切事物没有常恒自在的主體。曇無讖譯大般涅槃經卷二：「世尊，譬如漿滓，無所復用，是身亦爾，無我無主。世尊，如七葉花，無有香氣，是身亦爾，無我無主。」

〔四〕「不可轉相」，佛教認爲諸法皆空，所謂轉法輪並無所轉。支婁迦讖譯道行般若經卷四：「故諸法如空無所轉，亦無法有還者，乃至諸法亦爲無所有。」

〔五〕「一實境界」，指衆生自性清浄的心體。菩提燈譯占察善惡業報經卷下：「其最初所行根本業者，所謂依止一實境界以修信解，因信解力增長，故速疾得入菩薩種性。所言一實境界者，謂衆生心體，從本以來，不生不滅，自性清浄，無障無礙，猶如虚空。」

〔六〕斯六九六三號背此行末字殘泐，疑爲「便」字。此二句句意不是太清楚，蓋謂到達所居止之處，當依實智、方便智。

〔七〕此二句蓋謂法性其實爲「无」，僅僅假空、有以立説。

〔八〕斯六九六三號背此行末字殘泐，疑爲「來」字。此二句蓋指前「法性」而言。

〔九〕此四句蓋指之所以能「湛然常住，无有去來」的原因。疑「智」當讀作「知」，「摩」當讀作「魔」，「相」當讀作「想」。知實、知魔、除想、分別空，均是佛教中較高的境界。佛馱跋陀羅譯大方廣佛華嚴經卷一五：「十方一切諸魔王，菩薩威德悉調伏，勇猛安住莫能壞，決定修行究竟法……善能觀察一切法，了達其性不自在，已能分別空無我，是故不妄取業報。無有色法及無色，亦無有想無無想，亦無有法及無法，一切諸法無所有……菩薩如是知迴向，隨所行業功德生，明達諸佛真實性，解一切佛深妙法。」與此處所説差可對應。

〔一〇〕「乾元亨利貞，邪不干正」，首句本爲乾卦卦辭，但在隋唐時已成爲道教咒語。李冗獨異志卷上：「傅奕常不信佛法。高祖時有西國胡僧，能口吐火以威脅衆，奕對高祖曰：『此胡法不足信。若火能燒臣，即爲聖者。』高祖試之，立胡僧於殿西，奕於殿東，乃令胡僧作法。於是跳躍禁咒，火出僧口，直觸奕。奕端笏曰：『乾元亨利貞，邪不干正。』由是火返焰，燒僧立死。」洪邁夷堅支庚卷三「陳秀才女」條：「張生愕然，知必此物爲怪，將以明日告陳。而陳氏謂張有道術，清旦，邀至入視。張不言昨夕事，但誦『乾元亨利貞』。」皆其例。

〔一一〕「臨兵鬬者，皆列陣前行」，此爲道教咒語。抱朴子内篇登涉：「入山宜知六甲祕祝。祝曰：『臨兵鬬者，皆陣列前行。』凡九字，常當密祝之，無所不辟。要道不煩，此之謂也。」

整首誦與靈寶領教濟度金書卷二六一鍊尸生仙品引三洞科之「除魔咒」非常相近，可作參照。彼文曰：「天地穢氣，生諸妖邪，當以正道，除去畏心。第一思惟，無我無主，諸法皆空，不可轉想。一實境界，諸魔神鬼，知所住處，無實知方。假空有故，湛然常存，無有去住。一去智故，二去魔故，三除想故，四分別念。元亨利貞，邪不干正，臨兵鬬者，列陣前行。」相近内容又見王契真上清靈寶大法卷一三、靈寶無量度人上經大法卷一六及卷三六等。

〔一二〕「諸」，斯六九六三號背此字僅存右半「者」旁，據文意當爲「諸」字。

老子化胡經卷第八

奉　勑對定經本〔二〕

老子〔一〕化胡經受道卷第八

老子〔三〕曰：「吾本行道，天柱〔四〕未立，日月未分，星宿□□，未有參辰，天无南北，地无東西。人有形□，无〔五〕有六府、心神〔六〕，不能名物，體性專皃〔七〕，亦□君〔八〕臣列位、父子之親、夫妻禮義、朋友周旋〔九〕。吾在其中，騰擲精神，分明日月，整理星辰，修立天道，四氣五行，配當陰陽，列注山川，安人六府，初立精神，精神既定，行禮修文，君臣父子，於茲而行〔一〇〕。赫胥、啓統〔一一〕，造化之元，心皃〔一二〕頑野，不識至真，統領天地，亦无師人，體性强直〔一三〕，无行諮詢，喜則順理，瞋則煞人，亦无法律，帥〔一四〕意所行，違天逆理，灾氣流行，或及王身，或及臣身。故不醒悟，守迷意堅，吾爲作變，非玄通所聞。雷出青天，雨沙礫石，旋周柱天，白日晝昏，魚飛翩翩〔一五〕。國王怖怕，仰喚倉天，天玄遼遠，地亦幽深，所喚空廓，心腹憮然〔一六〕。横行无道，害煞臣民，朝則五百，夕則五千。生民擾擾，守死万千，行攻墮淚〔一七〕，亡失精神。國王懊惱，寢計不言，布告國内，推覓聖人，吾乃出見，與王相聞。」

校注

〔一〕「老子」，伯三四〇四號寫卷此二字原殘，據文義補。

〔二〕「奉勑對定經本」，全唐文卷九六武則天僧道並重敕：「老君化胡，典誥攸著，當依對定，僉議惟允。」此處稱「奉勑對定經本」，蓋指本卷即此次「對定」的經本。「對定」是指相對評議是非，唐代史料中用例很多，如舊唐書卷二五禮儀志五：「有河南府人孫平子詣闕上言：『中宗孝和皇帝既承大統，不合遷於别廟。』玄宗令宰相召平子與禮官對定可否。」舊唐書卷八九姚璹傳：「時新都丞朱待辟坐贓至死……因此籍没者復五十餘家，其餘稱知反配流者亦十八九，道路冤之。監察御史袁恕己劾奏其事。則天初令璹與恕己對定，又尋令罷推。」武則天敕令中的「對定」是指俗官及僧、道相對評議老子化胡經之是非。

〔三〕「老子」，伯三四〇四號此二字原殘，據下文文例補。

〔四〕「天柱」，支撑天的柱子。淮南子天文訓：「昔者，共工與顓頊争爲帝，怒而觸不周之山，天柱折，地維絶。」傳説天柱在崑崙山，水經注卷一：「張華叙東方朔神異經曰：崑崙有銅柱焉，其高入天，所謂天柱也。圍三千里，圓周如削，下有迴屋，仙人九府治。」道教較早的傳説中已稱天柱爲道君所立。漢武帝内傳：「昔上皇清虚元年，三天太上道君下觀六合，瞻河海之短長，察丘嶽之高卑，立天柱而安于地理，植五嶽而擬諸鎮輔。」

〔五〕「□无」，伯三四〇四號此二字殘泐，首字全泐，次字存下半殘畫，當是「无」字。

〔六〕「六府心神」，「六府」即今「六腑」。古人將器官類比於人間府庫，故稱「六府」。黄庭内景經「六腑五藏神體精」，雲笈七籤卷一一引梁丘子注：「膽、胃、大腸、小腸、膀胱、三焦爲六府。所言府者，猶府邑之府，取中受物之義，故曰府也。」「心神」，黄庭内景經：「心神丹元字守靈。」道教認爲「心神」主心智，雲笈七籤卷一一引梁丘子黄庭内景經注釋叙：「心法多門，取用非一，有無二體，隨事應機。故有凡聖、淺深、愚智、真假，莫匪心神辯識運用之所由也。」無有心神，故下云「不能名物」，不能爲事物命名。

〔七〕「專皃」，似不可通。「體性專皃」當與下「體性强直」義近，疑「皃」爲「狠」字之誤。「狠」一誤爲「貌」，抄手又改作古字「皃」。

〔八〕「□君」，伯三四〇四號此二字殘泐，首字據文義或爲「无」字，次字存下半「口」旁，今據文意補「君」字。

〔九〕「周旋」，交往，應酬。三國志魏書鄭渾傳裴松之注引張璠漢紀：「又明公之將帥，皆中表腹心，周旋日久，自三原、硤口以來，恩信醇著，忠誠可遠任，智謀可特使。」

〔一〇〕道教認爲，天地萬物、風雨四時，乃至人倫禮義均老子所建。本經卷一〇亦有相近的表述。又如太上洞玄靈寶天關經：「又託生玄妙，號高上老君，而混成天地焉。分别元氣，清者爲天，濁者爲地，太陽之精爲日，太陰之精爲月。復分日月之精爲星辰，置二十八宿，布二十四氣，建八節、四時、五行，立五星，立五嶽，分五帝主之，日月星各立宫室，主理其中……陶冶虚無，造化應因，衿帶八極，載地懸天，遊馳日月，運走星辰，呼吸六甲，御制乾坤，改易四時，推移寒温，驅使風雨，鼓奮雷雲，分别青黄，曆數虚盈，君臣父子，禮義備焉。」相近的内容又見太上妙始經、混元聖紀卷二等。又可參本書附録所收太上老君開天經。

〔一一〕「赫胥」，傳説中的古帝王之號。禮記正義卷一引皇甫謐帝王世紀：「伏犧之後，女媧氏亦風姓也。女媧氏没，次有大庭氏、柏皇氏、中央氏、栗陸氏、驪連氏、赫胥氏、尊盧氏、渾沌氏、昊英氏……凡十五代，皆襲伏犧之號。」莊子馬蹄：「夫赫胥之時，民居不知所爲，行不知所之。」道教的歷史觀中也有「赫胥氏」，太上老君開天經：「太上皇之時，老君下爲師，教示太上皇以治天下。太上皇之後，而有地皇，地皇之後，而有人皇，人皇之後，而有尊盧，尊盧之後，而有句婁，句婁之後，而有赫胥，赫胥之後，而有太連，太連已前，混沌已來，名曰中古。」

「啓統」，或指「啓統氏」。通志卷一三皇世譜所叙「伏羲氏」以下世系與前揭帝王世紀大致相同，而於「混沌氏」下注云：「一曰啓統氏。」

〔一二〕「兇」，通「胸」。俗寫「胸」或作「胷」形（見伯二一七四號釋門文範），與「兇」亦形近易淆。

〔一三〕「强直」，此處蓋指倔强固執、不知變通，與文獻中常見的剛强正直之義有别。

〔一四〕「帥」，今多寫作「率」，遵循、順從之義。「帥意」猶言「隨意」「任意」。三國志魏書王粲傳裴松之注引魏氏春秋：「時率意獨駕，不由徑路，車迹所窮，輒慟哭而反。」

〔一五〕此處諸種變怪多是佛經中常見的災變。如慧覺譯賢愚經卷六：「時月光王國豫有種種變怪興現，地處處裂，掣電星落，陰霧晝昏，雷電霹靂；諸飛鳥輩於虚空中悲鳴感切，自拔羽翼；虎豹豺狼禽獸之屬，自投自擲，跳踉鳴叫。」法炬、法立譯法句譬喻經卷三地獄品：「有鬼神王名曰般師，見迦葉等，虚妄嫉妬，即起大風，吹其高座，坐具顛倒，幢幡飛揚，雨沙礫石，眼不得視。」曇無讖譯大般涅槃經卷三一：「時四天王心懷瞋忿，雨沙礫石。」

〔六〕「憮然」，悵然失意貌。

〔七〕「行攻」，義不可通，疑「攻」字有誤。

王曰：「君是何人？」

老子曰：「吾是万歲小童，千歲老人，髮白更黑，齒摇更堅，長生无極，出於自然，腦髓能補〔一〕，皮膚更鮮〔二〕。室家眷属，有一万七千。亦不田力，衣食自然〔三〕；亦不樂貴，爵禄自天〔四〕；亦不灾衰，尋常静然。」

校注

〔一〕道教認爲，人的腦髓會隨時間逐漸消耗，腦髓不實則易致病。雲笈七籤卷五九延陵君修養大略：「上年者，早悟大道，識達玄微，體壯骨堅，筋全肉滿，從容履道，無不成功。中年者，悟道已晚，筋肉、骨髓各有其半，處在進退，如日中功。下年者，骨髓、筋脉十有二三，猶可補修，如日暮功矣。八十已上者，罪位已定，無可救之法，腦竭髓盡，萬關乾枯，神謝氣亡，尸行鬼步。」故道教仙法多稱能「補髓」，如太上靈寶五符序卷中「真人絶穀餌巨勝法」：「能補精髓。」伯二七五一號紫文行事決：「故恒執此符，以相引注，使津溉流通，補腦益髓者也。」

〔二〕因年老則皮膚灰暗，道教仙術多稱能使皮膚鮮潔。太上靈寶五符序卷中「胡麻膏」：「服之肌膚充盛。」雲笈七籤卷六四玄解録：「去人昏沉，定人神思，除邪魅，耐寒暑，皮膚潤澤，鬚髮不白，返老成少，千日可驗，故服之不死。」太上大道玉清經卷七：「真師神力，急令太帝容儀復嬰，膚體充潔，猶如凝脂。」

〔三〕「衣食自然」，指無需勞動，衣食自然出現。道教認爲仙人可衣食自然。伯二四六一號太上洞玄靈寶智慧上品大戒：「三者，勸助建齋静觀，令人世世門户高貴，身登天堂，飯食自然，常居無爲。」伯二三五二號洞玄靈寶長夜之府九幽玉匱明真科：「見世光明，死升福堂，逍遥懽樂，衣食自然。」又參第六九頁注〔六〕「自然食」下注。

〔四〕「爵禄自天」，指上天給予無形的爵禄。孟子告子上：「有天爵者，有人爵者。仁義忠信，樂善不倦，此天爵也。公卿大夫，此人爵也。」道教將「天爵」觀念與其固有思想做了結合，抱朴子外篇逸民：「聖人之清者，孟軻所美，亦云天爵，貴於印綬。」

王曰：「君言奇異，非古非今，其至反覆〔一〕，難可平論〔二〕。吾聞年多則老，年少則小。如君所論懷抱〔三〕，有何由緣，白髮更黑，摇齒更堅，轉老作少，皮膚更鮮？異哉，異哉！殊古邈今。君是天人之身、上古之神。道事淵深，曰遠曰玄，吾今聞之，不悶不昏。聽説遼遠，附口而甘〔四〕。願与先生，深室而談，同車而載，遊涉万方。朝聞慕老，不願寧康〔五〕。先因何業，壽命延長？吐氣勃勃，逆風而香〔六〕；身體容皃，殊姿異光；家眷大小，不嬰灾[□]〔七〕。願得聞之。」

老子曰：「吾受道耳。」

校 注

〔一〕「反覆」，顛倒，反常。

〔二〕「平論」，即「評論」。「平」「評」古今字。

〔三〕「懷抱」，指心懷、心意。

〔四〕此二句蓋謂雖然「道事」聽起來遼遠，但由老子的口中説出却似甘露一般。

〔五〕此二句蓋爲對論語里仁「朝聞道，夕死可矣」的仿寫。

〔六〕「逆風而香」，道經中有仙樹逆風而香，上清洞真智慧觀身大戒：「道學當念遊諸天七寶林，反生靈香，流芳逆風聞三千里外，師子飛龍鳴嘯其羽（間）。」這可能是從佛經中化出，法立、法炬譯大樓炭經卷三：「南方有樹，名爲波質拘耆羅樹……樹當華時，風從上吹，華香下行四千里，逆風行二千里。」佛教又常言人修道持戒之「香」可逆風而聞，求那跋陀羅譯雜阿含經卷三八：「有三種香，順風熏，不能逆風……有善男子、善女人，在所城邑、聚落成就真實法，盡形壽不殺生、不偷盜、不邪婬、不妄語、不飲酒。如是善男子、善女人，八方上下，崇善士夫，無不稱歎言：『某方某聚落善男子、善女人，持戒清淨，成真實法，盡形壽不殺，乃至不飲酒。』阿難！是名有香順風熏、逆風熏、順風逆風熏。」後又有偈云：「非根莖華香，能逆風而熏，唯有善士女，持戒清淨香。」「吐氣勃勃，逆風而香」或即暗用此類説法。

〔七〕伯三四〇四「灾」下當脱一字，依韻或是「殃」「祥」等「陽」部字。

王曰：「道名何神，威力超然？何方何習，壽命長古？」

老子曰：「奉道約身，壽命千年；約身奉道，不逢灾考〔一〕；練形〔二〕受道，天地相保；神亦不遠，由王修造。天受道，日月明，雷雨行；地受道，山川生，百物榮；天子受道，民人滋，國土清。天不受道，日月不明；地不受道，草木不生，結菓不成；人不受道，无恩情，灾考生。是以有物之類，皆合道而生。」

校注

〔一〕「灾考」，即災禍之義。「考」指死後在地獄中所受的拷打、刑罰，與「灾」連文，指人世、陰間的災禍。

〔二〕「練形」，指通過服氣、存思等修煉方法，使身形長存，飛昇成仙。抱朴子内篇至理：「引三景於明堂，飛元始以鍊形，采靈液於金梁，長驅白而留青。」真誥卷一〇載「服霧法」咒語：「太霞發暉，靈霧四遷。結氣琬屈，五色洞天。神煙含啓，金石華真。藹鬱紫空，鍊形保全。出景藏幽，五靈化分。合明扇虛，時乘六雲。和攝我身，上升九天。」此外還有暫死於太陰中鍊形昇仙者，真誥卷四：「太陰鍊身形，勝服九轉丹。形容端且嚴，面色似靈雲。上登太極闕，受書爲真人。」

王曰：「天地受道，道有何形？」

老子曰：「道也无形，元氣之精，或散或聚，出幽入冥，或出万方，造化隨形，藏形匿影，太清之間〔一〕。」

王曰：「巍巍之神，无復過焉。」

老子曰：「道能經天序地，置立乾坤，畫出天道，安動山川，配適陰陽，列影星辰。二十八宿，各有名字。身或長九丈，或長一旬〔二〕；或籠天合地，日月不明；或整理逆順，轉死易生；或呼召甲子〔三〕，役使衆神；或吹歔寒暑〔四〕，呼吸陰陽〔五〕。」

校注

〔一〕「太清之間」，相傳老子常居太清境。杜光庭道德真經廣聖義卷二：「老君常在太清太極之宫也。」混元聖紀卷一：「老君自太清境分神化炁，託孕於玄妙玉女。」故與老子相關的文獻中多言及「太清」，本經亦言道在「太清之間」。

〔二〕「一旬」，似不可通，可能是指「一由旬」。慧琳一切經音義卷一大般若波羅蜜多經第八卷音義：「踰繕那，古云由旬，或云由延，或云踰闍那，皆梵語訛略也，正云踰繕那。上古聖王軍行一日程也……適中取實，今依西域記三十里爲定。」此經或爲湊四字句，或故意與佛教術語區分，故省作「旬」。

〔三〕「甲子」，指甲子以下諸神將。道教信仰中每日均有值日神，雲笈七籤卷一四黄庭遁甲緣身經：「往來出入，當呼今日日神姓名字，云：『某送我去來。』如是呼之，乃行其道。直日神與人同行神道，衆惡不干，能却百鬼，不逢惡毒……假令甲子神姓王字文卿，王自是姓，文卿是字。至癸亥，他皆倣此。」北大一七一號自然齋儀（擬）載自然齋儀出官啓事，其中所出之官即有「甲子諸官君將吏」。陸修静太上洞玄靈寶授度儀、杜光庭太上黄籙齋儀等齋儀文獻所載道教儀式中均需呼召「甲子諸官君將吏」。

〔四〕「吹歔寒暑」，道德經「或呴或吹」河上公注：「呴，温也。吹，寒也。」此處蓋指老君吹嘘而爲寒暑。

〔五〕「呼吸陰陽」，淮南子俶真：「是故聖人呼吸陰陽之氣，而群生莫不顒顒然仰其德以和順。」

王曰：「蕩蕩大聖，天地之大神。願示法律，吾奉之焉。」

老子曰：「太上者，万物之所尊，上天爲衆神之所祖宗〔一〕，在地爲萬國之師君〔二〕。

道是虛无難名之神，成功不名其效，救死不認其生。或居世界，或居九天〔三〕。或在窅虛〔四〕，監視世間，順天者吉，毁聖者亡。或上歷九府〔五〕，下入黄泉，濤演窅虛〔六〕，无匹无倫。或嚴莊顯服〔七〕，受度真賢〔八〕。或上高匹首〔九〕，爲説死生。或蔽隱合口，與天地相畢〔一〇〕。或坐唤六甲〔一一〕，集諸群仙。策使龍［□］〔一二〕，布火乾坤。或縮地斷火〔一三〕，天地焦然。」

校注

〔一〕「祖宗」，此處爲動詞，宗奉、尊崇之義。抱朴子外篇尚博：「其所祖宗也高，其所紬繹也妙。」混元聖紀卷四：「在天爲衆聖所尊，在地爲萬國師君。」可知「所祖宗」即「所尊」之義。

〔二〕「師君」，道教將師尊敬爲「師君」。太平經鈔庚部：「先生爲師，尊之爲君，稱之爲父。」太上靈寶五符序卷下：「登天飛虛空，此是吾師君。教我服三光，授我靈祕文。」這一稱呼在早期道教中就已形成，三國志魏書張魯傳稱張魯「遂據漢中，以鬼道教民，自號『師君』」。

〔三〕「九天」，即天界，在文獻中有多種所指，或指八方及中央之天，見吕氏春秋有始；或指九重天，太上洞玄靈寶天關經：「天地相去四萬八千里……如是置立，凡有九天九地焉。九天者，從下第一波利天，第二迦夷天，第三梵寶天，第四化應天，第五不驕天，第六寂然天，第七須延天，第八禪善天，第九鬱單天。」猶龍傳卷四亦有此説。

〔四〕「窅虚」，指幽微、虚無之處。

〔五〕「九府」，即「三官九府」，爲仙界考校善惡罪過的署司。伯二四六一號太上洞玄靈寶智慧上品大戒：「三官九府，計人功過，豪分不失。」「三官」，在多數道教文獻中都是指天、地、水三官，如伯二四五二號太上太極太虚上真人演太上靈寶洞玄真一自然經訣：「甲當身謝天、地、水三官。」三官各有三府（署），故稱「三官九府（署）」。元始無量度人上品妙經：「三官九署，十二河源。」嚴東注：「三官者，天、地、水三官也。上元天官，有三宫，宫統一十二曹，合三十六曹。中元地官，亦有三宫，宫統一十四曹，合四十二曹。下元水官，亦有三宫，宫統一十四曹，合四十二曹。三官都合一百二十曹，主領鬼、神、人。天、地、水三官，合爲九署。」太上洞玄靈寶三元品戒功德輕重經有三官九府一百二十曹的具體名目，可參。但有些文獻中也有不同的説法，如太真玉帝四極明科經卷一「三官」指左、右、陰三官，三天各有三官。

〔六〕「濤演窅虚」，此句不可解，疑有誤。或本句即指演説道法之類。

〔七〕「嚴莊顯服」，「莊」通「裝」，裝束之義。「嚴莊顯服」即指穿戴高貴、嚴整。

〔八〕「受度真賢」，「受」讀作「授」，指向仙真、賢人傳授道法。道教傳授經法稱「授度」，正統道藏中有陸修静太上洞玄靈寶授度儀，可參。

〔九〕「上高匹首」，義不可解。與下文相對，「上高匹首，爲説死生」當指爲演説道法之事；或「上高匹首」指居高位爲人類首領。

〔一〇〕「蔽隱合口」，指隱蔽起來，閉口不講道法。「與天地相畢」，與天地一起終結，指時間極長。道教文獻多用此語表示壽命極長，如葛洪抱朴子内篇對俗：「蓋聞身體不傷，謂之終孝，況得仙道，長生久視，天地相畢。」又同書金丹篇：「服神丹令人壽無窮已，與天地相畢。」

〔一一〕「六甲」，即甲子、甲寅、甲辰、甲午、甲申、甲戌六神。梁丘子黄庭内景經注引老君六甲三部符云：「甲子神王文卿，甲戌神展子江，甲申神扈文長，甲午神衛上卿，甲辰神孟非卿，甲寅神明文章。存六甲神名，則七竅開通，無諸疾病。」道教中六甲、六丁較爲重要，相關的法術較多。

〔一二〕「龍」下似當脱一字，疑爲「軿」「翬」之類。

〔一三〕「縮地」，即「縮地脉」，使距離變短。太平廣記卷一二「壺公」條引神仙傳：「（費長）房有神術，能縮地脉，千里存在，目前宛然，放之復舒如舊也。」又此句「断火」與下句「天地焦然」似有矛盾。蓋「縮地断火」承「策使龍［□］」，「天地焦然」承「布火乾坤」，本經爲協韻而使句式錯落。

王曰：「湛湛幽廓〔一〕之闊深，巍巍乎滄海之弥〔二〕淪。」

老子曰：「百億之祖宗，萬天之靈根，乾坤之所出，雲雨之所生。王能事之，風雨順之，隣國不侵，臣忠子孝，國土長全。」

王曰：「妙哉聖尊，天地之根〔三〕，開論〔四〕時俗，説合人心矣。」

老子曰：「道身長丈六，金色照天〔五〕，發言雷電，石劈山崩〔六〕。或攝奸耶，考〔七〕煞不仁。」

王曰：「淵乎，何道之深妙！巖巖乎，真爲大神！」

老子曰：「牽天挽地，走使星辰，駈馳日月，或東或西〔八〕。一日六時〔九〕，節度其間，冬温夏暑，其神序焉。」

王曰：「塹天之神〔一〇〕，一代之君。」

校注

〔一〕「湛湛」，水深貌。據下文文例，「湛湛」下似脱一「乎」字。「幽廓」，幽深廓大。

〔二〕「弥」，原作「汵」，本爲「沴」字俗體，此處則爲「弥」字受下「淪」字類化影響的訛形。「弥淪」，即周易繫辭上「彌綸天地之道」之「彌淪」，包括、統攝之義。

〔三〕「天地之根」，道德經：「谷神不死，是謂玄牝。玄牝之門，是謂天地根。」本經當即暗用此文。

〔四〕「開論」，講論。三國志蜀書諸葛亮傳裴松之注：「曹公遣刺客見劉備，方得交接，開論伐魏形勢，甚合備計。」

〔五〕「身長丈六，金色照天」，此係比附佛的形像，參第四〇頁注〔八〕「高丈六身，體作金色」下注。

〔六〕「發言雷電，石劈山崩」，佛經中常有佛説經而大地「六種震動」之語，如妙法蓮華經序品：「佛説此經已……普佛世界，六種震動。」本經「石劈山崩」蓋比附此事。

〔七〕「考」，即今之「拷」，擊打。

〔八〕太上洞玄靈寶天關經：「載地懸天，遊馳日月，運走星辰。」可與此對勘。

〔九〕「一日六時」，印度古代的曆法將一晝夜分爲六時。大唐西域記卷二：「六時合成一日一夜。」此經則以一日六時爲「道」所劃分。

〔一〇〕「塹天之神」，義不可通，疑「塹」字有誤。

王曰：「先生内老外少，非今世之人，變形易聖，不示吾真。假道説化，天地投心。説文成行，快不可言。自非玄聖，道不可尊。聽不可猒〔一〕，披朝尋惟〔二〕，夕衣不昏。吾雖寡漏〔三〕，預是國君，今得遭遇，與君相因。經今積載，十有餘年，家口大小，恭奉君身，夙興夜寐，不辞勞勤，望君感悟，屈〔四〕神哀怜，見示好惡，治國平民。民无惡想，改故就新，民忠子孝，不侵害人，豈非聖人，靈澤之恩？吾聞遇賢聖，前身有緣，福力接〔□〕〔五〕，得見聖人。勿以寡薄，不爲開明，伏願先生，垂愍哀矜，示以聖旨，可以咨承〔六〕。」

校注

〔一〕本卷多隔句押韻，疑「聽不可猒」上脱一句。

〔二〕「披朝尋惟」，疑「披朝」二字當互乙，與下句「夕衣不昏」相對。此二句蓋狀「不厭」之狀，謂不眠不休，朝夕皆披衣考索、思惟大道。

〔三〕「漏」，當讀作「陋」。「漏」古代或可假借作「陋」，荀子儒效「雖隱於窮閻漏屋」，王念孫讀書雜志：「『漏』讀爲『陋巷』之『陋』……爾雅曰：『陋，隱也。』大雅抑篇『尚不愧于屋漏』，鄭箋曰：『漏，隱也。』是『陋』與『漏』通。」

〔四〕「屈」，集韻迄韻：「屈，請也。」「屈」用作敬辭，邀請之義，中古文獻中習見。

〔五〕此句似脱一字。

〔六〕「咨承」，頗疑當讀作「祗承」，敬承之義。

老子曰：「王大國君，育養群生，開通至教，表裏應明，捐弃王服，下問凡人，屈天覆地〔一〕，何以答恩？」

王心遂悟，請問慇勤，膝行跪起，匍匐而言。王曰：「盖聞聖者不苦元元〔二〕。見聖還隱，違地負天。」

老子曰：「形餘〔三〕腐朽枯槁之人，外有枝條，裏无精神，空作元元，不稱來問。」

王曰：「向者發迹，見聖人遶地匝天，經歷八荒，呼吸之間，預覩成敗，開解自然。吾雖不仁，荷〔四〕是國君，天迴日運〔五〕，典知〔六〕萬乘。向君請問，静然无言，懷聖置天〔七〕，亦罔於吾〔八〕。吾聞天高邈遠，向之元元，亦降靈屈神〔九〕，雨澤豐沃，恩及群生。體質含耀〔一〇〕，外朴〔内〕〔一一〕明，自言終應，響對无窮。秘言不聖，何言而生？吾雖不敏，敬仰先生，伏願體練〔一二〕，爲説道元。」

校注

〔一〕「屈天覆地」，委屈天來蓋覆大地，即形容胡王「下問凡人」。

〔二〕「元元」，黎民百姓。後漢書光武帝紀「下爲元元所歸」李賢注：「元元，謂黎庶也。」

〔三〕「形餘」，當讀作「刑餘」。不知何以老子自稱「刑餘之人」。南北朝隋唐老子化胡經中多有老子與胡王鬥法之事，往往有胡王火燒湯煮老子的情節（參本書太上靈寶老子化胡妙經及附録），或本經前卷亦有老子與胡王鬥法被刑之事。

〔四〕「荷」，承擔。張衡東京賦：「荷天下之重任，匪怠皇以寧静。」「荷是國君」亦猶「荷天下之重任」。

〔五〕「天迴日運」，天、日運轉，指時光流逝。劉子惜時：「夫天迴日轉，其謝如矢，騦裹迅足，弗能追也。」

〔六〕「典知」，掌管。

〔七〕「懷聖置天」，語意不太清楚。「置」蓋廢置、棄置之義，此句蓋謂老子内懷聖智而「静然无言」，是捨棄、放棄了天。

〔八〕「亦罔於吾」，語意亦不太清楚。疑指老子雖「懷聖」，但「静然无言」，是對「王」的欺騙。

〔九〕「降靈屈神」，降下神靈、邀請神靈。此處蓋謂老子雖自稱「空作元元」，但也能「降靈屈神」。

〔一〇〕「體質含耀」，謂外在形體雖然質樸，但含有閃耀的内在精神。與下「外朴［内］明」句意一致。

〔一一〕「内」，原闕，據文意補。

〔一二〕「體練」，體恤、提攜。魏書術藝傳蔣少遊：「始北方不悉青州蔣族，或謂少游本非人士，又少遊微因工藝自達，是以公私人望不至相重。唯高允、高沖曲爲體練。」

老子遂謂胡王曰：「統國領民，无所稟承〔一〕，瞋則與死，喜則與生，不求天謁地，何用問道之元？」

王曰：「先生云，道能傾天覆地，輪轉萬方，舉手動足，言合宫商〔二〕，或深或淺，不可測量。是以吾今敢不奉望！」

老子曰：「蓋聞天子非是常人，德廕萬物，行合乾巛〔三〕，開化天地，大國之君。君之有福，國土長全，寢甲休兵，萬國僉然，歸投王命，濟於人民。於民无福，國土覆淪，多嬰灾難，毒及臣民。王宜神筭〔四〕，奉道求生，身无灾考，國嗣欣然，隣國消服，奸惡不侵。王但叩心迫地，憑神杖靈，壽命永終，與天相傾，月不夜食，日不晝昏，死各以次，不夭天年，父不哭子，臣不謀君。王宜體之，尊道敬天，天能弥覆，地能植生，道能變通，戮倒邪精。」

王曰：「大道寥廓，造化根元，移天易地，剖判星辰，舒張日月，普照万天，運籌易筭，轉死定生，巍巍蕩蕩，无上正真。朝奉暮老〔五〕，是吾宿心，中來沉溺，不遇聖人，建國造化，法古唯先，多嬰灾禍，毒氣縱横，雨少旱多，餓煞万人，星辰青黄，白黑虚盈〔六〕，五岳阬崖，河海水生〔七〕。父子之道，骨肉之親，夫婦礼義，朋友周旋〔八〕。」

校注

〔一〕「稟承」，聽命之義。因王的地位最高，「統國領民」，所以不需要聽他人之命，也不需要「求天謁地」。

〔二〕「言合宫商」，指發言時音韻協和，如音樂一般。雲笈七籤卷一三引玄鏡章：「祥禽瑞獸，韻合宫商。」

〔三〕「巛」，即「坤」。龍龕手鏡巛部：「巛，古文，音坤。乾巛。」

〔四〕「神筭」，「筭」蓋「壽筭」之「筭」。道教認爲上天用筭籌計算人的壽命，行善則增筭，作惡則減筭。京都二五二號太上業報因緣經卷八：「夫人不生則已，生則偹天地之象，含陰吐陽，懸命由天。天與其筭四万三千二百，凡一百二十年，筭主一日，記在諸天……若脩善立功，諸天童子、司命司録即爲延年，消灾散禍，衣食豐盈。若造罪積惡者，則諸天帝王使六天摩（魔）王促下，收其魂魄，上詣三官。若不滿筭紀者，皆是造罪所致。終其筭紀者，積善所臻也。」此處稱「王宜神筭」，蓋謂王宜有神仙般的壽筭。下文稱道「運籌易筭」，亦謂道能改變人的壽筭。

〔五〕「朝奉暮老」，與下「朝聞夕殞」義近，都是對論語里仁「朝聞道，夕死可矣」一句的活用。

〔六〕「星辰青黄，白黑虚盈」，當爲兩種災禍，但具體所指不明。疑指星辰、晝夜發生了變化。

〔七〕「五岳阬崖」，指五岳變爲坑谷。「河海水生」，蓋指河海之水漫溢出來而發生水災。

〔八〕「多嬰灾禍」以下均爲各種災變，而「父子之道」以下四句與前文完全無關，與下文亦語意不相連，此處當有脱文。

老子曰：「有天有地，乃有民人，賢愚相對，三才並行。日運天雨，血脉相連〔一〕，天有南北，地有東西，陰陽相對，男女婚姻。婚姻既立，乃有君臣、父子。唯有天地，不可得聞。王上有金樓玉殿〔二〕，鐵城火山〔三〕，地有二十四獄〔四〕，主者罪人。傳聞不見，道不至真。王若得知，須吾上聞，謁三十六天〔五〕道主、百千萬重道君、太上皇老、无極之尊，干忤神顔，與王問焉。」

王曰：「以吾屈重〔六〕遠問聖人。吾是天子，道是天尊，能寒能暑，能死能生。願誓微信〔七〕，縹繒黄金〔八〕，爲鄙國長短，委曲〔九〕至誠。蓋聞言者不易，聽者亦難，天明无雪，日没時寒〔一〇〕，嬰龍煞人〔一一〕，候色而言，憂未至死，聖不辞煩。天道遼迴，路難可經，吾有龍飛大馬，黄金作鞍，行不壞影，日涉三千，願与先生，乘此上天。」

校注

〔一〕此二句蓋謂「日運天雨」是天地間「血脉相連」的體現，與男女婚姻相類。

〔二〕「金樓玉殿」，指仙界的宫殿。伯二三九六號太上妙法本相經：「但見崐崘頂上神仙之宫，辟（壁）方四千里，周迴一千二百門，其中小宫三千六百區，正於處中，金樓玉殿，五城十二門，純以琉璃爲地，珊瑚、銀薄、真珠縺綿，千屈万畾，晃昱無比。」又伯三〇九一號太上妙法本相經：「其中有玉京玄臺紫微上宫，辟方卅万里，金樓玉臺，七寶光髣，不可具名。」

〔三〕「鐵城火山」，指地獄。杜光庭道教靈驗記卷五「張仁表太一天尊驗」條：「行可三十餘里，遥見黑城，上有煙焰，漸近視之，乃鐵城也。擁關衛門，守牌抗敵，皆獸頭人身，辮蛇臂蛇之士。」斯三〇〇八號太上洞玄靈寶業報因緣經卷一：「又於地下，見有足履刀山，支支斷壞者……見有身在火山，頭面焦燎者。」

〔四〕「二十四獄」，道教認爲酆都山有二十四獄。太真玉帝四極明科經卷一：「酆都山在北方癸地，山上有八獄：第一監天獄，第二平天獄，第三虚無獄，第四自然獄，第五九平獄，第六清詔獄，第七玄天獄，第八元正獄，八獄主上天三官。山中央又有八獄：第一玄沙北獄，第二皇天獄，第三禁罰獄，第四玄妙獄，第五刑正獄，第六律令獄，第七九天獄，第八清冷獄，八獄主中天三官。山下又有八獄：第一無量獄，第二太真獄，第三玄都獄，第四三十六天大獄，第五天一北獄，第六河伯獄，第七累劫獄，第八女青獄，八獄主下三官。凡二十四獄，並置酆都山之北。獄有十二掾吏，金頭鐵面巨天力士各二千四百人，手把金槌鐵杖。凡犯玄科死魂，各付所屬獄，身爲力士鐵杖所考，萬劫爲一掠，三掠乃得還補三塗之責。」

〔五〕「三十六天」，道教常見的天界觀，具體所指有多種説法。或以爲三炁各生三炁爲九炁九天，九天又各生三天，合原九天爲三十六天，見道教義樞卷七引太真科、杜光庭道德真經廣聖義卷二等；或以爲層疊的三十六天，見魏書釋老志引寇謙之説；或以爲玉清、上清、太清各十二天，合三十六天，見上清太上開天龍蹻經卷一；或以爲四方各九天，見靈寶無量度人上品妙經卷二。類似之説還有不少，本書不再一一列舉。

〔六〕「屈重」，謙敬語，猶言「屈尊」，指有請尊貴之人做某事。

〔七〕「信」，指向道教神真敬獻的禮物。中古多稱相饋之物爲「信」，如斯三二八號伍子胥變文：「子胥慮嫌信少，更脱寶劍於（相）酬。」道教亦稱信徒的布施、供獻爲「信」或「⿰貝爲（⿰貝危）信」。

伯三六六三號太上洞玄靈寶黄録簡文三元威儀自然真經：「授經威儀，弟子資（齎）信，請受經文。」津藝一七六號太上洞玄靈寶昇玄内教經卷七：「若須作福田之緣者，可隨意詭（跪）信，香油之直，齋中之施，以立功業，隨力所堪，亦不用多。」

〔八〕「縹繒黄金」，縹色之繒和黄金，即前句之「微信」。道教儀式中所用賜信多爲文繒、金龍。伯三六六三號太上洞玄靈寶黄録簡文三元威儀自然真經：「拔度罪根威儀，當以上金作十金龍，以鎮十方……拔度罪根威儀，主人當資（齎）本命文繒，隨年。國主公王悉用紫文，以法天家（象）；庶民則用隨命所屬正方之色，以置中央。」

〔九〕「委曲」，詳盡地描述。伯二四七四號太上洞玄靈寶昇玄内教經卷八：「善男子、善女子等善思，吾當爲子委曲開張。」

〔一〇〕此二句蓋以天色喻人臉色，引出下「候色而言」。

〔一一〕「嬰龍煞人」，「嬰」蓋當讀作「攖」，爲觸犯之義。觸犯龍則易被殺，故應察顏觀色而後言。

老子曰：「天道茫茫，不知根源，亦无阪蹬〔一〕、繩索可攀，飛鳥不通，馬安能行？吾才雖不敏，倏忽而還。」爲説天地，青黄泓然〔二〕，吞列〔三〕日月，歷數虚盈〔四〕，四時節朔，男女婚姻，五岳阬崖，河海山川，君臣父子，具釋王情。

天王歡喜，咸稱万年：「不知何幸，遇值聖人，開通至教，表裏俱明，百節關孔〔五〕，快不可言，盡來承受，慎未自停。」

老子曰：「擔愚匹聖〔六〕，豈非逆天？」

校　注

〔一〕「阪蹬」，斜坡和臺階。「蹬」，後多寫作「磴」「隥」等，指臺階。佛經中多用梯磴作譬，如曇無讖譯佛所行讚卷五：「浄戒爲梯隥，令人上昇天。」此處或即暗襲佛經成語。

〔二〕「青黄泓然」，「青黄」蓋猶「玄黄」，指天地的顏色。太上洞玄靈寶天關經：「分別青黄，歷數虚盈，君臣父子，禮義備焉。」杜光庭道德真經廣聖義卷二與此文大致相同，作「分別玄黄」。「泓然」，深廣貌。

〔三〕「呑列」，義不可通。疑當作「屯列」或「布列」之類。

〔四〕「歷數虚盈」，尚書皋陶謨「天之歷數在汝躬」僞孔注：「歷數，謂天道。」孔穎達疏：「歷數，謂天歷運之數。」周易豐彖：「日中則昃，月盈則食，天地盈虚，與時消息。」「歷數虚盈」蓋即「天地盈虚」。

〔五〕「百節關孔」，指全身的關節、孔竅。無上秘要卷三七引傳授五千籙儀：「生道入腹，神明皆存，百節關孔，六甲相連，徘徊身中，錯綜無端。」

〔六〕「擔愚」，義不可通，疑「擔」或當爲「贛」「戇」等字之誤。前胡王稱老子爲聖人，此句蓋老子自謙爲「擔愚」，卻被稱之爲聖人，故言「匹聖」。

王曰：「舉國臣民，吾鑒之焉，今見相貌，挺智〔一〕无邊，説微妙理，耳所未聞。開一天之道，九天盡明〔二〕，金樓玉殿，鐵城火山，地下獄訟，罪人由緣〔三〕。藏形隱聖〔四〕，君子所鈞。願乞先生，哀愍元元，留神賜教，示以道元〔五〕。朝聞夕殞〔六〕，不願更生。今日拜請，明日復然，弃國逐家，委命先生〔七〕。示以道形，爲居何室，爲在何天？身體長短，面目姿顔？威儀幾千？幾年一出，何時見身？左右侍從，斯是何神？」

校注

〔一〕「挺智」，蓋謂挺特之智，傑出的智慧。

〔二〕此處謂於十方之天，老子開一天之道，餘九天皆明。前文既有「九天」，又有「三十六天」，此處又稱「十天」，可知該卷的天界觀至爲混亂。

〔三〕此處謂自上天之「金樓玉殿」至地獄之「鐵城火山」，以及地獄中罪人受罪的緣由，均明白可見。這應該是對佛經中佛祖説經放大光明情節的模仿。如鳩摩羅什譯妙法蓮華經卷一序品：「爾時，佛放眉間白毫相光，照東方萬八千世界，靡不周遍，下至阿鼻地獄，上至阿迦尼吒天。」

〔四〕「藏形隱聖」，指隱藏身形和聖智。鄧析子無厚：「爲君者藏形匿影，群下無私。」論語爲政

「吾十有五而志於學」，皇侃疏：「此章明孔子隱聖同凡，學有時節。」「藏形隱聖」即藏形匿影、隱聖同凡。道教有「含影藏形」或「隱影藏形」之術，如抱朴子内篇地真：「吾聞之於師云，道術諸經，所思存念作，可以却惡防身者，乃有數千法。如含影藏形，及守形無生，九變十二化、二十四生等，思見身中諸神，而内視令見之法，不可勝計，亦各有效也。」洞真上清神州七轉七變儛天經：「能知二景之精，隱景藏形，行之十八年，上昇紫庭。」此處稱「藏形隱聖」，可能即據「隱景藏形」改造而來。

〔五〕「道元」，亦即下文的「道要」「道根」，指道的根源、根本。

〔六〕「朝聞夕殞」，此即取論語里仁「朝聞道，夕死可矣」之義。

〔七〕「委命先生」，指把性命託付給先生。道教用「委命」表示信道虔誠，如太真玉帝四極明科經卷五：「今依盟齋信，投情委命，求受寶訣凡如干事。」

老子曰：「威儀相好，不可得論。大王聞之，逐國捐身，家國大小，何所稟承？」

王曰：「弃身求道，亦念於吾，置兵死地，不得更生〔一〕。火中生花〔二〕，尒時乃至真不離，數終合會自然。國非我國，身非我身，投湯赴火，不顧身形。伏願垂神，示以道要。」

老子曰：「以王驕蹇，喜生退心，百陳取實〔三〕，氷口〔四〕不言。」

校注

〔一〕此處句意很不明確，蓋謂「家國大小」於胡王「弃身求道」後念其「置兵死地，不得更生」。史記淮陰侯列傳：「陷之死地而後生，置之亡地而後存。」此處蓋謂他人念胡王「不得更生」，胡王實則置之死地而後生。

〔二〕「火中生花」，佛經多以「火中生蓮華」比喻希有，如曇無讖譯大般涅槃經卷五：「又解脱者，名爲希有。譬如水中生於蓮花，非爲希有；火中生者，是乃希有。」鳩摩羅什譯維摩詰所説經卷中佛道品：「火中生蓮華，是可謂希有，在欲而行禪，希有亦如是。」道經中也借用了這一比喻，伯二四四〇號太上洞玄靈寶大道無極自然真一五稱符上經：「能弘希微之辭者，猶火中而生蓮華乎？」原注：「夫體道至真，六通已備，不生不死，德合自然，飛行洞聽，身出水火，而能以道度人，使海水入毛孔，火中生蓮，未言其無也。」此處蓋指「弃身求道」而得道如同「火中生花」，待得道之時則能「至真不離」。本書卷一〇云：「欲求長生道，莫愛千金身。出身著死地，返更得生緣。火中生蓮花，尒乃是至真。」語意與此相近。

〔三〕「百陳取實」，義不能明。疑「取實」即莊子天下「人皆取實，己獨取虛」之「取實」，句謂己凡百陳説，而王只知「取實」，不知「取虛」。

〔四〕「氷口」，「氷」爲「冰」之俗體。「冰口」，蓋謂口如冰一樣緊閉不開。

左右怪之，舉國愕然：「有何不及，不允聖人？」請召公臣，八百万人，七日七夜，修齋湛然。開破獄門，不復煞人。剋肌剋骨〔一〕，蕩滌心情。一言不至，不敢悔心，五身〔二〕亦不動，口亦不敢言。國王自咎，咸〔三〕激不言，方使布告國中：「有意臣民，各誓信命〔四〕。」縹繒黄金，臣民運集，盡在殿庭。齊執金簡〔五〕，兩手扶心，手持香火，顛倒〔六〕吾前，叩頭數百，拜跪萬千，聲淚俱下，歔欷而言。吾知心至，爲説道根。

校注

〔一〕「剋肌剋骨」，「剋」通「刻」，用刀刻自己的肌骨，用來表示發誓、悔過等行爲的誠懇。三國志魏書陳思王傳載曹植上疏：「臣自抱舋歸藩，刻肌刻骨，追思罪戾。」

〔二〕「五身」，可能是仿「五體」造的詞，即指四肢及頭。

〔三〕「咸」，據文意當讀作「感」。

〔四〕「信命」，「信」即贐信之「信」，指禮物，亦即下文「縹繒黄金」之屬；「命」即性命。「誓信命」即以贐信及性命發誓。

〔五〕「執金簡」，道教徒舉行儀式時往往需要執簡，即模仿世俗官員執笏之制。雲笈七籤卷四五：「凡欲入靖朝真，具衣褐，執簡當心，定神存思，然後閉氣入靖。」

〔六〕「顛倒」，蓋即傾倒、拜倒之義。

老子曰：「道有千二百形影、萬二千精光〔一〕、七十二相、八十一好〔二〕。朝入地户，暮過天門〔三〕。九龍負水，洗沐身形〔四〕。九色班錯，金光照天〔五〕。身長九丈〔六〕，巨相无邊。面廣一丈二尺，上下齊平〔七〕。頂有華髮，炎有光明〔八〕。頷有九千〔九〕，目有九精〔一〇〕，鼻有雙柱，耳有三門〔一一〕，足躡二五，手捉十文，項有圓光〔一二〕，覩徹万天，發言雷電〔一三〕，萬種音聲〔一四〕。在地爲有古先生〔一五〕，在天爲无名之君〔一六〕，周行八極，變化一身，窮神盡聖，唯道爲尊。无極世界，五億諸天，論説經誡，開度愚聖，莫不從吾教化，以我爲先。開王好道，致此殷勤，吾今去矣，王其奉焉。」

校注

〔一〕「千二百形影、萬二千精光」，本爲道教的身神。無上秘要卷五身神品引洞神經：「志學之士，當知人身之中自有三萬六千神……五行王相之君，周衛體內，一千二百形影、一萬二千精光，備守體外。」此經則借用爲「道」的分身。

〔二〕「七十二相、八十一好」，這是道教徒對其教主相貌的描述。牟子理惑論、抱朴子等較早的文獻中已有對老君非常相貌的描述，在佛教「三十二相、八十種好」的影響下，道教也形成「三十二相」「七十二相」「八十一好」等多種説法。洞玄靈寶三洞奉道科戒營始卷二造相品則將「七十二相」和「三十二相」分配給了道君和老君：「天尊有五百億相，道君有七十二相，老君有三十二相。」但後世或以爲老君有七十二相，如混元聖紀、太上混元老子史略、猶龍傳等。早期對老君相好的描述多不足「七十二」之數，三洞珠囊卷八相好品所引諸説已具備「七十二相」，混元聖紀卷二則更爲詳盡：「七十二相者，頭圓如天，面光象日，伏犀蟠起，玉椀穹隆。皓髮如鶴，長七尺餘。眉如北斗，其色翠緑。虎髭龍髯，素結如絲。耳有垂珠，中有三門，高平於頂，厚而且堅。河目日月，方瞳緑筋。鼻有雙柱，準骨隆隆。口方如海，脣赤如丹。炁有紫色，其香如蘭。齒如編貝，其堅如銀，數有六八，上下均平。舌長且廣，形如錦紋，其音如玉，其響如金。顴高而起，頤方若矩。日角月淵，金容玉姿，龍顏肅肅，鳳視閑閑。額有光象，三午上達。天庭平坦，金匱充盈。頰有白誌，頤有玉丸。項有三約，鶴素昂昂。垂臂過膝，手握十紋，其指纖長，各有策文。爪有玉甲，身有緑毛，胸有偃骨，背有河魁。臍深餘寸，腹軟如綿。心有錦紋，腹有玄誌。眼有輪文，足蹈二卍，指有乾坤，身長丈二，偏體芳香。面方而澤，上下三停。體如金剛，貌若坈璃，行如虎步，動若龍趨。此其相也。」「八十一好」是在「七十二相」的基礎上再加九個相貌特徵，前引混元聖紀於「七十二相」後云：「左扶青龍，右據白虎，前導朱雀，後從玄武，頭蔭紫雲，足履蓮花，項負雙景，五明耀日，身有圓象，動照九天，兼全仙相，光色奇妍。總八十一，謂之好也。」另外，三洞珠囊卷八相好品與此又有不同，可以參看。本經下文即相好内容，也與混元聖紀不同。

〔三〕「地户」指地獄之門户，「天門」指升天之門户，伯二六〇六號太上洞玄靈寶無量度人上品妙經：「有聞靈音，魔王敬形，勑制地祇，侍衛送迎，拔出地户五苦八難，七祖升遷，永離鬼官。」

又云：「請滅三惡，斬絶地根，飛度五户，名列太玄，魔王監舉，無拘天門。」嚴東注：「人得魔王保舉，徑昇三清，得經天門，無所拘礙，逍遥上清也。」此處「朝入地户，暮過天門」，蓋指「道」出入於三界之中。

〔四〕「九龍負水，洗沐身形」，這本來是佛祖或老君出世時的場景，參第一二頁注〔八〕「九龍吐水，灌洗其形」下注。

〔五〕「金光照天」，可能即仿造佛金色相之相好而來。大般若波羅蜜多經卷三八一説佛三十二相云：「世尊身皮皆真金色。」此句可能即從此化出。又參第四〇頁注〔八〕「體作金色」下注。

〔六〕本書卷一稱老君「身長九尺」，前文稱道「身長丈六」，此處稱「身長九丈」，與之不同。

〔七〕「上下齊平」，指老子面方，上下均廣一丈二尺。前引混元聖紀亦云老子「面方而澤」。

〔八〕「炎有光明」，此蓋謂老子華髮可以發出明亮的光。「炎」通「焰」，指火焰般的光。佛教造像中佛的頭光、背光稱「佛焰」，或「佛炎」「佛艷」，敦煌文獻中習見。此處之「炎」應亦指老子頭髮發出的光。

〔九〕「頟有九千」，指額頭有特殊的紋理。前老子化胡經序稱「頟有參午」。「頟有九千」蓋與此類之説相近，頗疑「千」當爲「午」之誤。下文所言老君相好，與本書老子化胡經序多有相合之處，可參彼處之注。

〔一〇〕「目有九精」，指目中有九個瞳子。「精」，即「睛」，「精」「睛」古今字。傳説舜重瞳子，淮南子脩務訓：「舜二瞳子，是謂重明。」辯正論卷六引道教説亦謂老子重瞳。此言道有九睛，則又踵事增益。

〔一二〕「耳有三門」，指耳有三孔。淮南子脩務訓：「禹耳參漏，是謂大通。」高誘注：「參，三也。漏，穴也。」

〔一三〕「項有圓光」，當係對佛頭光的模仿。太子瑞應本起經稱佛之相好亦言「項有日光」。

〔一三〕「發言雷電」，此謂老子發言如雷聲。佛經中多以雷聲比喻佛之法音，如佛馱跋陀羅譯大方廣佛華嚴經卷二：「佛身普應無不見，種種方便化衆生，音如雷震雨法雨，是名山王慧法門。」

〔一四〕「萬種音聲」，此謂老子發言可用各種音聲。北涼曇無讖譯大般涅槃經卷一〇：「如來所説如師子吼，隨順世間種種音聲，而爲衆生歎説妙法。」

〔一五〕「有古先生」，老子的一種稱號，又作「古先生」。道門經法相承次序卷下：「玄中大法師十號者，與以前十號別：一號無名之君，二號無上玄老，三號太上老君，四號高上老子，五號天皇大帝，六號玄中法師，七號有古先生，八號金闕帝君，九號虛無真人，十號太上高皇。」此「十號」與本書卷一所説「十號」不同。西昇經卷上：「老君西昇，開道竺乾，號古先生。」趙佶注：「聖人無名，應時顯號……故西入流沙號古先生，其曰古，以見信而妙古，執古道以御今有也。一本作有古，非是。」混元聖紀卷一：「老君下降爲師，號有古大先生。」

〔一六〕「无名之君」，亦爲道門經法相承次序卷下所説「十號」之一，參前條注。

胡王再拜，請曰：「雲分雨散，重合无期；魚失於水，會未有時。聖人既别，劫載莫知。願得受道，永世奉持矣。」

老子曰：「吾昔受太上教，吾下戎域，教化諸國，出經説誡，依者幾人？我不爲隱，但苦无心。」

王曰：「伏聞大聖以无上妙道教化罽賓，八十一國皆依正真。吾今劣弱，未蒙樂慈，得遇大道，願示愚冥，使舉國男女，終世奉行。」

老子曰：「吾中到加夷〔一〕，其王好煞，淫奢无度，初不信真，反見陵辱。吾以左手把日，右手把月，藏於頭中，天地暝昧，不見光明。國人恐怖，莫知所依。吾又放頭中日光，明照天地，草木焦枯。復使四方上下，一時雷電霹靂作聲，山飛山裂，人獸震驚，海水逆流，山川空行，白虹貫日，黑雲暗冥。迦夷國王，臣民男女，一時恐懼，遂舉國盟誓。我方爲説法，開度天人，度國人優婆塞五百人作比丘，優婆夷五百人作比丘尼〔二〕。令持妙誡，若比丘者，受二百五十誡〔三〕；若比丘尼，受五百誡〔四〕；若初發心〔五〕者，受三誡〔六〕；若服心者，受五誡〔七〕；若如王者，受十八誡〔八〕。若優婆塞、優婆夷能受三誡、五誡、十八誡者，誦之万遍，長齋苦行，練誡〔九〕持身，得清浄道果。所以名初發心者，謂始有善行之人；服心者，已伏情於法。優婆塞、優婆夷者，迦夷國大兵衆侵煞隣國，奪人男女財寶，人皆忘之，相率於國，男立塞使强兵防守，女人老弱令在家中。胡名劫奪曰劫叛婆，故女子居家者憂其男子在塞上爲迦夷所劫奪傷煞，遂呼男爲優婆塞；男子守塞者憂其女子在家復爲迦夷所劫奪鹵略，乃呼女爲優婆夷。比丘、比丘尼者，乞求以行道也〔一〇〕。吾又教剔除鬚髮，赭衣偏袒〔一一〕，捧鉢持錫〔一二〕乞食，而居常持六齋之時礼拜〔一三〕，不得嫉妬慳貪，煞生婬慾，雖未證泥丸〔一四〕，亦得滅罪生天。王今受道，當行此法，亦得保護國内臣民男女，永世休康。」

校注

〔一〕「加夷」，下文作「迦夷」。老子八十一化圖説：「太上老君〔至〕迦夷國，其王好殺，初不信真，及見淩犯。太上以左手把日，右手把月，藏於頭中，天地冥昧，國人恐怖。」元祥邁辯僞録卷二引，「迦夷」作「迦夷羅」。「迦夷」蓋爲「迦夷羅」的省稱，是佛的出生國。大唐西域記卷六「劫比羅伐窣堵國」條季羨林等注：「劫比羅伐窣堵國：梵文 Kapilavastsu……音譯迦毗羅衛、迦維羅閲、迦維羅衛、迦惟羅越、迦毗羅拔兜、迦毗羅、迦夷羅、迦維、迦比羅婆修斗、迦尾攞縛娑多。」

〔二〕「優婆塞」「優婆夷」，佛教指在家的男女居士。大唐西域記卷九「摩揭陁國」條：「鄔波索迦，唐言近事男，舊曰伊蒱塞，又曰優波塞，又曰優婆塞，皆訛也。鄔波斯迦，唐言近事女，舊曰優婆斯，又曰優婆夷，皆訛也。」翻譯名義集卷一：「優婆塞、優婆夷，肇曰：義名信士男、信士女。淨名疏云：此云清淨士、清淨女，亦云善宿男、善宿女。雖在居家，持五戒，男女不同宿。」「優婆塞」「優婆夷」本爲音譯，下文則敷衍出非常荒誕的故事。

〔三〕「二百五十誡」，即佛教比丘所受的具足戒。佛教認爲受持具足戒方成爲比丘。佛教大藏經中有從四分律略出的四分僧戒本，從五分律略出的五分戒本，可參。

〔四〕「五百誡」，指佛教比丘尼所受的具足戒，實際只有三百四十八戒，但佛教多稱「五百戒」。道宣四分律删繁補闕行事鈔卷中：「問：律中僧列二百五十戒，戒本具之。尼則五百，此言虚實？答：兩列定數，約指爲言，故諸部通言，不必依數。論其戒體，唯一無作；約境明相，乃量塵沙，且指二百五十以爲持犯蹊徑耳。律中尼有三百四十八戒，可得指此而爲所防。今準智論云，尼受戒法略則五百，廣説八萬；僧則略有二百五十，廣亦同尼律儀。」

〔五〕「初發心」，佛教中一般指「初發心菩薩」。但此處「初發心」及「服心」疑緣自佛教之「五菩提」。大智度論卷五三：「復有五種菩提：一者名發心菩提，於無量生死中發心爲阿耨多羅三藐三菩提故，名爲菩提，此因中説果。二者名伏心菩提，折諸煩惱，降伏其心，行諸波羅蜜。」

〔六〕「三誡」，下文有具體内容，實即比附佛教「三歸戒」而來。「三歸戒」即「三歸依」，指歸依佛、歸依法、歸依僧。大方便佛報恩經卷六：「在家出家七衆差别，所謂三歸、五戒乃至一切戒……問曰：『若不受三歸，得五戒不？……』答曰：『一切不得。若受五戒，先受三歸，三歸既竟，乃得五戒。』」

〔七〕「五誡」，下文有具體内容，實即比附佛教「五戒」而來。雜阿含經卷四：「何等戒具足？謂善男子不殺生、不偷盜、不邪婬、不妄語、不飲酒，是名戒具足。」

〔八〕「十八誡」，即下文所述的十八戒。佛教中無此説，爲道教杜撰。

〔九〕「練誡」，指熟練地齋戒。

〔一〇〕佛教「比丘」的義譯即爲「乞士」。釋氏要覽卷上：「比丘，梵語云比丘，秦言乞士，謂上於諸佛乞法，資益慧命；下於施主乞食，資益色身。」

〔一一〕「赭衣」，本爲古代罪人的服飾，如漢書刑法志：「姦邪並生，赭衣塞路。」後醜化佛教的人或用此詞指佛教法衣，如弘明集卷三宗炳答何衡陽難釋白黑論：「今誑以不滅，欺以成佛，使髠首赭衣，焚身然指。」

「偏袒」，身著袈裟，袒露右肩，本爲佛教表示尊敬的動作。釋氏要覽卷中：「偏袒，天竺之儀也，此禮自曹魏世寢至今也。律云偏露右肩，即肉袒也。律云：一切供養皆偏袒，示有便於執作也……若入聚落俗舍，皆以袈裟通披之。」但自南北朝以來，或將「偏袒」用作僧人服飾的標誌，如廣弘明集卷一四徐陵諫仁山深法師罷道書：「纔脱袈裟，逢人輒稱汝我；始解偏袒，姓名便亦可呼。」廣弘明集卷一二釋明概决對傅奕廢佛法僧事引傅奕云：「故袈裟偏袒，非朝宗之服；鉢盂錫杖，豈廊廟之器。」

〔一二〕「錫」，即錫杖，振動時可發出響聲，僧人乞食時往往振動錫杖使施主注意。大比丘三千威儀卷下：「持錫杖有二十五事：……十三者，至檀越家，應杖不得離身。十四者，至人門時，當三欬瘶，不出，應當便去至餘處。」敦煌本降魔變文：「行李之間，偶值阿難乞食，生平未見，驚愕異常。執錫持盂，抗聲乞食。」可見唐代僧人乞食之狀。

〔一三〕「六齋之時」，佛教認爲一月中有六日應持戒誦經，舉行法事活動等。弘明集卷一三郗超奉法要：「月六齋者：月八日、十四日、十五日、二十三日、二十九日、三十日。凡齋日，皆當魚肉不御，迎中而食。既中之後，甘香美味一不得嘗。洗心念道，歸命三尊；悔過自責，行四等心；遠離房室，不著六欲。不得鞭撾駡詈，乘駕牛馬，帶持兵仗。」

〔一四〕「泥丸」，道教依仿佛教「涅槃」杜撰的術語。北敦一四五二三號大道通玄要卷一四引昇玄經卷七：「得道之品，莫不有三：上得神仙，中得泥丸，下得延年……泥丸滅度，得免土官，魂神澄正，得昇天堂，或補仙品，或生聖王，更須輪轉，儲積德行，行滿福立，雲車乃迎，滅度積功，非唯一生，志意不倦，剋成仙王。」太上靈寶昇玄内教經中和品述議疏釋云：「泥丸者，滅度而證無爲，捐屍而昇彼岸。若釋子假入涅槃，仙公詐留空椁。」

王曰：「吾雖虫物微賤，亦願長生，永爲至極。大聖弘慈，乞垂開悟。復聞有極樂之國〔一〕，遠在西方，欲彼託生，可得以不？」

老子曰：「有天地万物，一切人民，即有死有生。長生之道，最難最貴，皆須累劫種因，今身積行，持齋奉誡，布施慈悲，行道誦經，方始可得。王先業惡，未得見聞。又極樂國者，在三清之上〔二〕，長樂舍〔三〕中，果成證道之處。忘心忘念〔四〕，滅相滅神〔五〕，不住有空〔六〕，无爲湛寂〔七〕，常樂我浄，始得託生常住湛然、不生不滅、无上正真之大道也。王今造次〔八〕，可得生乎？吾所以言在西方二百六十万里有極樂國者，欲使諸國胡王伏道繫心於彼故耳，彼實无也。且西方之氣獷惡凶戾，人多煞伐，不信正真，何得遐絶更有聖人？吾特欲諸王歸道，故發此言耳。」

校注

〔一〕「極樂之國」，即比附佛教極樂浄土。佛説阿彌陀經：「從是西方過十萬億佛土，有世界名曰極樂。其土有佛，號阿彌陀，今現在説法。舍利弗，彼土何故名爲極樂？其國衆生無有衆苦，但受諸樂，故名極樂。」本經下文稱極樂世界「彼實无也」，體現了對當時流行的浄土思想的否定。

〔二〕「三清」，即「三清境」，指玉清境、上清境、太清境，爲玄、元、始氣所化，爲僅次於大羅天的三天。道門經法相承次序卷上：「其三清境者，玉清、上清、太清是也，亦名三天。其三天者，清微天、禹餘天、大赤天是也。天寶君治在玉清境，即清微天也，其氣青始。靈寶君治在上清境，即禹餘天也，其氣白元。神寶君治在太清境，即大赤天也，其氣黄玄。」

〔三〕「長樂舍」，元始天尊的居所，天尊常在此説法，道衆累劫積善亦往生於此。伯二三九九號太上洞玄靈寶空洞靈章：「西那國土，名曰長樂福舍，傳流億劫，福慶難稱。」伯三三七一號太玄真一本際經卷一：「此土諸衆生，已於無量劫，積善值真文，往生長樂國。」又云：「即命法喜裝治寶轝，具辦人力，往長樂舍，詣天尊所。」

〔四〕「忘心忘念」，莊子讓王：「致道者忘心。」成玄英疏：「得道之人，忘心知之術也。」

〔五〕「滅相滅神」，滅去色相與神識。晉竺法護譯光讚經卷一〇：「佛無心無色，不住於色，不住痛癢思想生死識。」「滅相滅神」蓋與此大略相近。

〔六〕「不住有空」，光讚經卷一〇：「（佛）不住有爲界，不住無爲界，不住諸空、三十七品、十力、無畏、十八不共諸佛之法。」「不住有空」蓋即近於佛經中經常出現的「不住有爲、不住無爲」，因「無爲」爲道教的高級境界，故變「無爲」爲「空」。

〔七〕「无爲湛寂」，道教常用以形容得道後的境界，約與佛教之「寂滅」「涅槃」相近。伯二三九三號太玄真一本際經卷二：「功成事遂，誓願剋滿，今當反神，還乎無爲湛寂、常恒不動之處。」伯二八〇六號太玄真一本際經卷四：「普爲將來開法眼目，同會無爲湛寂之處。」

〔八〕「造次」，猶倉猝，匆忙。

王曰：「未知何處定可託生，過去捨身，願彼安樂？」老子曰：「五方浄土有快樂之處，可生死住持。」王恒敬奉正真，即得隨心所願。」王曰：「惟乞大聖弘慈，賜見開悟。」老子曰：「佛者，是弟子尹喜託身，一時教化，雖未至極，亦是聖人。王能奉事，持誡布施，令國民男女可生快樂，死得託生，過去、未來、見存，皆獲福无量。王今信奉。」遂誡言：

第一戒者，先須捨離妻子，一生不妻不娶。

第二戒者，不得畜使僕隸下賤，及生惡心〔一〕。

第三戒者，唯當剔髮削鬚，偏袒露肩赤脚，毁形易貌。

第四戒者，不得耕種五穀，麻麥黍豆；儲畜三斗，外施人〔二〕。

第五戒者，提鉢乞食，若至七家，一家不得，必作七日虚齋〔三〕。

第六戒者，三衣〔四〕瓶鉢、六物〔五〕匕筯，不得雜於他人，自用而已。

第七戒者，視地振錫〔六〕，三步一彈指，十步一謦欬〔七〕，不得踏虫蟻，損傷物命。

第八戒者，身披偏袒，手貫散袖之衣〔八〕。

第九戒者，蠶糸〔九〕皮革，不得服也，布葛毛氎而已。若无，可取糞掃中破衣〔一〇〕，灰汁九過浣度〔一一〕，然後納成，名曰納衣〔一二〕比丘。

第十戒者，常披壞色〔一三〕赭服之衣，勿著五色華艷之服。

第十一戒者，裙裾向前，不得跨履高床廣座〔一四〕，容身而已。

第十二戒者，法著縵袒紗披〔一五〕以爲法衣，散福破袖之衣〔一六〕。

第十三戒者，偏袒右肩，合掌向師，心存太上，晝夜不息，即得仙道。

第十四戒者，不得坐於氈褥〔一七〕之上。

第十五戒者，單景〔一八〕獨宿，在於巖穴，莫栖於世。

第十六戒者，頭陁〔一九〕山林，禪定獨處，不得在世。

第十七戒者，一月三剔髮，一日三洗浣，必須香浄。

第十八戒者，比丘、比丘尼不得狡獪於物。

於是，胡王合掌礼拜，曰：「能持如戒，不敢有違。」

校注

〔一〕佛教不允許僧人畜奴。佛開解梵志阿颰經：「沙門不得買使奴婢、借賃僮客，或人進與，一不得受。」

〔二〕佛教戒律不允許耕種、貯存穀物。沙彌十戒法并威儀：「無得貯畜穀糧、藏積穖寶。人與不受，受則不留，轉濟窮乏。」又云：「無得墾掘山澤，耕犁田畝，修治園圃，種殖五穀。」這也成爲佛教被攻擊的重要方面。道宣廣弘明集卷七叙列代王臣滯惑解「荀濟」條載濟云：「佛家遺教，不耕墾田，不貯財穀……從教不耕者衆，天下有飢乏之憂。」

〔三〕佛開解梵志阿颰經：「沙門不得儲貯米穀，朝朝乞食，不過七家；一家不得，乃到二家，匝七家不得，應但飲水。」

〔四〕「三衣」，佛教僧衣有三種，故稱「三衣」。摩訶僧祇律卷八：「三衣者，僧伽梨、欝多羅僧、安陀會。」

〔五〕「六物」，佛教僧人隨身帶的六種物品。南海寄歸内法傳卷二：「言六物者，一僧伽胝（原注：譯爲復衣也）；二嗢呾囉僧伽（原注：譯爲上衣也）；三安呾婆娑（原注：譯爲内衣也。此之三衣，皆名支伐囉。北方諸國多名法衣爲袈裟，乃是赤色之義，非律文典語）；四波呾囉（原注：鉢也）；五尼師但那（原注：坐卧具也）；六鉢里薩囉伐拏（原注：濾水羅也。受戒之時，要須具斯六物也）。」此「六物」其實已包括了前句的「三衣」和「鉢」。

〔六〕「振錫」，摇動錫杖，發出聲音。錫杖的主要目的之一便是行走時發出聲響驅趕毒蟲。大比丘三千威儀卷下：「持錫杖有二十五事：一者爲地蟲故。」四分律卷五二：「諸比丘道行見蛇蠍蜈蚣百足，未離欲比丘見皆怖，白佛，佛言：『聽捉錫杖搖。』」

〔七〕「嚳欬」，即「謦欬」。慧琳一切經音義卷一四大寶積經第五十八卷音義：「謦欬，字指：謦欬，通咽喉氣也。欬，嗽聲。」佛教戒律中，彈指、謦欬均有發出聲響以警示的作用。四分律卷一八：「若二人共在闇地語，當彈指若謦欬驚之。」此處「三步一彈指，十步一嚳欬」則指發出聲響以驚動蟲螘，以免踩踏。

〔八〕「貫」，即穿戴之義。「散袖之衣」，應與下文「散福破袖之衣」義同，蓋指佛教衲衣。

〔九〕「糸」，同「絲」。敦煌文獻俗書「絲」或簡作「糸」。伯二三八八號太上妙法本相經卷二三「素絲无常染在著」，伯二四四〇號靈寶真一五稱經「次存東方歲星正青，有青道如絲」，「絲」皆寫作「糸」。因佛教戒殺，故不服絲帛。道宣續高僧傳卷二七道悦傳：「蠶衣損命，乖忍辱之名；布服儉素，表慈悲之相。」

〔一〇〕「糞掃中破衣」，即指佛教中的「糞掃衣」。根本說一切有部毗奈耶卷一七：「云何糞掃衣？此有五種。云何爲五？一、道路棄衣；二、糞掃處衣；三、河邊棄衣；四、蟻所穿衣；五、破碎衣。」

〔一一〕「灰汁」，即草木灰的溶液，古人或用之浣洗衣物。大般涅槃經卷三一：「如浣垢衣，先以灰汁，後以清水，衣則鮮潔。」

〔一二〕「納衣」，指僧人補納而成的法衣，因有五種，又稱「五納衣」。根本說一切有部毗奈耶卷一七：「復有五種衣：一、有施主衣；二、無施主衣；三、往還衣；四、死人衣；五、糞掃衣。」

〔一三〕「壞色」，佛教戒律要求僧人的衣服要避青黄赤黑白五正色，需以其他不正色染壞之，故稱之爲「壞色」。摩訶僧祇律卷一八：「若比丘得新衣，當三種壞色，若一一壞色：青、黑、木蘭。」

〔一四〕「座」，原作「屈」，據文意改。此條當即佛教「八戒」中的不坐高廣大床戒。摩訶僧祇律卷二九：「盡壽不坐卧高廣床上，持沙彌戒。」

〔一五〕「縵袒紗披」，可能即指「縵衣」。釋氏要覽卷上：「縵衣，梵音鉢吒，唐言縵條，即是一幅氎，量以三衣等，但無田相者是。自佛法至漢，涉一百八十七年，凡出家者，未識割截法，只著此衣。」蓋著「縵衣」時露出一肩，故稱「袒」；又爲披服，故稱「披」。

〔一六〕「散福破袖之衣」，蓋即指衲衣。因衲衣以碎布縫綴而成，無整幅之布，故稱「散福」。

〔一七〕「氈褥」是佛經中常用的坐卧之具，本經蓋故意反對佛經中的印度風俗。

〔一八〕「單景」，即「單影」，指獨身一人。

〔一九〕「頭陁」，佛教的一種苦行修法，具體可參求那跋陀羅譯佛説十二頭陀經。

老子又説三戒：「一者，師教勸化，皆不得違；二者，奉道不得中退；三者，信行聖言。」〔一〕又五戒者：「一，慈悲万物，不煞衆生，於諸含識，勿懷損害；二，身心清净，不起邪欲，於諸男女，莫生色想；三，廣行施惠，救濟貧乏，於諸財寶，不生貪取；四，中平信實，不欺於物，於諸一切，生歸向心；五，永斷酒肉，内外香芳，一切世間，尊卑不犯。受此戒者，生死護持，劫劫生生，當盡一心，不退不轉，念念不絶，礼敬歸依，剋證真道。」〔二〕

胡王稽首叩頭：「唯唯。願如戒脩行，上徹太上，照領丹心，使道備具，永享福祐。」

校注

〔一〕此即道教從佛教改造而來的「三歸依」：歸依師、歸依道、歸依法。伯二三三七號三洞奉道科誡儀範卷五：「歸依大道，當願衆生解悟正真，發无上心。歸依經法，當願衆生智惠洞開，深廣如海。歸依玄師，當願衆生辯幽釋滯，普弘正道。」

〔二〕此即改造自佛教的「五戒」，分別對應不殺、不淫、不盜、不妄語、不飲酒。參第一四〇頁注〔七〕「五誡」下注。

尒時，老子乃説偈言：

吾先无先，生於无生，變化怳惚，出入窅冥。
在世乘龍，依天御星，或聚或散，一濁一清。
光分萬像，神洞百靈，先天布氣，後天長生。

蕩蕩不測，巍巍難名〔一〕，王期吾道，須盡至誠。

吾登九天，上入三清，還歸於世，永念衆生。

尒時，老子偈訖，告諸衆曰：「我乘雲御氣，遊於八極之外，履行十方，教化八十餘國，降伏九十五種邪道〔二〕，或夏或夷，種種變見，或在火上，或在水中，或作小身，或作大身，何種不涉，何種不經，何國不化，何世不生？或儒或道，或仙或凡，傳經説戒，種種教道，示令開悟一切衆生。胡王既伏教戒，吾當遊於九天。時鬼谷等二十四真隱影復還於周，唯喜待吾矣。」

校　注

〔一〕「蕩蕩不測，巍巍難名」，論語泰伯：「大哉，堯之爲君也！巍巍乎，唯天爲大，唯堯則之。蕩蕩乎，民無能名焉。」道德經序訣：「浩浩蕩蕩，不可名也。」

〔二〕此稱「九十五種邪道」，與前卷二「九十六種外道」不同。實際上，兩種説法都來源於佛教。九十六外道可參第四七頁注〔一〇〕「九十六種邪道」下注，九十五外道主要見於大般涅槃經、大方等大集經、大乘起信論等。大方等大集經卷五五：「如是一切諸世間中，佛寶無上……比餘九十五種異道最尊第一，應受世供，爲物福田。」本卷與卷一、卷二分别採用了佛教的不同觀點，可知本卷與前兩卷作者不同，原非同書。

老子化胡經卷第十

老子化胡經玄歌卷第十

我往化胡時〔一〕，頭載通天威〔二〕。金紫照虚空〔三〕，緂緂〔四〕有光暉。胡王心獷〔五〕戾，不尊我爲師。吾作變通力，要之出神威。麾日使東走〔六〕，須弥而西頹〔七〕。足蹹乾巛橋〔八〕，日月左右迴〔九〕。天地晝闇昏，星辰互差馳〔一〇〕。衆灾競地〔一一〕起，良醫絶不知。胡王心怖怕，叉手〔一二〕向吾啼。作大慈悲教，化之漸微微。落簪去一食〔一三〕，右肩不著衣〔一四〕。男曰憂婆塞，女曰憂婆夷〔一五〕。化胡今賓服，遊神於紫微〔一六〕。

校　注

〔一〕逯欽立於此上據廣弘明集卷九北周甄鸞笑道論補題「化胡歌七首」，項楚謂實爲八首，是。但「化胡歌」是否爲以下八首的題目，似乎還有疑問。筆者疑甄鸞所謂「老子化胡歌」，即指本卷全卷。

〔二〕「載」，項楚校作「戴」。按，「載」或通「戴」。説文異部：「戴，分物得增益曰戴。」段玉裁注：「又與『載』通用……周頌『載弁俅俅』，月令『載青旗』，皆同『戴』。」敦煌寫本中也有用例，伯二一三〇五號妙法蓮華經講經文：「面載驚惶，心生怕怖。」敦煌變文校注：「『載』『戴』音近義通。」斯二一四四號韓擒虎話本：「身披黄金鏁甲，頂載鳳翅頭毛（兜鍪）。」「載」亦讀作「戴」。

「通天威」，疑即指通天冠。道教文獻中，神真多冠「通天之冠」，如伯二一八四八號金真玉光八景飛經載始景老子大道君「頭戴九色通天寶冠」，伯二四五五號自然齋儀「直使功曹頭戴通天之冠」。據續漢書輿服志，通天冠爲帝王常服。

〔三〕此句指老子紫金色的身光照耀虚空界。道教神真多或發紫金色光，如伯三七五五號太上洞玄靈寶天尊名卷上：「願見長樂王國日盖大慈真人，具卅二相，八十一好，身紫金色，頂有寶冠，項有圓光，瓔珞光明，處處垂下。」又云：「願見長樂國土月浄大悲真人，舉身光明，照十方作紫金，有緣衆生，皆悉得見。願蒙威力，除生死罪，得蒙開悟，迴向正道。」津藝一八四號太上妙法本相經卷一〇：「明石見天尊口中出其五色光明，金紫奕奕，不可稱計。」

〔四〕「餤餤」，光亮貌。白居易落花詩：「桃飄火餤餤，梨墮雪漠漠。」

〔五〕「獷」，原卷左側殘破，僅存右側「廣」旁，逯欽立逕録作「懭」，中華道藏録作「獷」。按，原卷當作「獷」，「獷戾」爲凶暴之貌，多用來形容胡人。如舊唐書僕固懷恩傳：「（懷恩）蕃性獷戾。」

〔六〕「麾日使東走」，太陽本來自東向西運動，此句指使太陽倒轉。道教認爲老子有能力驅馳日月，斯二二九五號老子變化經：「遊騁日月，迴走星辰。」

〔七〕「頺」，崩壞。佛教認爲劫末時須彌山會崩壞，如賢愚經卷一海神難問船人品：「劫欲盡時，兩日並出，泉源池流，悉皆旱涸……七日出時，海水都盡，須彌崩壞，下至金剛地際皆悉燋燃。」佛教或用須彌崩壞喻指不可能之事，如姚秦竺佛念譯出曜經卷一一：「正使天焦地融，須彌崩頺，海水枯涸，日月墮地，星宿凋落，善惡之報，終不毀敗。」「須弥而西頺」可能即暗用此事。

〔八〕「蹹」，同「踏」。「巛」，同「坤」。「乾巛橋」，他處未見，蓋指天地交接之處。

〔九〕「日月左右迴」，指日月改變了運行軌跡，與前「麾日使東走」之義大略相近。

〔一〇〕「差馳」，聯綿詞，猶「差池」「柴池」，指差錯、錯亂。伯二四四〇號靈寶真一五稱經：「此道既成，萬物可通，對見鬼神，坐見八荒。能令日月，一暗一光；能令五色，易其青黄；能令星辰，違度改常；能令五岳，佪轉縱横；能令四時，交易陰陽，冬生草木，夏結冰霜。」此前六句與之語義相近。

〔一一〕「競地」，即「競」，争相。「地」乃虚詞，無實義。

〔一二〕「叉手」，佛教的一種禮敬方式，雙手合掌並交叉手指。具體可參法苑珠林卷二〇致敬篇儀式部。

〔一三〕「落簪去一食」，指佛教徒剃髮及斷午不食。

〔四〕「右肩不著衣」，指佛教徒偏袒右肩的服飾，詳參第一四〇頁注〔一一〕「偏袒」下注。

〔五〕「憂婆塞」「憂婆夷」，即「優婆塞」「優婆夷」，佛教指在家的男女居士。參第一三九頁注〔一一〕「度國人優婆塞五百人作比丘，優婆夷五百人作比丘尼」下注。

〔六〕「紫微」，即紫微宮，參第四八頁注〔三〕「飛昇紫微」下注。

我在舍衛時，約勑瞿曇〔一〕身。汝共摩訶薩〔二〕，賚經教東秦〔三〕。歷落〔四〕神州界，迫至東海間。廣宣至〔五〕尊法，教授聾俗人〔六〕。与子威神法，化道滿千年〔七〕。年終〔八〕時當還，慎莫戀中秦〔九〕。致令天氣怒〔一〇〕，太上踏地瞋。寺廟崩倒嘶，龍王舐經文〔一一〕。八万四千弟子〔一二〕，一時受大緣〔一三〕。輪轉五道頭〔一四〕，万无一昇仙。吾在三天上〔一五〕，愍子淚流連。念子出行道，不能却死緣。不能陵虛空〔一六〕，束身入黃泉。天門地户塞〔一七〕，一去不能還。雖得存禋嗣〔一八〕，使子常塞心。逆天違地理，灾考加子身〔一九〕。神能易生死，由子行不真〔二〇〕。三十六天道，終卒歸无形〔二一〕。

校　注

〔一〕「瞿曇」，指釋迦牟尼。釋迦牟尼名「喬答摩」，又譯爲「瞿曇」。長阿含經卷一：「我今如來至真，出刹利種，姓名曰瞿曇。」大唐西域記卷六「拘尸那揭羅國」條：「喬答摩，舊曰瞿曇，訛略也。」

〔二〕「摩訶薩」，即菩薩。釋氏要覽卷中：「菩薩者，具足應云『菩提薩埵』，唐言『覺有情』。覺者，所求果也。有情者，所度境也。言『摩訶薩』者，此云大有情，即能求能度人也。地持論云：薩埵是勇猛義、精進義，求大菩提，故名摩訶薩。」但味經文之意，似以「摩訶薩」爲與「瞿曇」一樣的人名，這應是道教徒對佛教術語的誤讀。

〔三〕「教」，逯欽立校：「廣弘明集作『來』。」「東秦」，即指中國。中國可稱秦，與西胡相對，故稱「東秦」。此與魏書慕容德傳「青齊沃壤，號曰東秦」之「東秦」不同。

〔四〕「落」，逯欽立校：「廣弘明集作『洛』。」按，「歷落」係聯綿詞，字無定形，蓋猶「磊落」，壯偉貌。晉書成公綏傳載公綏天地賦：「川瀆浩汗而分流，山嶽磊落而羅峙。」

〔五〕「至」，逯欽立校：「廣弘明集作『世』。」按，疑「世」字因佛教文獻中「世尊」一詞常見而誤。「世尊」一般是指釋迦牟尼。既然瞿曇爲老子弟子，不當再稱「世尊法」。「至尊法」與下「威神法」意義相近，都是指「法」尊貴有威力。

〔六〕「聾俗人」，指不知道法之俗人。因俗人不知道法，如聾如盲，故稱「聾俗」。抱朴子外篇卷一九任命：「奏和音於聾俗之地，鬻章甫於被髮之域。」

〔七〕「化道」，教化引導。「道」即今之「導」。此處言佛教在中土「化道滿千年」需還，或許與當時流行的像法住世千年而至末法時代的觀念有關。南嶽思大禪師立誓願文載慧思作於公元五五八年的立誓願文：「釋迦牟尼説法住世八十餘年，導利衆生，化緣既訖，便取滅度。滅度之後，正法住世逕五百歲。正法滅已，像法住世逕一千歲。像法滅已，末法住世逕一萬年。我慧思即是末法八十二年，太歲在乙未，十一月十一日，於大魏國南豫州汝陽郡武津縣生。」

〔八〕「終」，逯欽立校：「廣弘明集作『滿』。」

〔九〕「中秦」，即前「東秦」，指中國。與西胡相對則稱「東」，以居天下之中則稱「中」。

〔一〇〕「致」，逯欽立校：「廣弘明集作『無』。」「氣」，逯欽立校：「廣弘明集作『帝』。」按，下「寺廟崩倒漸」等均爲「天氣怒」之表現，當作「致」。道教本有「天氣怒」之説，如太平經卷九二萬二千國始火始氣訣：「天氣中和氣怒，神靈戰鬭。烈病而死者，天伐除之；水而死者，地伐除之；兵而死者，人伐除也。」可能「氣」字更爲近古。

〔一一〕摩訶摩耶經卷下述法滅時場景云：「天龍八部莫不憂惱，惡魔波旬及外道衆踊躍歡喜，競破塔寺，殺害比丘。一切經藏皆悉流移至鳩尸那竭國，阿耨達龍王悉持入海，於是佛法而滅盡也。」此處所言當即暗用此類法滅故事。

〔一二〕「八万四千」，佛經中常見的表示數目多的數字，如妙法蓮華經卷六藥王菩薩本事品：「火滅已後，收取舍利，作八萬四千寶瓶，以起八萬四千塔。」此處稱「八万四千弟子」，也是對佛經的模仿。

〔一三〕「受大緣」，當指死亡。下文云「八万四千應罪緣」，可知「受大緣」即「應罪緣」。下文又稱「不能却死緣」，則「大緣」蓋即「死緣」，指死亡的因緣。

逯欽立謂以上六句「所言毁寺焚經誅戮沙門，實指北魏太武帝太平真君七年滅佛一事」。如前所説，其實這六句都是襲用佛經中法滅時的場景，但可能確實與北魏太武帝滅佛的史實有一定聯繫。

〔一四〕「輪轉五道頭」，謂靈魂在五道中輪轉，不得出離。「頭」爲語綴，「五道」是借用了佛教天、人、畜牲、餓鬼、地獄五道的觀念。雲笈七籤卷一〇引老君太上虚無自然本起經：「或曰思想不能復還反于道，便入五道，無有休息時。何謂五道？一道者，神上天爲天神。二道者，神入骨肉形爲人神。三道者，神入禽獸爲禽獸神。四道者，神入薜荔，薜荔者，餓鬼名也。五道者，神入泥黎，泥黎者，地獄名也。神有罪過，入泥黎中考。」

〔一五〕「三天」，道教天界觀中最高的三天，參第四四頁注〔一二〕「三天」下注。

〔一六〕「陵虚空」，指成仙。伯二三九九號太上洞玄靈寶空洞靈章：「高昌（唱）空洞，飛步入玄。枯魂升陽，灰骸還人。神王度命，乘虚駕烟。礼誦靈章，與劫同年。」「陵虚空」即「乘虚駕烟」。

〔一七〕「天門地户塞」，地户塞則鬼不得出離地獄，天門塞則人不得升天。詳參第一三四頁注〔三〕「朝入地户，暮過天門」下注。

〔一八〕「嗣」，似當讀作「祠」或「祀」。「禋祠」「禋祀」即祭祀之義。「存禋祠（祀）」指留存後代來祭祀。全唐文卷四唐太宗封孔德綸爲褒聖侯詔：「自漢氏馭歷，魏室分區，爰及晉朝，暨於隋代，咸相崇尚，用存禋祀。」

〔一九〕「灾考」，詳第一一二頁注〔一〕「不逢灾考」下注。「灾考加子身」指因逆天違地而在地獄中受刑。

〔二〇〕「不真」，即僞法、外道，此處指佛法。上清洞真觀身大戒文：「道學不得信用外道雜術邪見不真。」此二句大意謂，神傳與瞿曇之法是可以易生死的，但這些佛門弟子之所以長入地獄，一去不能還，是由於所行的已非真法，而是不真之邪法。

〔二一〕此二句句意不是很清楚。疑「三十六天」指「三十六天大獄」，句謂罪魂經歷三十六天大獄後終被磨滅。

我身西化時，登上華岳山。舉目看崑崙，須弥了懸〔一〕。矯翼履清虚〔二〕，倏忽到天西〔三〕。但見西王母，嚴駕欲東旋。玉女數万千，姿容甚麗妍。天姿絶端嚴〔四〕。齊執皇靈〔五〕書，誦讀仙聖經。養我同時姝〔六〕，將我入天庭。皇老〔七〕東向坐，身體曒然明。授我仙聖道，接度天下賢。

校注

〔一〕「須弥」，本爲佛教傳説中的山名，爲世界中心。道教借用此詞並與崑崙山的傳説合並，雲笈七籤卷二一引三界圖云：「其天中心皆有崑崙山，又名須彌山也。」文獻中多有須彌山與崑崙山的異文。伯二四三一號洞玄靈寶諸天内音自然玉字：「烏母迎以鳳車，上登須弥之山，逍遥遊觀洪波之津也。」正統道藏本「須弥」作「崑崙」。伯一九〇六號太上洞玄靈寶真一勸戒法輪妙經「猶如須弥之高」，正統道藏本太上玄一真人説妙通轉神入定經「須弥」亦作「崑崙」。此句中的「須弥」亦當即前句中的「崑崙」。

「了𠄏」，猶「了佻」「了弔」「了鳥」，倒懸之貌。方言卷七：「佻、抗，縣也。趙魏之間曰佻。」郭璞注：「了佻，懸物貌。」劉台拱、王念孫、錢繹等均以爲「佻」當作「𠄏」。經律異相卷二七：「母飢之時，腹中了鳥，亦如倒懸，受苦無量。」慧琳一切經音義卷七九經律異相卷二七音義則出「了𠄏」。通俗編卷一六身體「了鳥」條：「『鳥』之本字爲『𠄏』，從倒『了』也，廣韻：『都了切，縣也。』世以其不適於楷體，故率借用『鳥』字。」

〔二〕「矯翼履清虚」，即指履空飛行。「矯」，高舉。晉書沈約傳載約郊居賦：「值龍顔之鬱起，乃憑風而矯翼。」語義與此略同。

〔三〕「天西」，逯欽立録作「西天」，項楚已辨其誤。今按，本卷三處「西」均與「先」「山」「仙」部字合韻，實際上「西」在先秦即讀入「元」部，南北朝前期，「西」也有不少與「先」韻通押的例子。

〔四〕「端嚴」，端正整敕，指容顔美麗。此句前後當脱一句。

〔五〕「皇靈」，指天上仙真，與下「仙聖」義近。抱朴子内篇明本：「黎庶怨於下，皇靈怒於上。」

〔六〕「養我同時姝」，義不能明，疑有脱誤。

〔七〕「皇老」，即下文之「太上皇老君」，乃「九天主」「三十六宫主」。早期道教文獻中提到的「皇老」多指「元始五老」之一的「西方七寶金門皓靈皇老君」，但這顯然與「九天主」的地位不符。本經之「皇老」「太上皇老君」實即太上老君、老子。無上秘要卷三七引傳授五千籙儀稱「伏聞皇老以无極元年七月甲子日將欲西度」，亦徑以「皇老」指稱老子。

我昔西化時，登上華岳山。北向視玄冥〔一〕，秦川蕩然平。漢少雜類多〔二〕，不信至真言。吾後千餘年，白骨如丘山。屍骸路〔三〕草野，流血成洪〔四〕淵。不忍見子苦，故作大秦吟。哀歎廿頭〔五〕，以示通〔六〕中賢。見機降時世，不值苦以〔七〕辛

校　注

〔一〕「玄冥」，指北方。下句「秦川」，即關中平原，正在華山之北。

〔二〕自東漢末開始，邊裔民族大量徙居關中平原，晉書江統傳載統徙戎論云：「關中之人百餘萬口，率其少多，戎狄居半。」本經稱「漢少雜類多」，正是這種情勢的體現。

〔三〕「路」，項楚校：「『路』與『露』通用。」

〔四〕原卷重「洪」字，誤衍，今删。

〔五〕「頭」，項楚謂爲「頌」字之誤。「廿」爲合文，故本句仍爲五字。

〔六〕「通」，項楚謂或應是「里」字，蓋以下文有「三界里中賢」。但「里」與「通」形音均不近，似不易互訛。疑「通中賢」可通，指通人中的賢人。

〔七〕「以」，項楚：「『以』通作『與』。」按，敦煌寫本中「與」多借「以」字。

我昔化胡時，西登太白山。倐身巖石里〔一〕，四向集諸仙。玉女擔漿酪，仙人歌經文。天龍翼從後，白虎口馳斷〔二〕。玄武負鍾鼓，朱雀持幢幡〔三〕。化胡成佛道，丈六金剛身。時与決口教，後當存經文〔四〕。吾昇九天後，剋木作吾身〔五〕。

校注

〔一〕「倐身巖石里」，老子化胡故事中有老君巖居穴處修道法的情節，可參本書附録一所引三洞珠囊卷九。這一情節似乎又是在比附佛祖入山修道。下「玉女擔漿酪」與佛本行集經卷二五所載佛祖苦修後二女以乳糜進獻相近，「仙人歌經文」則與佛本行集經卷二六所載佛祖將成道時諸天、龍王、龍妃作諸音樂相近。

〔二〕「口馳斷」，似不可通，疑有訛誤。此句蓋狀白虎露齒兇猛之貌。

〔三〕傳説老君身邊常有四靈護衛，抱朴子内篇雜應：「老君真形者……左有十二青龍，右有二十六白虎，前有二十四朱雀，後有七十二玄武，前道十二窮奇，後從三十六辟邪。」猶龍傳卷三言老君「七十二相、八十一好」即有「左扶青龍，右衛白虎，頭生朱雀，足履玄武」。

〔四〕此二句蓋指當時僅有口頭言教，後方結集爲經文。「決口」，猶「口訣」，指口頭傳授的經法。這顯然在暗指佛經的結集，可參十誦律卷六〇、摩訶僧祇律卷三二等。

〔五〕「剋木作吾身」，指刻木製作聖像。「剋」通「刻」。此句當即暗指佛教徒製作佛像。

我昔離周時，西化向罽賓。路由函關去，會見尹喜身。尹喜通窈冥，候天見紫雲〔一〕。知吾當西過，沐浴齋戒身。日夜立香火，約勑守門人〔二〕。執簡迎謁請，延我入皇庭。叩搏〔三〕亦无數，求欲從我身。道取人誠信，三日口不言〔四〕。吾知喜心至，遺喜五千文。欲得求長生，讀之易精神。將喜入西域，遷喜爲真人。

校　注

〔一〕此二句指尹喜候氣知老子將過函谷關。史記老子韓非列傳裴駰集解引列仙傳：「關令尹喜者，周大夫也。善内學星宿，服精華，隱德行仁，時人莫知。老子西游，喜先見其氣，知真人當過，候物色而迹之，果得老子。」司馬貞索隱引列仙傳：「老子西遊，關令尹喜望見有紫氣浮關，而老子果乘青牛而過也。」

〔二〕「約勑守門人」，猶龍傳卷三：「關令先諭關卒孫景云：『若有車服異常、形容殊俗者，勿聽過。』」

〔三〕「叩搏」，即「叩頭搏頰」，磕頭並拍擊臉頰。道教徒用此動作表示虔誠地乞求，道教儀式中常見。太平經卷一一二不忘誡長得福訣第一百九十：「真人主有録籍之人，姓名相次。高明得高，中得中，下得下，殊無搏頰乞匃者。」伯二四〇六號太上洞玄靈寶明真經科儀：「次南向三拜，言：甲今歸命南方無極靈寶天尊……畢，叩頭、博頰各廿七過，止。」

〔四〕此二句蓋指尹喜向老子問道，老子三日不言以測其誠心。文獻中關於老子試探尹喜的記述較多，可參本書附録中的佚文以及猶龍傳卷三，但「三日口不言」則未見其説。

我昔化胡時，涉天靡不遥〔一〕。牽天覆六合〔二〕，艱難身盡嬰。胡人不識法，放火燒我身〔三〕。身亦不缺損，乃復沉深淵。龍王折〔四〕水脉，湲流不復行〔五〕。愚人皆哀歎，枉此賢人身。吾作騰波炁，起立上著天〔六〕。日月頭上噉，光照億万千。胡王心方悟，知我是聖人。叩頭求悔過：「今欲奉侍君。伏願降靈炁，娚〔七〕活國土人。」吾視怨家如赤子，不顧仇以〔八〕嫌。化命一世士，坐卧誦經文。身无榮華餝，後畢〔九〕得昇天。吾告時世人，三界里中賢。欲求長生道，莫愛千金身。出身著死地，返更得生緣。火中生蓮花〔一〇〕，尒乃是至真。莫有生煞想，得道昇清天。未負即真信〔一一〕，喪子千金身。

校注

〔一〕「遥」，與整首不叶韻，疑有誤。

〔二〕「牽天覆六合」，可能是指老君置立乾坤之事。具體内容應在本經佚失的篇卷中，今已難考。

〔三〕在老子化胡故事中，多有老君被胡王火燒、沉淵等内容，可參本書太上靈寶老子化胡妙經、本書附録引混元聖紀卷四及三洞珠囊卷九。

〔四〕「折」，項楚：「『折』當作『析』，『析水脉』謂分開水流。」今按，「折」義爲折斷、彎折，不改字似亦可通。

〔五〕「澓」，項楚：「當作『澓』，『澓流』即漩流。」三洞珠囊卷九引文始先生無上真人關令内傳：「後隨王入淵，入淵不溺。國人見老子放光，神龍負之，龍光亦照淵，方誦經，並不能爲害。」

〔六〕道德經序訣中有河上公見漢文帝而騰波浮空的情節，此二句所述之事或與彼同源。斯七五號老子道德經序訣：「帝曰：『普天之下，莫非王土。率土之賓，莫非王臣。域中有四大，王居其一也。子雖有道，猶朕民也。不能自屈，何乃高乎？朕足使人富貴貧賤。』須臾，河上公即俯（擗）掌坐躍，冉冉在虚空之中，如雲之升，去地百餘丈，而止於玄虚。良久，俛而答帝曰：『余上不至天，中不累人，下不居地，何民之有？陛下焉能令余富貴貧賤乎？』」

〔七〕「恕」，原誤作「怒」，逯欽立謂當作「恕」，據改。

〔八〕「以」，項楚：「『以』通作『與』。」

〔九〕「畢」，項楚謂當作「必」。按，敦煌道教文獻中「畢」「必」多通，此處作「畢」似亦可通，即盡、皆之義，此句謂前「一世士」皆可得昇天。爾雅釋詁：「畢，盡也。」儀禮士冠禮「兄弟畢袗玄」鄭玄注：「畢，猶盡也。」

〔一〇〕「火中生蓮花」，參第一三一頁注〔二〕「火中生花」下注。

〔一一〕「即真信」，接近「真」的誓言，蓋指入道時所訂立的誓信。太上靈寶五符序卷下：「即日修齋，告祭於五帝、諸君丈人，以定神契丹青之信。當噏誓之券，爲效爲信，約不漏泄。」「即真信」蓋即此類。本首末二句謂，這些從化的胡人不要違負入道時所立的誓信，否則將喪失自己珍貴的生命。

我昔學道時，登崖歷長松。盤屈〔一〕幽谷里，求覓仙聖公。食服泥洹散〔二〕，漸得不死蹤。九重室中〔□〕〔三〕，得見不死童〔四〕。身體絶華麗，二儀中无雙。遺我元氣藥，忽然天聖聰〔五〕。

校　注

〔一〕「盤屈」，屈曲貌。

〔二〕「泥洹散」，疑即比附佛教「泥洹」（「涅槃」之早期異譯）造作的藥散之名。

〔三〕項楚謂「中」下應脱一字。

〔四〕「不死童」，伯二三九九號太上洞玄靈寶空洞靈章：「無色飛空上，眇眇難可思。中有不死神，姓桃字迴孩。」太上洞玄靈寶無量度人上品妙經：「鬱羅蕭臺，玉山上京……中有度人不死之神。」「不死童」或即指此類之神。

〔五〕「聖聰」，近義連文，聰明、聰慧。「天」蓋狀「聖聰」爲天界聰慧，與凡間不同。

尹喜哀歎五首

尹喜告世人：欲求長生道，莫求時世榮。我昔得道時，身爲關府君。一日三賞賜，雜綵以〔一〕金銀。不以爲己有，施与貧窮人。白日沾〔二〕王事，夜便習靈仙。飡松食苦柏〔三〕，微命乃得存。精誠神明祐，守真仰蒼天。感得天地道，遇見老君身。難我以父母〔四〕，却遺五千文。秘室伏讀之，三年易精神。授我仙聖方，都體解自然。

校注

〔一〕「雜綵」，即各種彩色絲織品。項楚：「『以』通作『與』。」

〔二〕「沾」，當讀作「霑」，指霑恩。

〔三〕道教認爲服食松柏嫩葉可以延年益壽。枕中記「採松柏法」：「常以三月、四月採新生松柏葉，可長三四寸許，與花蘂及葉一時採取，蔭乾。乾訖，細擣爲末。（闕文）蜜爲丸，如小豆大。常以每月一日及十五日日未出時，燒香，東向，手持藥八十一丸，以酒下之。服一年延十年命，服二年延二十年命。」

〔四〕「難我以父母」，以父母爲難，指父母在堂，不可出家修道。甄鸞笑道論引老子消冰經云：「老子語尹喜曰：『若求學道，先去五情。一父母，二妻子，三情色，四財寶，五官爵。若除者，與吾西行。』喜精鋭，因斷七人首持來。老笑曰：『吾試子心，不可爲事。所殺非親，乃禽獸耳。』伏視七頭爲七寶，七屍爲七禽。喜疑，反家，七親皆存。」「難我以父母」蓋指此類之事。

我昔上九天，下向視玄冥〔一〕。但見飛仙士，列翼影〔二〕清天。朝宗九天主，太上皇老君。滌蕩六府中〔三〕，受讀仙聖文。王喬〔四〕得聖道，遊行五岳間。服炁食玉英〔五〕，受命〔六〕与天并。

校　注

〔一〕「玄冥」，蓋指陰間、地獄。「下向視玄冥」，指從「九天」向下看。前「北向視玄冥」僅指向北看，與此一律。

〔二〕「影」，疑當讀作「映」，遮蔽之義。

〔三〕「滌蕩六府中」，謂清理六腑。伯二四六一號太上洞玄靈寶智慧上品大戒：「一意歸向，專想不貳，滌蕩六府，過中不味，内外清虚，每合自然。」語意與此同。

〔四〕「王喬」，即道教仙人王子喬，神仙傳稱即周靈王太子晉。東漢時又有王喬，參後漢書方術列傳。

〔五〕「玉英」，指口中津液。雲笈七籤卷一一引黄庭内景經：「含漱金醴吞玉英。」梁丘子注：「金醴、玉英，口中之津液。」大洞經云：服玄根之法，心存胃口有一女子，嬰兒形，無衣服，正立胃管，張口承注魂液，仰翕五氣。當漱漏口中内外津液，滿口咽之，遣入玄女口中。五過畢，叩齒三通，咽液九過也。」

〔六〕「受命」，稟受的年歲，指壽命。敦煌文獻中「受」「壽」多通，也有可能「受命」即當讀作「壽命」。

昔往學道時，登岳歷高堽〔一〕。動見百丈谷〔二〕，赫赤〔三〕道里長。有无極神炁〔四〕，何以到西方？无以度赤谷，垂淚數千行。自念宿罪重，五内〔五〕心摧傷。

校　注

〔一〕「堽」，即「岡」之增旁字。

〔二〕道教文獻中多有因陽谷阻礙無法求仙的記載，如伯三〇二二背太上洞玄靈寶真文度人本行妙經：「登墻四望，忽見東方桑林之下，華光奕奕，非可勝名，去那臺所住數百里中，隔閡陽谷滄海之口，心懷踊躍，無由得往。」大乘妙林經卷下：「譬如行客，隔礙暘谷，欲往彼岸，無因得過。」此處的「百丈谷」「赤谷」蓋即「陽谷」。

〔三〕「赫赤」，火紅貌。相傳陽谷(或作湯谷、暘谷)爲日出之處，有大光明，「赫赤」蓋即形容這種光明。

〔四〕「无極神炁」，蓋指「百丈谷」中阻礙通行的神炁。

〔五〕「五内」，即五臟，此處代指内心。

我昔求道時，逕歷〔一〕數千崖。浮遊八荒外，徒跣身无衣。東過日出界，西尋清山累〔二〕。足底重躝〔三〕生，手中把少微〔四〕。道見西王母，問我「子何歸」。「耻身不學道，意欲覓仙師。」感我精誠至，乞我鞋以衣〔五〕。尒乃得學道，仙炁漸微微。父母怪我晚，晝夜悲嘷啼。大道与俗返〔六〕，一往不復歸。高志日日遠，不覺心肝摧。雖得不死道，氣力甚微微。心精不退轉，今作天人師。

校　注

〔一〕「逕歷」，即「經歷」。「逕」「經」古多通用。

〔二〕「清山」，從語意看，似指日入之處或極西之地。日入之處古有「昧谷」「蒙谷」「蒙汜」「嵎谷」「崦嵫」「奄山」等名，「清山」未聞。穆天子傳有天子見西王母後「升於弇山」之文，郭璞注：「弇山，弇兹山。」或「清」當作「渰(弇)」。「累」，似不可通，或當讀作「壘」，指壘石、大石。

〔三〕「⿰足爾」，項楚謂爲「⿰足繭」字形誤。按，「⿰足爾」當爲「繭」之俗訛體。「繭」有俗體作「蠒」，參張涌泉敦煌俗字研究。借作「趼」之「繭」或改從「足」，則作「⿰足爾」形。慧琳一切經音義卷八七崇正録第二卷音義：「重⿰繭皮，堅顯反。考聲云：皮虚起如繭也。古今正字作趼、硏、䄻。今録本作⿰足爾，謬。」此義之「⿰足爾」與用作「躡」字俗體之「⿰足爾」（見正字通）同形。四部叢刊本查慎行敬業堂詩集卷四同聲山姪過羅飯牛禮洲草堂別後賦寄用昌黎寄盧仝韻：「朝朝江口望歸帆，百日奚童蠒生趾。」「蠒」亦爲「繭」之俗訛體。古人每以足生重繭形容勞苦奔波，淮南子修務訓：「昔者，楚欲攻宋，墨子聞而悼之，自魯趨而十日十夜，足重繭而不休息，裂衣裳裹足，至於郢見楚王。」

〔四〕「少微」，蓋即微少之義。此二句蓋謂雖勤苦訪求，仍不得大道，僅有「少微」而已。「手中把少微」與下「把攬天地神」意正相反。

〔五〕「乞」，給予。項楚：「『以』通作『與』，『乞我鞋與衣』即賜我鞋與衣也。」

〔六〕項楚校：「『返』通作『反』，謂相反也。」其説是，道教多稱「道與俗反」。伯二三九六號太上妙法本相經：「故道人所行與俗反。何以故？俗人尚於貪，道人貴於廉；俗人尚於煞，道人貴於長；俗人尚於婬，道人貴於貞。所行之行，同憂所行，但用不同，受之不等。故道與俗反，此之謂。」伯二八六〇號太玄真一本際經卷六：「所謂五念……思道動與俗反。」

昔往學道時，蹤跡亦難尋。東到日出界，樹木鬱鬱深〔一〕。南到閻浮提〔二〕，大火燒我身。西到俱地尼〔三〕，但見金城門〔四〕。青龍堯〔五〕城腹，白虎守城前。衝天金樓殿，太上居湛然。光影耀虚空，仙人絶端嚴。齊執黄卷書，口誦長生文。北向入玄冥，大水湛湛深。遶天數百匝，足底重蹋生。尒乃得仙道，把攬天地神。子能述吾道，白日得昇天。

校注

〔一〕本首「哀歎」言東南西北四方所見分别爲木、火、金、水，顯然是四方與五行結合的産物，但其中也摻雜了佛教四大部洲的觀念。

〔二〕「閻浮提」，佛教四大部洲之一，即南贍部洲。大唐西域記卷一：「南贍部洲，舊曰閻浮提洲，又曰剡浮洲，訛也。」

〔三〕項楚：「『地』字疑是『陀』字形誤……『俱陀尼』，同『瞿陀尼』，即佛經四大部洲之西瞿陀尼洲。」

〔四〕此處可能將俱陀尼與崑崙山的傳説結合。五嶽真形序論：「崑陵，崑崙山也，在西海之崖，申未地也……周匝弱水遶山，上有金城五所、玉樓十二所，流精之闕、光碧之堂、瓊華之室、紫翠密房，西王母之所治，衆仙所宗。」

〔五〕「堯」，據文義似當作「遶」或「繞」字。

太上皇老君哀歌七首

三十六宫主〔一〕，太上皇老君。哀愍下世士，垂神教世賢。子欲脩冥福，先當體窈冥〔二〕。生時得尊貴，不如過去榮。仙駕龍車[□]〔三〕，迎子遊清天。上登金樓殿，坐卧虚空間。行則飛仙從，威儀上柱天。朝登天東頭，暮到於天西。戲樂九天外，縱意極周旋。駈使役百鬼，揔統於万金。

校注

〔一〕「三十六宫」，指天宫。魏書釋老志引牧土上師李譜文之書云：「又言二儀之間有三十六天，中有三十六宫，宫有一主。最高者無極至尊，次曰大至真尊，次天覆地載陰陽真尊，次洪正真尊。」杜光庭廣成集卷一二越國夫人爲都統宗侃令公還願謝恩醮詞：「仰真駕於三十六宫，祈大儀於八十一好。」

〔二〕「窈冥」，借指道。道德經：「窈兮冥兮，其中有精。」河上公章句：「道唯窈冥無形，其中有精實，神明相薄，陰陽交會也。」

〔三〕逯欽立謂此處脱一字。

吾哀世愚民，不信冥中神。恃力害良善，不避賢行人。馳馬騁東西，自謂常无前。善惡畢〔一〕有報，業緣須臾間。神明在上見，遣使直往牽。從上頭底收〔二〕，係著天牢門。五毒更互加〔三〕，惡神來剋侵。口吟〔四〕不能言，妻子呼倉天。莫怨神不祐，由子行不仁。

校注

〔一〕項楚：「『畢』應作『必』，同音混用。」按，「畢」不改字亦可通。參第一六五頁注〔九〕「後畢得昇天」下校。「善惡畢有報」，蓋謂善惡皆有報。

〔二〕「從上頭底收」，蓋即「從頭收」，指全部收係。王梵志詩生住無常界：「生住無常界，壤壤滿街行。只擬人間死，不肯佛邊生。從頭捉將去，頑骨不心驚……沉淪苦海裹，何日更逢明。」與本首「哀歌」語意頗有相似之處。

〔三〕「五毒」，指地獄的刑罰。伯二四六八號太上消魔寶真安志智慧本願大戒上品：「若輕傳於凡夫者，將與七祖父母同幽於地獄，更五毒之考矣，慎之慎之！」伯二四〇六號太上洞玄靈寶明真科儀：「天下人民、一切衆生，並得免離十苦八難、五毒水火、賊疫鬼害、灾厄之中。」文選卷四四陳琳爲袁紹檄豫州：「榜楚參并，五毒備至。」吕向注：「五毒，謂五刑備具也。」

〔四〕項楚：「『吟』疑當作『鈐』，『口鈐』謂口被鉗閉，故不能出聲發言也。」按，此處「吟」字不誤，讀作「噤」。說文口部：「噤，口閉也。」段玉裁注：「史淮陰侯傳『雖有舜禹之智，吟而不言』，此假『吟』爲『噤』也。吟、噤義相似。」許瀚攀古小盧雜著卷二「吟口」條：「韓詩外傳三：『盜跖吟口，名聲若日月，與舜禹俱傳而不息。』瀚案……義又與噤通……又與瘖通……吟、唫、噤、瘖、喑古音同部，故義俱可通。」

吾哀時世人，不信於神明。先人与種福〔一〕，子孫履上行〔二〕。衣厚飯得飽，灾考不到門。口氣頭噓天〔三〕。自謂常終日〔四〕，看師真遼然〔五〕。得病叩頭請，外恭心不敬。神明以知人〔六〕。三魂係地獄，七魄懸著天〔七〕。三魂消散澌，五神〔八〕不安寧。伺命來執載，丞相踏地瞋〔九〕。左神不削死，右神不著生〔一〇〕。生神不衛護，煞神來入身〔一一〕。或患腰背痛，或患頭目疼。百脉不復流，奄忽入黄泉。天門地户閉，一去不復還。

校注

〔一〕「種福」，人修功德得福利猶如農夫播種得穀，故稱「種福」。這是道教借自佛教的觀念，但與本土的「承負」説結合，認爲先人修種，後輩得福，與佛教原有的觀念有所不同。

〔二〕「上行」，蓋猶「上位」「上列」。漢書霍光傳：「於是殺牛置酒，謝其鄰人，灼爛者在於上行，餘各以功次坐。」此處「上行」之義蓋與之同。

〔三〕項楚：「『氣頭』原卷作『頭氣』，應據改。『口頭氣噓天』形容意氣沖天之貌。」今按，原卷即作「口氣頭噓天」。此句義不能明，依韻當有脱文。

〔四〕「自謂常終日」，因前後可能有脱文，此句亦義不能明，疑就道德經「飄風不終朝，驟雨不終日」反其意而用。

〔五〕「遼然」，疏遠之貌。抱朴子外篇交際：「凡此數者，皆時世所好，莫不躭之，而余悉闕焉，故親交所以尤遼也。」「遼然」之「遼」與此同。

〔六〕「以」，疑當讀作「已」。依韻此句之前似脱一句。

〔七〕「三魂」「七魄」，道教觀念中人身内的神。無上秘要卷五身神品引洞神經：「三魂：第一胎光，第二爽靈，第三幽精。七魄：第一尸狗，第二伏矢，第三雀陰，第四吞賊，第五蜚毒，第六除穢，第七見肺。」道教認爲，「三魂」爲善神，離身他逝，則致人生病。伯二七五一號紫文行事決：「魂自是善神，正患其棄身他▨（逝），與耶物相觸，則爲傷亂。又不對黄老、侍大君，故使内外越若。今人有時精爽悦惚，若有所喪，或氣色沉憒，起居迷罔，此皆魂逝未反。動經旬日，然後方還。若因此遂亡，則身亦仍病。」「七魄」則爲惡神，欲放逸天地。紫文行事決：「（七魄）皆爲内鬼，恒欲人死，輒得放逸天地，遊走冢墓，歆享祠祭，注犯子裔。故今（令）人夢想紛雜，生死混泔，或交通淫濁，或接對飲食，及遊踐非所，驚懼糾執，諸如此事，禍變非一。致令精神離錯，念慮擾滯，患禍潛構，灾疾子（滋）起。此皆魄之爲害，彌宜檢制。」

〔八〕「五神」，可能指太一、無英、白元、司命、桃康五神（見洞真高上玉帝大洞雌一玉檢五老寳經、洞真太一帝君太丹隱書洞真玄經等），也有可能指五臟之神（如伯二四六一號太上洞玄靈寳智慧上品大戒經：「濁注五神，藏府憒潰」）。道教認爲，理想狀態下應是五神安寧，伯二五七六號背上清三真旨要玉訣引無死玉經：「魂魄柔練，五神安寧。」

〔九〕「伺命」「丞相」，均爲道教神名，主掌人的善惡罪福。元始無量度人上品妙經：「諸天丞相，南昌上宫，韓司主録，監生大神，執録把籍，齊到帝前，隨所應度，嚴校諸天。普告三界，無極神鄉，泉曲之府，北都羅酆，三官九署，十二河源，上解祖考，億劫種親，疾除罪簿，落滅惡根。」嚴東注：「丞相，大羅天之神公也。上宫，朱陵宫也。丞相爲受度更生之賓，定命籍於朱宫，削罪根於三官也。韓司，司命也。應得度者，司命即執主録筭度於南宫而得受鍊度者也。」

「伺命來執載」，項楚：「謂伺命將死者神魂執捉載來。」其説恐不確。「執載」蓋與度人經「執録把籍」義相近，指執罪福簿而載之。

〔一〇〕「削死」，即削死籍。「著生」，即注生名。「左神」「右神」則可能是泛指神真，下文稱：「右神削死籍，左神著生名。」與此處相反。道教文獻中削死注生者有北帝、南斗、諸天、三官等等，如伯二四三一號洞玄靈寶諸天内音自然玉字：「北帝削死籍，南斗書仙名。」又云：「北帝削死録，南宫上仙藉。」元始無量度人上品妙經：「七月長齋，誦詠是經，身得神仙，諸天書名，黄籙白簡，削死上生。」青元真人注：「故身得神仙，諸天書其姓名於金籙白簡，削滅死籍，別注生名，蓋人之仙也。須得南北二司先削死上生，方得昇度，非此則終無成功也。」北敦一四八四一 H 太上洞玄靈寶業報因緣經卷五：「三元者，學士脩身，祈年羽化，開度七祖，首罪三官，削死上生，延期保命，爲人及己，最爲第一。」

〔一二〕大概南北朝後期部分道教徒認爲人身中有生神、死神，生神常衛護，死神常戕伐。伯二五八二號慈善孝子報恩成道經卷四道要品：「臨死求哀，罪目已定，生神不居。」洞玄靈寶玄一真人說生死輪轉因緣經：「人生無有定壽，天選人身，自有主生神，又有主死神，在人身中。生世好生，則生神護之；生世好死，則死神伐之。」「煞神」當即「主死神」。

吾哀世愚人，不信冥中神。生時不恭敬，死便償罪緣〔一〕。典官〔二〕逐後駈，牽北走東西。抱沙填江海，負石累高山〔三〕。白日不得食，夜分〔四〕不得眠。朝与杖一百，暮与鞭一千。不堪考對〔五〕苦，賣罪与生人〔六〕。兩兩共相牽，遂至死滅門。皆由不敬道，神明考擿人。何不敬真神，生死得昇天？生榮死者樂，生死得〔七〕蒙恩。

校注

〔一〕「罪緣」，受罪的因緣，猶言「罪業」。洞玄靈寶三洞奉道科戒營始卷一有「罪緣品」，可參。

〔二〕「典官」，主司之官，此處指地獄中的官吏。正統道藏本太上洞淵神呪經卷二〇：「若兄若弟，若姑若姨，若伯若叔等，悉入地獄九十一劫，不得生天。天人典官不容之也。」

〔三〕這兩句都是道教地獄中的刑罰。斯一六〇五號太上洞玄靈寶真一勸戒法輪妙經：「吾嘗歷觀諸天，出遊東北門，見有百姓子、男女人，身形髡截，狼猺鑠械，負山擔石，往反鐵針之上，食息不得，不捨晝夜。」又云：「吾嘗歷觀諸天，出遊東南門，見有百姓子、男女人，身被髡鉗，幽閉重檻……摙諸山土石，填塞河海，大小流曳，五苦備嬰。」

〔四〕「夜分」，夜半。後漢書光武紀「夜分乃寐」李賢注：「分猶半也。」

〔五〕「考對」，指地獄中爲懲罰死魂生前罪惡而拷打，即前「朝与杖一百，暮与鞭一千」。

〔六〕「賣罪与生人」，道教認爲，罪魂不堪拷打則會取生人相代。伯二三六五號洞淵神呪經卷八：「家親被繫，讁作三官，考掠万毒，死人不堪，來取生人大小及六畜生口，後致滅門，未復怨道也。」洞真太上太霄琅書卷六：「亡者魂神考責在天牢地獄、太山二十四獄，不堪苦愴，還引生人，求以補代，致後世嬰災。」

〔七〕原卷誤重「得」字，今刪。

吾哀時世人，不信冥中神。一門有十息〔一〕，縱意行不仁。神明鑒无外〔二〕，終不濫煞人。或夭華秀子，或夭妙少年。門崩户以壞，學者如浮雲。死亦不脱歲〔三〕，悲哭仍相尋〔四〕。妻子沉堙澌，一身孤獨存。呼天天玄遠，呼地地亦深。不能自怨責，各道怨師尊。雖欲思善道，十子不復還〔五〕。

校　注

〔一〕「息」，子息，兒子。

〔二〕「无外」，指無所不包，無所不察。道德經「强爲之名曰大」河上公注：「大者高而無上，羅而無外，無不包容，故曰大也。」

〔三〕「歳」，不可通，疑當讀作「穢」或「祟」。

〔四〕「相尋」，連續，接續。

〔五〕此首哀歌所言十子夭喪故事不見於他書，或爲老子化胡經缺卷内容。頗疑此故事借鑒自賢愚經卷三微妙比丘尼品，但將主人公换爲男性。賢愚經云：「我本生於梵志之家，我父尊貴，國中第一。爾時有梵志子，聰明智慧，聞我端正，即遣媒禮，娉我爲婦，遂成室家，後生子息。夫家父母，轉復終亡。我時妊娠，而語夫言：『今我有娠，穢污不浄，日月向滿，儻有危頓，當還我家，見我父母。』夫即言善，遂便遺（遣）歸。至於道半，身體轉痛，止一樹下。時夫別卧，我時夜産，污露大出。毒蛇聞臭，即來殺夫。我時夜唤，數反無聲，天轉向曉，我自力起，往牽夫手，知被蛇毒，身體腫爛，支節解散。我時見此，即便悶絶。時我大兒，見父身死，失聲號叫。我聞兒聲，即持（時）還穌，便取大兒，擔著項上，小兒抱之，涕泣進路，道復曠險，絶無人民。至於中路，有一大河，既深且廣，即留大兒，著於河邊，先擔小兒，度著彼岸，還迎大者。兒遥見我，即來入水，水便漂去。我尋追之，力不能救，浮没而去。我時即還，欲趣小兒，狼已噉訖，但見其血，流離在地。我復斷絶，良久乃穌。遂進前路，逢一梵志，是父親友，即問我言：『汝從何來，困悴乃爾？』我即具以所更苦毒之事告之。爾時梵志憐我孤苦，相對涕哭。我問梵志：『父母親里，盡平安不？』梵答言：『汝家父母大小，近日失火，一時死盡。』我時聞之，即復悶絶，良久乃穌。梵志憐我，將我歸家，供給無乏，看視如子。時餘梵志，見我端正，求我爲婦，即相許可，適共爲室。我復妊娠，日月已滿。時夫出外，他舍飲酒，日暮來歸，我時欲産，獨閉在内，時産未竟，梵志打門大喚，無人往開。梵志瞋恚，破門來入，即見撾打，我如事説，梵志遂怒，即取兒殺，以酥熬煎，逼我使食。我甚愁惱，不忍食之，復見撾打。食兒之後，心中酸結，自惟福盡，乃值斯人，便棄亡去。至波羅㮈，在於城外，樹下坐息。時彼國中，有長者子，適初喪婦，乃於城外園中埋之，戀慕其婦，日往出城，塚上涕哭。彼時見我，即問我言：『汝是何人？獨坐道邊。』我如事説，復語我言：『今欲與汝入彼園觀，寧可爾不？』我便可之，遂爲夫妻。經于數日，時長者子得病不救，奄忽壽終。時彼國法，若其生時有所愛重，臨葬之日，并埋塚中。我雖見埋，命故未絶，時有群賊，來開其塚。爾時賊帥見我端正，即用爲婦。數旬之中，復出劫盜，爲主所覺，即斷其頭，賊下徒衆，即持死屍，而來還我，便共埋之。如國俗法，以我并埋。時在塚中，經于三日，諸狼狐狗復來開塚，欲噉死人，我復得出，重自剋責：『宿有何殃，旬日之間，遇斯罪苦？死而復生，當何所奉，得全餘命？』即自念言：『我昔常聞，釋氏之子棄家學道，道成号佛，達知去來，寧可往詣，身心自歸？』」

吾告時世人，脩道宜慇懃。恩亦不虚生，神明必報人。昔有劉仲伯，精誠於道門。勸惡使從善，歲會集群賢。香火日夜懃，亦能感倉天。命盡應當死，衆神与表天。三魂飛揚澌，七魄入死星。右神削死籍，左神著生名。伺命來拯濟，左相〔一〕踏地瞋。普告二十獄〔二〕，拔出仲伯身。三魂還復流，七魄還入身。血脉還運轉，百節方更堅。面目更端嚴，肉骨更鮮明。死卧三七日，寢尸還更生〔三〕。

校 注

〔一〕「左相」，真靈位業圖第五左位有「左相」，注云：「清虚真人，從小有洞天受王真人替，已度上清。」於此似有不合。以上文例之，或此處「左」爲「丞」字之誤。

〔二〕「二十獄」，當即「二十四獄」之省稱。參第一二六頁注〔四〕「地有二十四獄」下注。

〔三〕此首劉仲伯復生故事不見於他書，疑亦爲老子化胡經缺卷的内容。

吾告時世人，髐骨〔一〕不别真。閑時不共語，急便來求人。死者如流水，去者如浮雲。秦川純軍馬〔二〕，中庭生叢榛。百中不留一，到思吾本言。何不學仙道，人身常得存。

校 注

〔一〕「髐骨」，似不可通，疑當作「澆滑」「撓滑」「撓骫」之類。

〔二〕項楚：「『秦川純軍馬』，謂秦川清一色皆是軍馬，而無平民百姓。」按，伯四六七六號太上洞淵神呪經卷三：「中國人多有惡心之者，不信真言。天遣横行伐煞將軍八千万人，仍遊中國，取此惡人。」此處之「軍馬」蓋指此「横行伐煞將軍」之類，爲神兵神將，捉取不信道之人，故下文稱「百中不留一」。

老君十六變詞〔一〕

一變之時，生在南方赤〔二〕如火，出胎墮地能獨坐，合口誦經聲瓃瓃〔三〕，眼中淚出珠子碟〔四〕，父母世間驚怪我，復畏寒凍來結果〔五〕，身著天衣誰知我〔六〕？

校　注

〔一〕此「十六變詞」講述老君歷次出世故事，但按照方位鋪排，且多比附佛傳故事，與老子變化經等講老君歷變事蹟的文獻完全不同。

〔二〕「赤」，原作「亦」，項楚謂爲「赤」字之誤，據改。

〔三〕「瓃瓃」，即「瑣瑣」，象聲詞。杜牧送劉三復郎中赴闕：「玉珂聲瑣瑣，錦帳夢悠悠。」下文「瑯瑯」「雍雍」「由由」等均爲象聲詞。

〔四〕「碟」，「顆」之異構。顔氏家訓書證：「北土通呼物一凷，改爲一顆，蒜顆是俗間常語耳……又道經云：『合口誦經聲瓃瓃，眼中淚出珠子碟。』其字雖異，其音與義頗同。」

〔五〕「果」，通「裹」。「結裹」，指穿戴、包裹、妝束。伯三一二五號七言小曲：「乃事得那好阿孃，碎小盡到他結裹。」敦煌文獻中亦有用「結果」者，如伯三〇七九號維摩詰經講經文：「希奇魔女，一万二千；最異珍珠，千般結果；出塵菩薩，不易惱他。」

〔六〕「身著天衣」，本書卷一謂老君初生時「有自然天衣挂體」。

二變之時，生在西岳在漢川，寄生王家練精神，出胎墮地能語言，晃晃昱昱似金銀〔一〕，三十六色綺羅文〔二〕，國王歡喜會群臣，英儒雅士〔□〕平論〔三〕，忽然變化作大人，髮眉皓白頭柱天。

校　注

〔一〕此句蓋指老君出生時放出金銀色的光明。本書卷一即謂老君初生「神香滿室，陽景重輝」，佛本行集經亦謂：「菩薩初從母胎右脇正念生時，放大光明，即時一切諸天及人、魔、梵、沙門、婆羅門等，一切世間，悉皆遍照。」「晃晃昱昱」爲光明貌。抱朴子内篇雜應：「老君真形者……雷電在上，晃晃昱昱。」

〔二〕此句蓋狀老君出生所穿的「自然天衣」。

〔三〕逯欽立謂此句缺一字，今疑應在「平」字上缺一字。佛本行集經卷八從園還城品載釋迦牟尼出生後净飯王與諸臣評論之事，此二句當從此類佛傳故事化出。

三變之時，變形易體在北方，出胎墮地能居牀，合〔口〕〔一〕誦經聲瑯瑯，額上三午十二行〔二〕，兩手不開把文章〔三〕，配名天地厚陰陽〔四〕，從石入金快翱翔〔五〕。

校　注

〔一〕逯欽立於「合」下補「口」字。

〔二〕此句即指老子化胡經序中所説的「額有叁午」。

〔三〕此句即指老子化胡經序中所説的「手把十文」。

〔四〕「配名天地」，莊子田子方孔子稱老子：「夫子德配天地。」「厚陰陽」，蓋即指調和陰陽、長養天地。太上老君説常清静經「大道無形，生育天地」杜光庭注：「長養陰陽，故爲生育也。陽者，清也，上騰爲天。陰者，濁也，下潛爲地。」

〔五〕「從石入金怏翱翔」，關尹子七釜：「實即虚，虚即實，知此道者，可以入金石。」此句蓋指能入金石而無障礙。

四變之時，生在東方身青蔥，出胎墮地能瞳春〔一〕，合口誦經聲雍雍，白日母抱夜乘龍，崑崙山上或西東，上天入地登虚空，仙人侍從數万重，當此之時神炁通。

校　注

〔一〕「瞳春」，當爲聯綿詞，具體所指不明。集韻鍾韻：「蹱，埲蒼：蹱蹱，行不進皃，一曰小兒行。」疑與此有關。此句蓋指本書卷一所説老君初生「登即能行，步生蓮花，乃至于九」。

五變之時，生在中都在洛川，嵩高少室嶺岑顛，中央脩福十万年，教授仙人數万千，齊得昇天入青雲，降鑒周室八百年，運終數盡向罽賓，化胡成佛還東秦，敷揚道教整天文〔一〕。

校注

〔一〕此四句所説與本書卷一大致相合，可參看。

六變之時，生在乾地西北角〔一〕，圖畫天地立五岳，處置星辰叙四瀆，二十八宿注鄉曲，日月照曜爲下國，走如流水得周局〔二〕，智者察之知急速〔三〕，雨澤以時熟五穀，万人食之大化足。

校注

〔一〕周易説卦：「乾，西北之卦也。」故西北方爲「乾地」。

〔二〕「周局」，疑猶「周屈」「周曲」，周遍迴旋之義。本書卷八：「吾在其中，騰擲精神，分明日月，整理星辰，修立天道，四氣五行，配當陰陽，列注山川。」以上五句與此義同。

〔三〕此句蓋化用論語雍也「知者樂水」及論語子罕「子在川上曰：『逝者如斯夫，不舍晝夜』」。

七變之時，生在北方在海嵎，出胎墮地聲由由，好喜歌儛无憂愁，造作音樂作箜篌〔一〕，万帝來請用解憂，黄河爲路行竟頭〔二〕，一身涉世快遊遊〔三〕。

校注

〔一〕「作箜篌」，古代傳説或稱漢武帝作箜篌，如史記封禪書稱武帝「作二十五弦及空侯琴瑟自此起」，此處或借用了這一傳説而移之於老君。

〔二〕「竟頭」，即邊境。「頭」爲詞綴。

〔三〕「遊遊」，和樂貌。孟子公孫丑上：「故由由然與之偕而不自失焉。」趙岐注：「由由，浩浩之貌。」禮記玉藻：「禮，已三爵而油油以退。」鄭玄注：「油油，説敬貌。」「遊遊」蓋與「由由」「油油」同源。

八變之時，生在東北在艮地〔一〕，圖畫天地我次比，白衣居士維摩詰〔二〕，欲結坐禪須諳炁〔三〕，通暢經書有舍利〔四〕，見吾相好須信企〔五〕，感子單誠不延次〔六〕，齊得昇天不墮地。

校注

〔一〕周易説卦：「艮，東北之卦也。」

〔二〕「白衣」，與佛教徒的「緇衣」相對，指未出家的人。鳩摩羅什譯維摩詰所説經卷上方便品：「爾時毗耶離大城中有長者，名維摩詰……雖爲白衣，奉持沙門清浄律行。」道教似有老子化爲維摩詰之説，太上妙始經：「道無常名，無有常形，或稱釋迦文佛，或稱維摩詰，或稱轉輪王，如此分身别氣，輾轉教化，化有萬端。」

〔三〕此句句意不太明白，大意當指欲坐禪須熟諳炁法。

〔四〕「舍利」，即舍利弗，號稱「智慧第一」。

〔五〕「信企」，蓋篤信企慕之義。

〔六〕「單誠」，猶「丹誠」。真誥卷四：「每空懷以向真，單誠以汎道者，雖欲不教，其可得乎？」敦煌文獻中習見此詞，可參張小艷敦煌書儀語言研究。「延次」，蓋遷延停留之義。

九變之時，下入黄泉正地柱〔一〕，開闢天地施地〔二〕户，四炁非陽立冥所〔三〕，雖有人民不能語，吾入身中施六府，脇爲傍通心爲主，從此已來能言語，尊卑大小有次緒〔四〕，万天稱傳道爲父。

校　注

〔一〕「入」，原誤作「人」，逯欽立謂當作「入」，據改。山海經大荒西經郭璞注引淮南子：「昔者共工與顓頊争帝，怒而觸不周之山，天維絶，地柱折。」（今本淮南子作「天柱折，地維絶」）則「地柱」是支撑天的柱子。此處稱「入黄泉正地柱」，則以「地柱」爲支撑地的柱子，與傳統觀念不同。

〔二〕「地」，項楚謂當爲「門」字之誤。按，此首既稱「入黄泉」，則作「地户」似不誤，即前文「天門地户塞」之「地户」，與下句「立冥所」正相應。

〔三〕「四炁」，道教文獻中多有，但各家解釋不同，或以爲指四時靈氣（見黄庭内景經梁丘子注），或以爲指天地日月四象之氣（見元始無量度人上品妙經薛幽棲注），或以爲指地水火風四大（見道教義樞卷四），此處之「四炁」則不明所指。「非陽」亦不知何義，蓋指地獄中純陰無陽氣。「立冥所」蓋指設立地獄。

〔四〕以上五句謂老君爲人民安置臟腑、設立倫理關係。本書卷八云：「吾在其中……安人六府，初立精神，精神既定，行禮修文，君臣父子，於兹而行。」以上五句與之義近。

十變之時，生在東南出風門〔一〕，畫出天道安山川，置立五岳集靈仙，吹嘘寒暑生万民，煩炁衆生人得真〔二〕，置立五藏施心神，動作六神能語言〔三〕，有生有死須臾間，如水東流何時還，邂逅〔四〕相代不得停，何不習善求長生，槃散流俗入膠盆〔五〕，不能免離喪子身，欲求度世於中禪〔六〕，搦心不堅固仙根，盲聾音〔七〕瘂教不倫，由子前身謗經文，論説〔八〕道士毁聖人，在惡必報受罪緣，但勤自責莫怨天。

校　注

〔一〕周易説卦：「巽，東南也……巽爲木，爲風。」

〔二〕淮南子精神訓：「煩氣爲蟲，精氣爲人。」雲笈七籤卷九〇連珠：「靈氣謂之神，休氣謂之鬼，煩氣謂之蟲豸，雜氣謂之禽獸，姦氣謂之精邪。氣之濁者愚癡凶虐，氣之剛者高嚴壯健，氣之柔者仁慈敦篤。所以君子行正氣，小人行邪氣。」「煩炁衆生人得真」蓋謂老君生成萬物，「煩炁」生成衆生而人得「真炁」。

〔三〕「六神」，六腑之神。道教文獻中常見「六神」一詞，但所指不一，或指六腑之神，或指六甲、六丁之神，或比附六根。從本書卷八「安人六府，初立精神」及上文「吾入身中施六府」來看，此處「六神」當即指六腑之神。

〔四〕「邂逅」，猶言「萬一」。

〔五〕「槃散」，聯綿詞，蓋猶「叛散」，違離之義。「入膠盆」，義不可解。從下文來看，此句應是諷刺佛教徒。「膠盆」指盛膠之盆，蓋「入膠盆」喻指被困住無法逃脱。頗疑「膠盆」是對「涅槃」的戲稱。

〔六〕「度世」，指出世升仙。「於中禪」，指於中修禪定。「中」可能是指「膠盆」之中。

〔七〕「音」，項楚：「字應作『喑』，亦寫作『瘖』。」按，敦煌道教文獻中「喑啞」之「喑」多或寫作「音」，如斯三〇〇八號太上洞玄靈寶業報因緣經卷一：「見有男女，生不具足，手脚攣跛，耳聾目盲，音啞百病。」又云：「見有受身六疾，聾、盲、音、啞、手攣、脚跛者。」「音啞」，正統道藏本皆作「瘖瘂」。

〔八〕「論説」，談論、評論，此處特指詆毁、誹謗。

十一變之時，生在南方閻浮地〔一〕，造作天地作有爲〔二〕，化生万物由嬰兒〔三〕，陰陽相對共相隨，衆生稟氣各自爲，番息衆多滿地池，生活自衛田桑靡，劫數滅盡一時虧〔四〕，洪水滔天到月支，選擢種民留伏羲〔五〕，思之念之立僧祇〔六〕，唯有大聖共相知。

校注

〔一〕「閻浮地」，即閻浮提之地。大方便佛報恩經卷六優波離品：「若作閻浮提王，於閻浮地中一切人民金銀財寶，於中自在。」前後對照可知「閻浮地」即前「閻浮提」。

〔二〕項楚：「『有爲』與『無爲』相對而言，指見於形迹的有所造作之事。」

〔三〕「化生万物由嬰兒」，道德經中多用嬰兒作譬，如「我獨泊兮其未兆，如嬰兒之未孩」。老子指歸亦稱老子「功與地配，德與天齊，反愚歸朴，比於嬰兒」。此處則一語雙關，以「嬰兒」指老子此「變」初生之時，初一降生即「造作天地」「化生万物」。

〔四〕道教借用了佛教的「劫」，發展出「劫運」的思想，劫末會有大災難，仙界則於此時選擇種民。上清金真玉光八景飛經：「至大劫之周，三道虧盈，二炁離合，理物有期，承唐之世，陽九放灾，翦除兇勃，搜採上賢。」雲笈七籤卷二引上清三天正法經：「陰陽蝕勃，則天地改易。天地改易，謂之大劫。大劫交，則天地翻覆，海湧河決，人淪山没，金玉化消，六合冥一。白尸飄於無涯，孤爽悲於洪波……當此之時，萬惡絶種，鬼魔滅跡，八荒四極，萬不遺一。至於天地之會，自非高上三天所不能禳，自無青籙白簡所不能脱也。」

〔五〕在道教觀念中，伏羲近似於歷史的開端。太上老君開天經：「太連之後而有伏羲，生於一源之始，繼天而生，調習陰陽，以定八卦。自伏羲已前，五經不載，書文不達。」道經中多言「伏羲以來」，如太上洞淵神咒經卷一：「自伏羲以來，至于漢末，人民大樂，多不信道，悉受天炁自然邪魔。」此處稱「選擢種民留伏羲」，正是這一觀念的體現。另外，佛教僞經言伏羲爲菩薩所化，如廣弘明集卷八載道安二教論：「故須彌四域經曰：『寶應聲菩薩名曰伏羲，寶吉祥菩薩名曰女媧。』但今之道士始自張陵，乃是鬼道，不關老子。」此處或亦係針對這一説法的反擊。

〔六〕「僧祇」，梵語音譯，義爲大衆、僧衆。此句蓋指創立佛教僧團。伏羲創立僧團之事，在現存道教文獻中没有記載。

十二變之時，生在西南在黄昏〔一〕，時人厭賤還老身〔二〕，善權方略更受新〔三〕，寄胎託俗蟒虵身〔四〕，胎中誦經不遇人，左脇而出不由關，墮地七步雜穢間〔五〕，九龍洗浴人不聞，國王歡喜立東宮，与迎新婦字衢夷〔六〕，八百伎女營樂身〔七〕，八斛四斗不乱禪〔八〕，破散庫藏施貧人〔九〕，道士〔一〇〕八人詣宫門，賈〔一一〕作大醜婆羅門，借問太子何時還，王心不語動王情，騎王白象觸王瞋，晃師〔一二〕知意不与言，擯著檀特在丘［□］〔一三〕，投身餓虎求道門〔一四〕，變爲白狗數百身〔一五〕，積骨須弥示後人〔一六〕，傳語後學須精勤，莫貪穢辱喪子身，沉累六趣〔一七〕更生難，不信我語至時看。

校注

〔一〕老君十六變詞中，首句多言地名，此處言時間，較爲可疑。

〔二〕「厭賤」，厭棄、輕賤。「還老」，即「還老返嬰」「返老還童」。

〔三〕「善權方略更受新」，此言老子善權方便，重新投胎，更受新的肉身。老子信仰多言老君歷代變化，還老返嬰，託死更生。本首則結合了佛教的輪回觀念和本生故事，言老子不停投胎，歷世修行，這與道教傳統觀念有所不同。

〔四〕道教文獻中蟒蛇多代表邪惡，並無老君寄胎蟒蛇之説。下文多比附佛傳及本生故事（部分内容可與本書卷一對照），且有所醜化，此處則將佛母摩耶夫人變爲蟒蛇。

〔五〕佛經中稱釋迦牟尼降生後即四方各行七步，步步生蓮（參第一二一頁注〔一〇〕「步生蓮花，乃至于九」下注）。此處稱「雜穢間」，則顯然是對佛傳故事的醜化。

〔六〕項楚：「『衢夷』通常作『瞿夷』……瞿夷即釋迦牟尼爲太子時之夫人。」瞿夷即耶輸陀羅異譯，慧琳一切經音義卷一五大寶積經第一百六卷音義：「瞿夷，上具愚反。梵語，不求字義。羅侯羅母名也。或云耶輸陀羅。今云瞿夷，古譯訛略。」

〔七〕佛傳故事中多言浄飯王爲阻礙釋迦牟尼出家，多與婇女以娱樂之事。佛本行集經卷一四：「浄飯王爲其太子立三等宫，以擬安置於太子故。第一宫内，所有婇女，當於初夜侍衛太子。第二宫内，其諸婇女，於夜半時供承太子。第三宫内，諸婇女輩，於後夜時侍奉太子。其第一宫，耶輸陀羅最爲上首，二萬婇女，圍繞侍立……如是次第，侍御太子，諸婇女等，合有六萬……太子在於女寶之中受諸歡樂，乃至其中諸婇女等巧解五慾，常能沃弱，令太子歡，不聽更出至於宫外。」「八百伎女營樂身」即指此事。

〔八〕此句義不可解。佛經中多有佛滅後得舍利八斛四斗的記載，如大莊嚴論經卷一五：「佛亦如是，入涅槃時，爲濟衆生故，碎身舍利，八斛四斗。」此處蓋以「八斛四斗」指釋迦牟尼之肉身，雖有「八百伎女」而不亂禪定。

〔九〕項楚：「老君十六變詞中的第十二變故事，其實是從佛經中須大拏故事變化而來。」六度集經卷二須大拏經：「太子遂隆普施，惠逮衆生。欲得衣食者應聲惠之，金銀衆珍、車馬田宅，無求不與。」

〔一〇〕「士」，原誤作「十」，項楚謂當作「士」，且云：「據六度集經卷二須大拏經云：『諸王議曰：太子賢聖，無求不惠。遣梵志八人，之太子所，令乞白象。若能得之，吾重謝子。』經文云『梵志八人』，十六變詞遂變爲『道士八人』也。」

〔一一〕「賈」，項楚謂是「假」之借字。

〔一二〕「晃師」，義不可解，疑即「幻師」，即前假作波羅門的道士。

〔一三〕「擯著檀特在丘」：「擯」原作「擯」，項楚：「『擯』當作『擯』，擯斥之義。」據改。逯欽立謂該句缺一字。今按，「丘」字不協韻，所脱落當爲最後一字，或當爲「山」字。項楚：「此首的檀特乃是須大拏修習苦行的檀特山，位於北印度健馱羅國。」本首自「破散庫藏施貧人」以下，皆化用須大拏故事，大意謂須大拏樂布施，其父有寶象，戰無不勝，敵國遂派梵志來乞寶象，須大拏以寶象施梵志，其父怒而逐之至檀特山。

〔一四〕此句係比附佛教本生故事中的「捨身飼虎」故事，可參佛説菩薩投身飴餓虎起塔因緣經。

〔一五〕此蓋謂轉世變白狗。中阿含經卷四四有鸚鵡經，大意謂鸚鵡摩納之父都提因增上慢而轉世爲白狗，本句或從此出。

〔一六〕項楚：「『積骨須弥』乃是佛經習語，如佛説大意經：『我自念前後受身生死壞敗，積其骨過於須彌山。』」此語本喻釋迦牟尼轉世之多，本經則用來指老子。

〔一七〕「沉累」，當即沉淪之義，其他文獻未見該詞。「六趣」，即「六道」。

十三變之時，變形易體在罽賓，從天而下无根元，号作弥勒金剛身〔一〕，胡人不識舉邪神〔二〕，興兵動衆圍聖人，積薪國北燒老君〔三〕，太上慈愍憐衆生，漸漸誘進説法輪，剔其鬚髮作道人，横被无領涅槃僧〔四〕，蒙頭著領待老君，手捉錫杖驚地〔五〕虫，卧便思神起誦經，佛旡錯乱欲東秦，夢應明帝張慜〔六〕迎，白象駄經詣洛城〔七〕，漢家立子無人情，捨家父母習沙門〔八〕，亦无至心逃避兵〔九〕，不翫道法貪治生，搦心不堅還俗纏，八万四千應罪緣，破塔壞〔一〇〕廟誅道人，打數銅像削取金〔一一〕，未容〔一二〕幾時還造新，雖得存立帝恐心〔一三〕。

校注

〔一〕老君變形爲彌勒，他處未見此説。

〔二〕「舉邪神」，蓋謂以之爲邪神。「舉」蓋檢舉揭發之義。

〔三〕道教文獻中多有老君化胡被胡王火燒之事。混元聖紀卷四：「於是群胡積薪外郊，煙焰亘天，乃將兵圍繞老君及隨侍仙衆，驅逼入火。老君與諸仙怡然赴火，隨煙出没，身更精明。」又可參本書太上靈寶化胡妙經。

〔四〕「涅槃僧」，古代印度服飾名，指圍繫在腰間的裙。大唐西域記卷二：「泥縛些那（原注：唐言裙。舊曰涅槃僧，訛也。）既無帶襻，其將服也，集衣爲襵，束帶以縚。襵則諸部各異，色乃黄赤不同。」既然「涅槃僧」爲裙，則無有領無領的區分，也不可能横披，本經稱「横被无領涅槃僧」，則係道教徒對佛教術語的誤解。

〔五〕「地」，項楚疑爲「虵」字之誤。大比丘三千威儀卷下：「持錫杖有二十五事：一者爲地虫故。」據大正藏校，思溪藏、普寧藏、嘉興藏及日本宫内廳本「地」皆作「蛇」。此處作「地」似亦可通，指地上之蟲。

〔六〕「愆」，項楚謂爲「騫」字音誤。敦煌文獻中「騫」「愆」多互訛，伯二三〇五號背解座文匯抄：「饒你保塞總無騫。」「騫」當讀作「愆」。

佛、道傳説多或謂漢明帝時張騫取佛經。如四十二章經：「於是上悟，即遣使者張騫、羽林中郎將秦景、博士弟子王遵等十二人，至大月支國寫取佛經四十二章。」真誥卷九所載與此略同。

〔七〕文獻一般的記載是白馬馱經，如歷代三寶記卷二：「使還，得迦葉摩騰來到雒陽，即翻四十二章經，以白馬馱經來，即起白馬寺。」本經稱「白象馱經」，或「象」爲「馬」字之誤，或别有所據。

〔八〕此二句蓋謂，漢家立子繼嗣，但受佛教影響，所立之子無人情，捨離家庭、父母而出家修習佛法。

〔九〕此句謂習沙門者並無誠心，乃是爲了逃避兵役。歷代士大夫攻擊佛教的主要角度便是有違孝道和不服兵役，如廣弘明集卷六載陽衒之上疏：「釋教虚誕，有爲徒費；無執戈以衛國，有飢寒於色養；逃役之流，僕隸之類，避苦就樂，非修道者……請沙門等同孔、老拜俗，班之國史。行多浮險者，乞立嚴勅，知其真僞。然後佛法可遵，師徒無濫，則逃兵之徒還歸本役，國富兵多，天下幸甚。」又廣弘明集卷一一載傅奕云：「佛之經教，妄説罪福，軍民逃役，剃髮隱中，不事二親，專行十惡。」

〔一〇〕「壞」，原作「懷」，逯欽立謂當作「壞」，據改。

〔一一〕「數」，同「壞」。以上三句與本卷第二首所言大致相近，可參前注。

〔一二〕「容」，原作「榮」，逯欽立謂當作「容」，據改。

〔一三〕逯欽立據此二句云：「可見玄歌之問世去文成帝時代並不久。」魏書釋老志載文成帝詔：「今制諸州郡縣，於衆居之所，各聽建佛圖一區，任其財用，不制會限。其好樂道法，欲爲沙門，不問長幼，出於良家，性行素篤，無諸嫌穢，鄉里所明者，聽其出家。」魏書又稱此詔之後「天下承風，朝不及夕，往時所毁圖寺，仍還修矣，佛像經論，皆復得顯」。

十四變之時，變形易像在金衛〔一〕，沙門圍城説經偈〔二〕，至著罪人未可濟〔三〕，胡人聞之心恐怪，將從群黨來朝拜，叩頭悔過求受戒〔四〕，剋肌剋骨誓不退，燒指練臂自盟誓〔五〕，男不妻娶坐思禪，死爲尸陁餧鷹鸇〔六〕，還神涅槃舍利弗〔七〕，骨得八斛散諸國〔八〕，如此還達離煩欲，苦身求道立可得。

校　注

〔一〕「金衛」，項楚謂「金」爲「舍」字形誤。不過此經虚實相間，「金衛」也有可能是據「舍衛」新造的詞。

〔二〕舍衛城有祇樹給孤獨園，又稱「祇園」「祇洹精舍」，由給孤獨長者和祇陀太子共同發心修建，爲早期佛教最重要的精舍之一，很多佛經都稱是佛於此處所説，如金剛般若波羅蜜經：「一時，佛在舍衛國祇樹給孤獨園，與大比丘衆千二百五十人俱。」本經稱「沙門圍城説經偈」，可能即指佛、比丘在舍衛城説經。

〔三〕此句蓋指沙門説經於罪人無濟於事。

〔四〕老子化胡故事中，多有胡王加害老君不成而虔誠求戒之事，可參下太上靈寶老子化胡妙經及本書附録所引混元聖記。

〔五〕「燒指練臂」，佛教徒常以此類自殘表示虔誠之心，如梵綱經：「見後新學菩薩有從百里千里來求大乘經律，應如法爲説一切苦行，若燒身、燒臂、燒指。若不燒身、臂、指供養諸佛，非出家菩薩。」南海寄歸内法傳卷四：「諸出家衆内，頗有一途。初學之流，情存猛利。未閑聖典，取信先人。將燒指作精勤，用然肌爲大福。」

〔六〕「尸陁」，當指「屍陀林」。古印度有林葬的喪葬習俗，即把死者的遺體暴露在山林野地，爲鳥獸所噉食。佛教認爲林葬是以自己的身體行布施，可以得到福報。「屍陀林」原爲中印度摩揭陀國王舍城北方的一片樹林，是王舍城普通民衆棄屍的場所，在佛教中泛指林葬的處所。玄應一切經音義卷七：「屍陀林，正言尸多婆那，此名寒林。其林幽邃而寒，因以名也。在王舍城側。陀者，多也。死人多送其中。今總指棄死之處名屍陀林者，取彼名。」因陳屍其中不埋葬，故多有鳥獸噉食，如般若譯大方廣佛華嚴經卷一七：「復現命終，其身壞爛，爲諸鳥獸之所噉食，種種不浄，如屍陀林。」

〔七〕此句當指佛涅槃後化爲舍利。此處作「舍利弗」，可能是混淆了佛弟子舍利弗與遺骨舍利。

〔八〕「骨得八斛」，指佛涅槃後得八斛四斗舍利。參第一九三頁注〔八〕「八斛四斗不乱禪」下注。

十五變之時，西向教化到罽賓，胡國相鼇還迦夷〔一〕，侵境暴秏買育人〔二〕，男子守塞憂婆夷〔三〕，吾入國中作善詞，説化男子受三歸〔四〕，漸漸誘進説法輪，剔其鬚髮作道人，陽爲和上陰阿尼〔五〕，假作父母度僧尼〔六〕，師徒相度理无私，遷神涅槃歸紫微〔七〕，四鎮安穆和我神〔八〕，胡人思念長吁啼，鑄作金像法我形〔九〕，三時入礼求長生〔一〇〕，寂寂寞寞不應人，低頭視地仰看天，大聖正真何時還。

校注

〔一〕此首大致與本書卷八所述迦夷國事相合，可相參。「相鼇」，義不明，從上下文推測當指胡國相攻，但「鼇」無攻擊、傷害之義，疑有誤。

〔二〕本書卷八云：「迦夷國大兵衆侵煞隣國，奪人男女財寳。」本句當述此事。「暴秏」，張小艷釋爲「侵損、損害」義。「買育人」，不可通，似當有誤。

〔三〕本書卷八：「優婆塞、優婆夷者，迦夷國大兵衆侵煞隣國，奪人男女財寳，人皆忘之，相率於國，男立塞使强兵防守，女人老弱令在家中。胡名劫奪曰劫叛婆，故女子居家者憂其男子在塞上爲迦夷所劫奪傷煞，遂呼男爲優婆塞；男子守塞者憂其女子在家復爲迦夷所劫奪鹵略，乃呼女爲優婆夷。」本句即取此引文末句之義。

〔四〕「三歸」，即三歸依。佛教指歸依佛、歸依法、歸依僧，道教則改造爲歸依道、歸依經、歸依師。

〔五〕「陽」指男性，「陰」指女性。「和上」，今作「和尚」。「阿尼」即指比丘尼。

〔六〕佛教文獻中多言佛爲衆生父母，如正法華經卷七如來現壽品：「佛見如是，復還出世，一切衆生皆是吾子。」吉藏勝鬘寶窟卷下：「又攝論意，佛子有五義：一以信心爲種子，二以般若爲母，三以禪爲胎，四以忍爲乳，五以佛爲父。又如無量義經，以諸佛爲父，方等經爲母，生菩薩子。」此處稱「假作父母」，蓋即指佛（老君）假稱衆生父母之事。

〔七〕此句指老君涅槃後其神返回紫微宮。

〔八〕「四鎮」，四方邊鎮。「四鎮安穆」，指邊境安寧，不再有侵境之類的征戰之事。太上洞玄靈寶真文要解上經：「當願帝主國土日昌，四鎮安穆，兵革不揚。」

〔九〕此句指製作金佛像，與前文「吾昇九天後，剋木作吾身」語意大致相近。

〔一〇〕此句指一日三時禮拜佛像求長生。印度分一晝夜爲六時，日夜各三時，故佛經多稱「一日三時」行道。道教也借用了這一觀念，如斯六八四一號自然齋儀：「十方至真、三千已得道大聖衆，及自然妙行真人，皆一日三時挺（旋）繞上宫。」伯二三四三號太上洞玄靈寶昇玄内教經：「悉以黄金爲素，白銀爲字，恬書昇玄内教，日日三時，朝礼供養。」在具體的道教儀式中，也確實是一日三時行道，伯三二八二、斯六八四一、北敦一五六三六、伯二四五五號自然齋儀即以平旦、日中、日入分述，又可詳參杜光庭太上黄籙齋儀。

十六變之時，生在蒲林号有遮〔一〕，大富長者樹提闍，有一手巾像龍虵，遣風吹去到王家，國王得之大歎吒，興兵動衆來向家，離舍百里見蓮花，國有〔二〕審看一月夜，王心惡之欲破家，忽然變化白浄舍，出家求道号釋迦。

校　注

〔一〕本首係化用樹提伽故事。求那跋陀羅譯有佛説樹提伽經，略云：「昔有一大富長者，名樹提伽，倉庫盈實，金銀具足，奴婢成行，無所乏少。有一白氎手巾挂著池邊，遇天風起，吹王殿前。王即大會群臣，坐共參論，羅列卜問，怪其所以。諸臣皆言：『國將欲大興，天賜白氎。』唯樹提伽默然無言。王問樹提伽：『諸臣皆喜，卿何以無言？』提伽答言：『不敢欺王，是臣家拭體之巾，挂著池邊，遇天風起，吹王殿前。以是之故，默然無言。』却後數日，有一九色金華，大如車輪，遇天風起，吹王殿前。王即大會群臣，坐共參論，羅列卜問，怪其所以。諸臣皆言：『國將欲大興，天賜金華。』臣樹提伽默然無言。王問樹提伽：『諸臣皆喜，卿何以無言？』提伽答言：『不敢欺王，是臣家後園中萎落之華，遇天風起，吹王殿前。以是之故，默然無言。』……王即會群臣，坐共參論，羅列卜問，怪其所以：『樹提伽是我之臣，婦女舍宅過甚於我。我欲伐之，可取與不？』諸臣皆言：『宜可取之。』王即興四十萬衆，搥鐘鳴鼓，往圍樹提伽舍數百餘重。樹提伽家門中有一力士，手捉金杖一擬，四十萬衆一時俱倒。』」本經末二句所謂「忽然變化白浄舍，出家求道号釋迦」不見於佛經，可能是道教徒的創造。

〔二〕「有」，項楚疑爲「王」字之誤。

五百歲之時〔一〕，乘龍駕虎道得昌，漢地廣大歷記〔二〕長，三十六人計弟兄，超度北闕雲中翔，新盧〔三〕酒出俱行嘗，娥媚山邊作細昌〔四〕，當此之時樂未央，伊耶〔五〕樂生壽命長。

校注

〔一〕以下二首，體例與前不一致，所言本事亦不能明。

〔二〕「記」，當讀作「紀」，謂年歲。

〔三〕「盧」，疑當讀作「壚」。

〔四〕「細昌」，不明其意。

〔五〕「伊耶」，義未詳，從下文看蓋爲樂貌。

六百歲之時，一世以去二世歸，城郭如故時人非，觀者衆多知我誰，死生各異令人悲，何不學道世欲衰，踟蹰西北長吁誰，伊耶樂生治太微。

老子化胡經卷第十

太上靈寶老子化胡妙經

太上靈寶老子化胡妙經

（前缺）

地爲大動〔一〕，人民繞壤〔二〕，无復情計〔三〕□介時，天尊於虚空之中愍念群□此城中放大光明，普照十方，城中国〔四〕□等百千万衆，皆大歡喜，悉爲礼拜□介時，有一大国王，即從坐〔五〕起，長跪叉手〔六〕□尊：「我等今日有縁，得見天尊，譬如更生〔七〕。」

校注

〔一〕原卷卷首殘損，但從文意及與普賢菩薩説證明經的對比來看，前面殘闕的内容應該不多。詳參本書前言。

〔二〕「繞壤」，中華道藏改作「擾攘」。按，「擾攘」爲聯綿詞，又作「擾穰」「擾嚷」「勞攘」「撈攘」等，「繞壤」或其異形，但他處未見。

〔三〕「无復情計」，蓋猶言「没有主意」，「情計」蓋謀劃、籌劃之義。赤松子章曆卷三却三災章：「又恐天羅地網所見纏綿，恐被一旦中傷，不蒙脱免，大小惶怖，無所情計。」卷六賣亡人衣物解罪謫遷達章：「某大小痛死憂生，無復情計，不知立何功德，以相拔贖。」義均與此同。

〔四〕「国」，「國」之俗字。唐蘇鶚蘇氏演義卷上：「只如田夫民爲農……口王爲國，文字（子）爲學，如此之字，皆後魏時流俗所撰，學者之所不用。」「口王爲國」，即指「国」字。本經之「國」多寫作「国」。

〔五〕「坐」，即今之「座」。「座」爲「坐」的後起分化字，敦煌文獻中「坐」「座」並用。雷浚說文外編：「說文無『座』字，古祇作『坐』。後漢書孝章帝紀『加以先帝之坐』，章懷注：『言顯宗神坐，今新加之。』禮儀志『神坐』『御坐』皆如此。」

〔六〕「手」，原卷此字右半殘泐，據文意及殘畫補。「叉手」，雙手合掌並交叉手指，佛教用來表示禮敬的動作。

〔七〕「更生」，重生，重新獲得生命。史記平津侯主父列傳載嚴安上書：「元元黎民得免於戰國，逢明天子，人人自以爲更生。」

尒時，天尊在坐中語諸群生曰：「我今愍汝□〔一〕前身有福，得爲種民〔二〕。我今安汝等，悉置布□〔三〕方。在東方者号爲青帝，在南方者号爲赤帝，在西方者号爲白帝，在北方者号爲黑帝，置在中央者号爲黄帝。五方各有日月，星辰列布，五穀生於山中，養於万民。從此以來，百億〔四〕国土，共相承習。」

爾時，群衆言曰：「我等今日因緣得見天尊分别解説，開悟群生，爲當何屬？」「□〔五〕等能屬道者，無上最真；樂佛者，亦是我身。」有一長者問曰：「天下唯言一生，大聖云何復有二尊〔六〕？」天尊答曰：「我觀見天下邊国，胡夷越老〔七〕，一切衆生，心意不同，不識真僞，不信罪福，各行惡逆，是故我今分身二乘，教化汝耳〔八〕。」

校注

〔一〕原卷「汝」下殘損，據行款知殘一字。從文意看，可能所殘爲「等」字。

〔二〕「種民」，道教指在末世災難後幸存下來，居於金闕後聖帝君治下的太平之世的人，詳參太平經鈔甲部。

〔三〕原卷此字殘闕，據文義當爲「五」字。

〔四〕「億」，原卷此字下半殘泐，據殘畫及文意知當是「億」字。

〔五〕原卷此字殘闕，據文義似當爲「汝」字。

〔六〕「二尊」，即下文的「二老公」，指同一天尊而有道、佛兩種狀態。敦煌文獻中有數十件普賢菩薩説證明經，本經不少内容與之相近。此處所謂大聖有二尊的説法可能即與之有關，伯二一八六號普賢菩薩説證明經：「却後數日，天出明王，地出聖主，二聖並治，并在神州。善哉治化，廣興佛法，慈愍一切，救度生死。」他們的共同源頭是唐高宗後期高宗與武后「二聖並治」的政治格局。

〔七〕「老」，當讀作「獠」。文獻中多用「獠」字指南方少數民族，伯二九五九號太上洞淵神咒經卷二：「甲午之旬年，有卅六〔万〕氏羌胡獠之鬼來煞人。」敦煌文獻中亦有其它書「獠」作「老」的例子，如伯二二五四號太上一乘海空智藏經卷五：「尒時，復有天龍鬼神、虚空龍鬼、猛馬八威、羌胡氏老，若人非人，悉共同聲。」「老」亦當讀作「獠」。斯三一八號洞淵神咒經卷七：「甲午之旬年，多有氏蛯羌胡之鬼流行。」伯二四四四號「蛯」正作「獠」。「蛯」即據「老」字增旁新造的形聲字。

〔八〕「耳」，原卷作「取」，但於文中義不可通，中華道藏校作「耳」，其說是，今據改。

天尊尒時在大城中，口説演出經教，無數無量，宣付天下，及道士、道人、沙門、羅漢。各自部典〔一〕，隨所教化，若信佛者，當以教之，而爲説法；若信道者，當以教之，而爲説法。若善男子、善女人等，愛樂是經，尊奉恭敬，勤行功德，減割身口〔二〕，月月常能建立齋戒，供養師尊，燒香礼拜，勤身苦行，六時行道，不問男子女人、道俗，若能至心聽受此經者，不遭枉横〔三〕，所在安隱〔四〕，命過之者，不墮地獄，皆登天堂紫微之宫，衣食自然。若不信經教者，訾毁駡道，不崇念善，欺陵孤寡，劫奪人物，煞害衆生，如此之罪，命終之後，當墮地獄，刀山劍樹、爐炭濩〔五〕湯，隨罪輕重，考而治之，千劫無復人形。善者受福，惡者受殃。

校注

〔一〕「部典」，蓋分部典司之義。

〔二〕「減割身口」，宗教文獻中常見，指節省自己的吃穿所用以作宗教用途。伯五五六三號太上洞玄靈寶智慧定志通微經：「既能信道，用信道故，故能信經，滅（減）損身口，以用受經，財報無盡，故謂無量，加得信道之福。」斯五七六二號開皇十七年寫經題記：「開皇十七年四月一日，清信優婆夷袁敬姿謹減身口之費，敬造此經一部，永劫供養。」義均與此同。

〔三〕「枉横」，指冤枉（的官司）和意外，宗教文獻中常見。斯七九三號太上洞玄靈寶天尊説濟苦經：「如是弟子，恒圍衛我，愍其練行，能敬道法，爲除煩惱，終無枉横。」伯二七四九號洞淵神呪經卷九：「自今有識之士信用行者，天人必佐之耳，終不令其枉横也。」

〔四〕「安隱」，即今「安穩」。説文新附：「穩，蹂穀聚也。一曰安也。从禾隱省。古通用安隱。」

〔五〕「濩」，原作「灌」，據文意當作「濩」。「濩」又爲「鑊」的换旁字。「鑊湯」，指鼎鑊中煮著的開水。刀山、劍樹、爐炭、鑊湯都是地獄刑罰。

天尊言：「東九夷、南八蠻、西六戎、北五狄〔一〕、中央三秦〔二〕，東西南北十方世界，恒河沙數，皆由天尊威恩降伏，賞善罰惡。若有魔王眷屬、諸神廟祀、天祇地祇、衆耶魍魎，世間前後死喪斗加〔三〕，芦尸惡注〔四〕疾病人民，又諸道士宣威救急，行道教化，降伏諸魔惡鬼，皆由天尊威振神耳。」

校注

〔一〕這是中國傳統對邊疆民族的稱呼，禮記明堂位：「九夷之國，東門之外，西面北上。八蠻之國，南門之外，北面東上。六戎之國，西門之外，東面南上。五狄之國，北門之外，南面東上。」

〔二〕「央」，原作「殃」，據文意當作「央」。「三秦」，即關中一帶。史記秦始皇本紀：「滅秦之後，各分其地爲三，名曰雍王、塞王、翟王，號曰三秦。」後世用此典稱關中一帶爲「三秦」。

〔三〕「斗加」，「斗」即後世之「陡」，説文斗部「斗，十升也」，段玉裁注：「此篆叚借爲斗陗之斗，因斗形方直也。俗乃製陡字。」此處「斗」爲「突然」之義。「斗」字此義敦煌文獻中習見。斯三三二八號伍子胥變文：「遥望松羅（蘿），山崖斗暗。」斯二〇七三號廬山遠公話：「雲露（霧）斗暗。」伯二三〇五號妙法蓮華經講經文：「未審大王緣甚事，心中斗不戀嬌奢。」皆其例。「死喪斗加」即指死亡陡然增加。

「死喪」又爲惡鬼名，指人死後變化之鬼，可令人得病。登真隱訣卷下：「若注氣鬼病，當作擊鬼章。」原注：「謂家有五墓、考訟、死喪、逆注之鬼來爲病害，宜攻擊消散，請後四胡、高倉君將等，上章畢者，合擣服之，如後法也。」道教又認爲北斗主管生死，洞真上清開天三圖七星移度經：「生死離合，莫不由於七星。故人爲斗所加則死，斗所移則生。」亦有可能「斗加」爲災禍或惡鬼名，與前後之「死喪」「蜚尸」等並列。

〔四〕「茾」，字書不載。「茾尸」當即「飛尸」「非尸」，一種惡鬼。雲笈七籤卷一四三洞經教部引黄庭内景秘要六甲緣身經云：「若人卒得疾，及癰瘇、惡氣、飛尸（案，上清黄庭養神經作「非尸」）、百毒、惡夢之屬，便閉氣闇誦甲午至戊戌止，留氣在上斗中。」道樞卷二八太清養生下篇：「五尸死者，亦陽也。一曰飛尸，二曰遁尸，三曰風尸，四曰沉尸，五曰注尸。」所謂「茾尸」當即「飛尸」。

「惡注」，即前引登真隱訣卷下之「逆注」，指能引起惡性傳染病的鬼。「注」即「注氣」，今作「疰」。千金要方卷三〇針灸下風痹第四中有「飛尸遁注」一節，其中云：「天府，主卒中惡風邪氣，飛尸惡注，鬼語遁尸。」

天尊言：「吾遊行万国之地，以道教化，皆悉歸向〔二〕，唯有胡国不伏。」天尊變形，乃作凡夫，入其国土。胡人男夫女婦，皆共驚怪。天尊言：「汝等有何驚怪？我來化汝也。」胡人聞之，舉国大小，無不驚咲。

天尊言：「汝莫咲我等二老公，今大飢渴，汝一国爲吾作食，乃可飽耳。」胡人一国即爲作食，種種無數。二尊共食不飽，胡人大小皆大驚怪。天尊言：「汝等一国飼我不飽，我今復爲汝設食。」天尊以金槌打地，五方飲食，種種無數，一時來下。胡国大小食此，百方不遺。一胡人心由惢强〔二〕，乃以天尊囚縛。宣勑一国，聚柴積如丘山，以二尊著於柴上，持火從下燒之，烟火熾盛。七日七夜，柴消火滅，胡人往看，但見天尊顔色豐悦，光耀照天，誦經振動四方〔三〕。

校注

〔一〕「歸向」，歸依。大方便佛報恩經：「衆生亦爾，繫屬於魔，有生死罪，歸向三寶，以求救護。」

〔二〕「一」，疑爲衍文。「由」，通「猶」。敦煌寫本「猶」「由」多混用。「惢」，即「凶」之增旁字。「凶强」，凶暴强横。雲笈七籤卷四五秘要訣法修真旨要：「有凶强故氣之鬼不忌太上道法。」

〔三〕關於老君與胡王互相設食以及胡王火燒老君之事，在多種化胡經中都有體現，可參本書附録所引三洞珠囊卷九及混元聖紀卷四。

胡人惶怖馳告。胡王聞之，皆大惶怪，便自出，將領千軍万乘，以金銀輦轝剛〔一〕取二老公，著於殿上。舉国大小，千重万匝，叩頭礼拜，乞存生命。天尊言：「汝等胡人雖尒，心由惢惡。爲汝等除落鬚髮，偏肩露膊。」不令妻娶，断其種族。使立塔寺，徒衆朝暮礼拜，奉事天尊丈六金剛形像，常如今日。起立華香幢幡，真珠瓔珞，供養形像，燃燈續明〔二〕，轉誦經文。六時行道，如似原物〔三〕。

天尊言：「吾化伏胡国，安立形像、寺塔，正定天下万国之主。天尊宫殿在於虚空之中，諸音伎樂自然有之。世間愚癡人輩謂言天尊無像〔四〕。天尊生出以來，經歷數劫，恒河沙等，不可窮盡，變形世間，或大或小，或老或少。天地大聖，以道爲尊。」

校注

〔一〕「剛」，當讀作「扛」。文獻又有「掆」字，則又爲「剛」之後起换旁字。匡謬正俗卷六：「或問曰：吴、楚之俗謂相對舉物爲『剛』，有舊語否？答曰：扛，舉也。音江。或作『舡』。史記云：『項羽力能扛鼎。』張平子西京賦云：『烏獲扛鼎。』並是也。彼俗音訛，故謂『扛』爲『剛』耳。既不知其義，乃有造『掆』字者，固爲穿鑿也。」

〔二〕「續明」，使長明燈接續光明。佛、道教認爲點長明燈有種種功德，故鼓勵信衆捐助燈油，爲長明燈續明。

〔三〕「如似原物」，義不能明。此段與老子化胡經卷八末尾略相近，可參看。

〔四〕在佛道交争的過程，佛教徒對道教攻擊的一個方面便是道教原本無像，後依仿佛教立像。如法琳辯正論卷六：「考梁陳齊魏之前，唯以瓠盧成經，本無天尊形像……王淳三教論云：『近世道士取活無方，欲人歸信，乃學佛家制立形像，假號天尊，及左右二真人，置之道堂，以憑衣食。』」同書卷八：「陶隱居内傳云：在茅山中立佛、道二堂，隔日朝禮。佛堂有像，道堂無像。所以然者，道本無形，但是元氣……若言有者，古來書籍曾所不載。今作道形，依何取則？如其有者，昔所未傳。」

天尊言：「我在宫中觀万民，作善者少，興惡者多。大劫欲末，天尊遣八部監察，以甲申年正月十五日詣太山主簿〔一〕，共竿世間名籍〔二〕。有脩福建齋者，三陽地〔三〕男女八百人得道，北方魏都地千三百人得道，秦川漢地三百五十人得道，長安晉地男女二百八十七人得道。自餘邊国人非人等，或人頭鳥身，一人兩頭，似人非「人」〔四〕，恒河沙爲數，不知人事，不識真僞，如此人輩，死墮六畜之中，從一劫乃至千劫，輪轉周而復始。有此得道男女，由其前身脩福，奉持經戒，常念三寶〔五〕，今悉登天堂，宫殿樓閣，悉用七寶；流泉涌池，池中蓮華，皆如車輪；諸音伎樂，在於前後〔六〕，世之難有。此皆福賴〔七〕，巍巍如是。」

校注

〔一〕南北朝道教文獻中有以甲申年爲末日的傳説，伯四六五九號太上洞玄靈寶自然至真九天生神章：「甲申洪灾至，控翮王母家。永享無終紀，豈知年劫多。」伯三三一三三號太上洞淵神呪經卷一：「真君不遠，甲申灾起，大乱天下，天下蕩除，更立天地，真君乃出。」太上洞玄靈寶諸天内音自然玉字：「得遇吾此道，其祚自强，以保甲申，普度天人。」

「太山」，即「泰山」，爲傳説中死者所歸之處。洞玄靈寶五嶽古本真形圖：「東嶽泰山君，領群神五千九百人，主治死生，百鬼之主帥也。血食廟祀，宗伯者也。俗世所奉鬼祠邪精之神。而死者皆歸泰山，受罪考焉。」太上妙始經：「崐崘四天以外有鐵圍山，山外有日月所不照，名曰八冥界，則泰山府君之位，統領諸獄，人死歸之，簡録罪福，然後分遣其人入於諸獄中。獄中有鑊湯、轉輪、銅柱、鐵錐、刀劍諸苦痛，不可具言。」「太山主簿」即冥司官吏。

〔二〕「笇」，「筭」之俗字，干禄字書：「笇筭，上俗下正。」「世間名籍」，道教認爲仙界保存世人的簿籍，上面記録著一生的善惡，是世人昇仙抑或地獄受拷的依據。伯二六〇六號太上洞玄靈寶無量度人上品妙經：「諸天承（丞）相，南昌上宫，韓司主録，監生大神，執録把籍，齊到帝前，隨所應度，嚴校諸天。」太上洞玄靈寶業報因緣經卷一：「諸天之下，復見有諸天大聖乘雲駕虚，持旛建節，按行衆生罪目籍録……見有諸天仙人靈人，及諸飛天神王、善惡童子，日日游行人間，條録善惡，以奏諸天。見有雲宫星府、日月宫殿、山川嶽瀆靈官，考較人民善惡功過。」此處所言太山主簿所掌的名籍，也是這一類簿籍。

〔三〕「三陽地」，此稱不見於其它文獻，從句意猜測可能是指南方地區，但與下文句式不一致，或有脱誤。

〔四〕中華道藏於此補「人」字，是。

〔五〕「三寶」，佛教指佛、法、僧三寶，道教依仿此觀念也造作了道教的「三寶」，指道、經、師三寶。雲笈七籤卷四三：「必宗三寶：一曰道寶，二曰經寶，三曰師寶。師寶者，得道人爲我師也；經寶者，自然妙文，師所傳也；道寶者，無形之形，即太上是。」

〔六〕此段可能受到了阿彌陀經的影響，彼文云：「極樂國土有七寶池，八功德水充滿其中，池底純以金沙布地……池中蓮花，大如車輪，青色青光，黄色黄光，赤色赤光，白色白光，微妙香潔……彼佛國土，常作天樂。」

〔七〕「福賴」，似不可通，或有脱誤。伯二一八六號普賢菩薩説證明經有「皆是普賢菩薩威神之力，巍巍如是」一句，佛經中習見此類表述。「此皆福賴，巍巍如是」應該就是改造自此類表述。「福賴」也可能是道教徒生造的詞。

天尊言：「上有卅三天〔一〕，周迴十方，無窮無極，恒河沙數。造立天地以來，有大須弥山，有大鐵圍山、大海，是名三千大千国土，人民滿中〔二〕。天下亦有百億日月，一日月傍照四天下，輪轉周而復始〔三〕。地下有大水，風在其上〔四〕；地下有樹，枝葉四布八万九千里，無邊無畔，不可窮盡〔五〕，亦不可思議，莫能知者。」

校　注

〔一〕「卅三天」，這是來自印度的天界觀，佛經中習見，如長阿含經卷二〇：「須彌山王頂上有三十三天城，縱廣八萬由旬，其城七重。」三十三天的具體名稱可參正法念處經卷二五。南北朝道教也吸收了這一觀念，但現存文獻中較爲少見。

〔二〕這是源自佛教的世界觀。佛教認爲世界中間爲須彌山，周圍爲鐵圍山，兩者中間是四大洲、大海等。佛説立世阿毗曇論卷二數量品：「是世界地形相團圓，如銅燭盤，如陶家輪，是世界地亦復如是。猶如燭盤邊緣隆起，其鐵圍山亦復如是。譬如燭盤中央聳起，其世界中有須彌山王，亦復如是。」佛教認爲這僅是一世界，長阿含經卷一八：「如是千世界……是爲小千世界。如一小千世界，爾所小千千世界，是爲中千世界。如一中千世界，爾所中千千世界，是爲三千大千世界。」是「三千大千世界」有十億世界。本經稱「有大須弥山，有大鐵圍山、大海，是名三千大千国土」，不知是有脱誤還是對佛教文獻的誤讀。

〔三〕佛經中多稱三千大千世界有百億日月，如曇無讖譯大般涅槃經卷四：「我已久住是大涅槃，種種示現神通變化，於此三千大千世界百億日月，百億閻浮提種種示現。」這是由於佛教翻譯者以「億」直接對譯了「俱胝（千萬）」。慧苑新譯大方廣佛華嚴經音義卷中：「一百洛叉爲一俱胝，洛叉，此云萬也；俱胝，此云億也。」本經稱「百億日月」，亦當從此出。

〔四〕這也是佛教的世界觀。那先比丘經卷下：「天下地皆在水上，水在風上，風在空上。」本經稱「風在其上」，不知是對佛經的誤讀還是有脱誤。

〔五〕佛經中每言世界中有大樹，如長阿含經卷一八：「須彌山北有天下，名欝單曰……欝單曰有大樹王，名菴婆羅，圍七由旬，高百由旬，枝葉四布五十由旬。」本經之文可能從此化出。

天尊言：「天地開闢以來，三皇五帝，尒時吾經百劫，身滅更生，受命八万七千歲〔一〕。人民俱尒，共相率生，慈心相向〔二〕，不賊不害，不偷不盜。四方亦無兵革，国土通同，人民歡樂，受命極長。滿一劫，人民死盡，皆生天堂，無有受苦。從來至今，以經〔三〕九万年，人民衆多，世亡没墮，復更生人，心〔四〕轉惡。国王帝主，君弱臣强，共相攻罰，或父子自相魚宍，兵刀水火，更相弒〔五〕人。民多作惡，無一善者，貪財愛色，六親相賤，無尊無卑，無大無小。惑〔六〕父煞子，或子煞父，顛倒上下，無常根本。一切衆生，競爲作惡，不可教化。以是天遣百部使者，行九十種病，頭痛、寒熱、疫疾，及霍乱、轉筋、腹痛、赤下、癰腫、惡瘡，及官〔七〕刀兵、惡賊所煞，水火熕燒〔八〕溺水，死罪繫獄，自煞滅盡〔九〕。哀哉，痛哉！我念汝等崩山瓦解，唯善得度，不遭横死，与聖俱出耳。」

校注

〔一〕「受命」，即壽命。此處可能與南北朝中後期流行的彌勒信仰有關。但在正統的佛教經典中，似多稱彌勒住世時人壽八萬四千歲，舊題竺法護譯佛説彌勒下生經：「兜率諸天各各唱令：『彌勒菩薩已降神生。』……爾時，人壽極長，無有諸患，皆壽八萬四千歲。」伯二一八六號普賢菩薩説證明經云：「彌勒治化時，人受八万七千歲。自欲受終時，不勉自然生。復欲受終時，託生無量壽，自然蓮華生。」本經與普賢菩薩説證明經皆稱壽八萬七千歲，可能它們均有獨立於正統信仰之外的來源。

〔二〕「慈心相向」，謂以慈愛之心相互對待。佛般泥洹經卷上：「比丘僧當有慈心於天下，有慈心於佛，人罵不得應，不得恨。持慈心向天下，如獄中有繫囚，常慈心相向。人處世間，亦當慈心轉相慜念。」前後對比可知，「慈心相向」與「慈心轉相慜念」大致相近。

〔三〕「以經」，即「已經」。「以」「已」古本同字，敦煌文獻中亦多混用。

〔四〕「心」上似脱一「人」字。

〔五〕「弑」，即「弒」字之俗。但敦煌俗書「殺」「弒」多相混，此處當讀爲「殺」。

〔六〕「惑」，據文意當作「或」。

〔七〕「官」，疑當作「縣官」「官事」「横官」之類，指遭官司，被官府繫獄。斯一九〇六號太上洞玄靈寶真一勸戒法輪妙經：「若逢縣官，吏司所録，思念是經，結縛即解，吏皆歡然。」洞淵神呪經中多言「官事解了」，普賢菩薩説證明經亦言「不遭横官」。

〔八〕「熉燒」，原作「憒燒」，據文意當作「熉燒」。

〔九〕這種末世景象與洞淵神呪經的描述頗爲相近。伯三二三三號洞淵神呪經卷一：「大劫欲至，治王不整，人民吁嗟，風雨不時，五穀不熟，民生惡心，反乱叛逆，父子兄弟，更相啚謀，以致滅國，怨賊流行，煞害無辜。當此之世，疫氣衆多，天下行九万種病，病煞惡人。遣赤頭煞鬼，鬼王身長万丈，領卌六万億煞鬼，鬼各持赤棒，遊歷世間，專行取生人，日日候之。青炁者卒死，赤炁者腫病，黄炁者下利，白炁者霍乱，黑炁者官事。此鬼等持此炁布行天下，煞其愚人。」

天尊言：「我今愍念群生，可宣吾經教，不問佛道魔俗、男子女人，若能尊奉明法，勤脩功德，建立福田〔一〕，轉經行道，一日一夜，燒香礼拜，步虚詠誦〔二〕，懸繒幡盖，監察直事〔三〕月月來下檢察脩福，表上善者，上昇天堂，衣食自然，快樂無極。世間愚癡人輩謂呼無是，咲人作善，不作福德，作罪得罪，不信人死神明更生，愚癡迷或〔四〕，信耶到見〔五〕，死入地獄，陸犁十八地獄〔六〕、玄沙北獄、太山廿四獄〔七〕，及在中都大獄〔八〕，日月所不加〔九〕，三掠之考〔一〇〕，万痛交行，求生不得，求死不得，考楚万端。如此衆罪，百劫不復。所以者何？譬如王法牢獄，亦復如是。」

校　注

〔一〕「建立福田」，佛教、道教認爲行善積德可得福報，猶如春種秋收，故稱「福田」。此處「建立福田」則主要指舉行齋會儀式。此下「轉經行道」至「懸繒幡盖」均是齋會儀式中的内容。

〔二〕「步虚詠誦」，指道教徒在齋醮儀式中以一種特殊的步法行走，同時口中要贊誦「步虚詞」。

萬歷續道藏有洞玄靈寶玉京山步虛經，可參。道教認爲這種儀式是在模仿神真朝晏玉京，洞玄靈寶齋説光燭戒罰燈祝願儀：「今道士齋時，所以巡繞高座，吟詠步虛者，正是上法玄根衆聖真人朝宴玉京時也。行道禮拜，皆當安徐雅步，審整庠序，俯仰齊同，不得參差。巡行步虛，皆執板當心。冬月不得拱心，夏月不得把扇，唯正身前向，臨目内視，存見太上在高座上，注念玄真，使心形同丹，合於天典，則爲飛仙之所嗟歎，三界之所軌範，鬼神之所具瞻也。不得左顧右眄，更相前却，及言語笑謔，有所呵喚，則觸忤威靈，四司糾過，五帝結刑，明科所禁，可不慎哉！」

〔三〕「直事」，即「值事」，指值班者。道教文獻中神吏多有稱「直事」者，齋會儀式中多需關啓「監齋直事」監臨齋堂，並向上天傳遞祈願内容，如伯二四〇六號太上洞玄靈寶明真經科儀：「依威儀舊法關啓，上請天仙、地仙……卅二天監齋直事……一合來下，監臨齋堂，揲香願念，應口上徹。行道事竟，皆啓還天宮。」伯二三四三號太上洞玄靈寶昇玄内教經：「厶帝直符吏二人出，今日直事厶甲，從官若干人，六龍各各嚴莊冠帶，執玉撿案，上詣帝庭，關啓臣等所奏焚符啓事。從今以去，至行道畢，悉令條達，無使遺脱。」

〔四〕「或」，即「惑」。「或」「惑」古今字。

〔五〕「耶到見」，即「邪見」與「倒見」，指不符合其宗教教義的見解。「耶」爲「邪」字異體，「到」「倒」古今字。

〔六〕「陸犂十八地獄」，文獻未見，當是據「十八泥犂」改造的詞，可參佛説十八泥犂經。

〔七〕「太山廿四獄」，道教地獄名。元始五老赤書玉篇真文天書經卷下：「元始靈寶西南大聖衆……常以月二十四日，上會靈寶太玄都玉京朱宫，共集考校三官九府、五嶽北酆、泰山二十四獄罪刑簿目，鬼神天人責役輕重之事。」伯二四五七號閲紫録儀三年一説：「紫宫玉臺度世下黄司空公三人出，爲我考覈九地太山廿四獄諸司，解散三曾五祖、七世父母，下及我身、妻子諸所犯違。」但文獻中未見「太山二十四獄」的具體名目，大約南北朝中後期，這一傳説與酆都山的觀念結合，産生了「酆都山二十四獄」的説法。參第一二六頁注〔四〕「二十四獄」下注。「玄沙北獄」正是酆都山山中央的第一獄。

〔八〕「中都大獄」，亦爲道教舊有的地獄名，可能和天師道有密切關係。赤松子章曆卷四遷達先亡言功章：「願臣今奏章告下天地水三官、泰山二十四獄、中黄天九平獄、中都大獄、水官土府。」

〔九〕佛教認爲地獄中日月所不能照，如大樓炭經卷二泥犂品：「有大鐵圍山，更復有第二大鐵圍山，中間窈窈冥冥，其日月大尊神光明不能及照，其中有八大泥犂。」

〔一〇〕「三掠之考」，道教地獄的懲罰。太真玉帝四極明科經卷一：「凡犯玄科，死魂各付所屬獄，身爲力士鐵杖所考，萬劫爲一掠，三掠乃得還補三塗之責。」

天尊尒時在廣城中，與諸国王、大臣、人民百千万人，及諸道士，共會説法：「汝等從今以去，廣宣吾教。大劫將終，示化人民，懃作功德，起立寺塔精舍，遼理福業〔一〕，廣救衆生，及一切蝗飛蠕動〔二〕、有形之類，過度惡世，得見太平，與真君〔三〕相值。末劫之後，山河石壁，無有高下〔四〕。香水洗身，然後真君來下，及弥勒衆聖治化，更生日月星辰，列布在空中，普照十方，諸天善神皆共來下。人民長大，無痛苦惱，五穀豐熟，一種三收，米長五寸，食之香美〔五〕。金銀寶藏，悉皆露形〔六〕。亦無虎狼毒虫。国土交通，人民歡樂，世之希有〔七〕。男子女人，勤脩功德，普救貧窮孤老，師尊道士，愍念群生，得見太平。」

校注

〔一〕「遼理」，又可作「料理」「撩治」等，爲處理、整治之義。「遼理福業」即指行善積德、布施供養等事。

〔二〕「蝗飛」，亦作「蜎飛」「蜎蜚」「翾飛」，飛翔之義。「蝗飛蠕動」，指能飛和能動的，文獻中常用來借指一切生靈，如韓詩外傳卷七：「天下咸獲永寧，蝗飛蠕動，各樂其性。」

〔三〕「真君」，本爲道教一類神真的稱呼，但在洞淵神呪經等與天師道關係密切的經典中，「真君」成爲劫末救世主的稱呼。伯三二三三號洞淵神呪經卷一：「真君不遠，甲申灾起，大乱天下，天下蕩除，更立天地，真君乃出。既來，聖賢仙人及受經文之者，一切來助，左右東西南北道士爲佐，無有愚人。汝等世人，但受此經，自然見真君。」本經則將這種「真君」信仰與佛教彌勒信仰結合起來。

〔四〕佛教的理想世界往往是土地平正無高低，如妙法蓮華經卷三授記品：「我此弟子摩訶迦葉……於最後身，得成爲佛……國界嚴飾，無諸穢惡、瓦礫、荆棘、便利、不净。其土平正，無有高下、坑坎、堆阜。」彌勒國土中自然也是如此，佛説彌勒下生經：「爾時，閻浮地東西南北千萬由旬，諸山河石壁皆自消滅，四大海水各減一萬。時閻浮地極爲平整，如鏡清明。」

〔五〕此處所言亦與彌勒信仰有很大關係。佛説彌勒下生經：「爾時，閻浮地内自然生粳米，亦無皮裹，極爲香美，食無患苦。所謂金、銀、珍寶、車𤦲、馬瑙、真珠、虎珀，各散在地，無人省録。」鳩摩羅什譯佛説彌勒大成佛經：「閻浮提中常有好香，譬若香山。流水美好，味甘除患，雨澤隨時。天園成熟，香美稻種，天神力故，一種七穫，用功甚少，所收甚多，穀稼滋茂，無有草穢。」吉藏彌勒經游意：「可彌勒佛出世時，田一種七獲，米長七寸，白如珂玉，甘甜如蜜，如劫初米四寸也。衣寸從樹生，自然而有，同如北鬱單越國也。」

〔六〕「金銀寶藏，悉皆露形」，這既與前述的彌勒信仰有關，也是道教祥瑞的表現。伯二三九九號太上洞玄靈寶空洞靈章：「是時國土，靈瑞自然，地藏發泄，金玉露形，散滿道路，黄金鷹地，珠玉緣階，七寶纓絡，非可稱量。」伯二六〇六號太上洞玄靈寶無量度人上品妙經：「説經九遍，地藏發泄，金玉露形。」

〔七〕道教認爲末世後真君出現重建極樂世界，伯三二三三號洞淵神呪經卷一：「真君者，木子弓口，王治天地大樂，一種九收，人更益壽，壽三千歲。乃後更易，天地平整，日月光明，明於常時……真君出世，無爲而治，無有刀兵、刑獄之苦。聖王治化，人民豐樂，不貪財錢。無有雞肫犬鼠牛馬六畜，鳳皇爲家雞，騏驎師子爲家畜。」伯二七九三號洞淵神呪經卷九：「真君垂出，惡人不信，天遣煞鬼來欲誅之。蕩除天地，更造日月，布置星辰，改弦易調。神人法治，仙人爲佐，万劫不死，無有兵刀，地皆七寶，衣食自然，無有六畜，男女悉聖，無有惡人也。」

尒時，天尊在大城中教化時，坐中有国王，從坐而起，馳到天尊前，長跪叉手，白言：「我等今日遇蒙天尊説法教化，安置十方，開悟群生，不勝巍巍，布囑〔一〕此經，何名之也？」天尊言：「此經凡有三名，一名元始大聖，二名老子，三名天尊〔二〕。」於是国王大臣，又諸人民，一時作礼奉行〔三〕。

太上靈寶老子化胡妙經

校　注

〔一〕「布囑」，文獻中未見。佛教文獻中常見「付囑」一詞，指將經書託付與人，使弘法傳教，如妙法蓮華經卷四見寶塔品：「誰能於此娑婆國土廣説妙法華經，今正是時。如來不久當入涅槃，佛欲以此妙法華經付囑有在。」或此處「布」字即「付」之音訛，亦或此詞是本經作者據

「付囑」生造的詞。

〔二〕此三名似乎僅僅是爲湊足經書形式（參下注），看起來並非經名，可能是對老子十號的模仿和改造，參前老子化胡經卷一。

〔三〕佛經結尾往往有聽法衆求付囑、問經名、歡喜奉行等情節，如大方便佛報恩經卷七親近品：「如是等諸菩薩各自立奇特妙願，莊嚴菩提，利益一切衆生。爲念佛恩，爲報佛恩故，即從座起，胡跪合掌，而白佛言：『願以此經付囑我等諸菩薩衆。』阿難白佛言：『世尊，云何名此經？云何奉行？』佛告阿難：『此經名攝衆善本，亦名大方便，亦名微密行，亦名佛報恩。』佛告阿難及諸大菩薩摩訶薩衆：『汝等當如説修行！』説是囑累品時，七萬二千聲聞發無上菩提之心，及餘一切諸天、龍、鬼神、乾闥婆、緊那羅、摩睺羅伽、人非人等，及一切大衆，聞佛所説，歡喜奉行。」本經應該也是模仿了佛經的這種形式。

别本老子化胡經

（前缺）

无極太上〔一〕，至後天地開闢千六百億年，无世不化。然時人知我者希〔二〕。在賢知賢，在愚知愚。汎汎然与俗同狀〔三〕，世人不知，或謂吾是聖，或謂是凡，或謂日月五星之精，或謂是太宗師，或謂之天人帝王之師，不知吾是天尊，不知吾是虚无之母也〔四〕。

校注

〔一〕「无極太上」，道經中天尊、道君等前多有此號，此處可能也是老君前世的稱號。雲笈七籤卷三天尊老君名號歷劫經略：「老君至開冥賢劫之時，託生榑桑太常玉帝天宫，以法授榑桑太帝，號曰無極太上大道君。」

此以上殘闕，内容不可知。杜光庭道德真經廣聖義卷二：「第十，演上清者，老君於上三皇時，人尚淳樸，以龍漢元年號玄中法師，以上清聖教一十二部大乘之道開度人天也。第十一，傳靈寶者，中三皇時，老君以赤明元年號有古先生，降靈寶真經一十二部中乘之法，開化一切，救度兆人也。第十二，出洞神者，下三皇時，人心樸散，老君以開皇元年號金闕帝君，出洞神經一十二部小乘之法，開度萬品也。」混元聖紀卷一：「徐整三五歷紀云：元炁肇始，有神人號天皇，時老君降世，號通玄天師，一號玄中大法師……地皇，老君下降爲師，號有古大先生……人皇，老君下降爲師，號盤古先生。」元趙道一歷世真仙體道通鑑卷一與本經下文内容亦有很多相近之處，該書於伏羲之前云：「通玄天師，一號玄中大法師，在天皇時出洞真經一十二部，以無極大道下教人間。有古大先生，於地皇時出洞玄經一十二部，化人以無上正真之道。盤古先生，在人皇時出洞神經一十二部，化人以太平無爲之道。」三部書的内容大致相合，且後言「天地開闢」，正與盤古呼應，今疑本經前文可能正是與此相關的内容。

〔二〕「知我者希」，此化用道德經原文，河上公注：「惟達道者乃能知我。」

〔三〕「汎汎然与俗同狀」，道德經：「大道氾兮，其可左右。」河上公注：「言道氾氾，若浮若沉，若有若無，視之不見，説之難殊。道可左可右，無所不宜。」此處當即化用道德經義。

〔四〕「无」，原卷此字殘泐，據殘畫及文意補。道德經「無名天地之始」，河上公注：「無名者謂道，道無形，故不可名也。始者道本也，吐氣布化，出於虚無，爲天地本始也。」此處「虚无之母」可能即指作爲「天地之始」的「无」之母。

道言：天地合會，三千六百億万歲一小合會也。大合會之時，天下蕩然，无有人民〔一〕。伏羲之前，大會无數，吾於其中導引衆生，過度災厄。伏羲時下爲師，号宛華，稱田野子，作元陽經三十四卷。神〔二〕農時出爲師，号曰太成子，作〔三〕太一元精經〔四〕三百六十卷。祝融時出爲師，号曰傅豫子，作案摩通精經九十卷。三家共脩无爲之術，而治万八千歲，以致太平。人民純朴，正〔五〕有无爲，无有餘法，唯有元始自然法耳。不侵不害，道炁歸身。當此之世，可謂三皇之君矣。伏羲之前〔六〕八万歲，於玉京山南作太清經〔七〕三百卷，作太宗守道之法，於座定志不起，歷万餘年〔八〕。衆生沉淵〔九〕，而復一見，權變導引，而子不知。

校注

〔一〕太上妙始經云：「其要妙廣遠彌漫，不可得名，故字之曰道。合則爲元氣，散則天地。天地三千六百億萬歲一合會。數窮於三五七九，而天地壽盡。壽盡之時，陽精化爲火，陰精化爲水。先以火燒，其上至六天，下至九地。然後以水平之，混而歸一。復三千六百億萬歲一開，方復分別元氣，清者爲天，濁者爲地。天玄而清，地本而黄。太陽之精爲日，太陰之精爲月。復分日月之精爲星辰二十八宿。天有四時、五行、六甲、十二時。天地之氣交合，然後人民、禽獸、草木、蝖行蠕動，森然皆生，乃有五嶽、四瀆、三十六山，興雲布雨，置立三皇五帝，胤胄百姓，更相産孺。如此元氣一合一開，無有窮極。從始至終，益已數千百萬歲，開合不可復計。」是「天地合會」之義。

〔二〕「四卷神」三字，原卷殘泐，據項楚説補。歷世真仙體道通鑑卷二：「一號宛華，稱田野子，作元陽經三十四卷。」三洞珠囊卷九與此略同，但「宛華」誤作「究爽」。

〔三〕原卷「子」字下半及「作」字上半泐，據殘畫及文例補。

〔四〕「元」，原作「九」，據三洞珠囊卷九、歷世真仙體道通鑑卷二，當爲「元」字之誤。

〔五〕從下句「无有餘法」看，或「正」似當爲「止」字之誤。三洞珠囊卷九無此句。

〔六〕原卷「羲之前」三字右半殘泐，據殘畫可識。

〔七〕原卷「清經」二字右半殘泐，據殘畫可識。

〔八〕本書前言中已經提到，三洞珠囊卷九、道德真經廣聖義卷二、歷世真仙體道通鑑卷二等書中都没有老君於伏羲之前作太清經的記載，雲笈七籤卷二所引太上老君開天經雖提到了太清經，但稱是帝舜時所作，與本經顯然不同。道德真經廣聖義卷二於祝融時作按摩通精經之後又云：「第十六制法度者，自下三皇以後，伏羲以前，未有典禮，鳥獸同群，老君以道開化，漸漸生心，辯形食味，參以五行，廣施經法，勸化兆人矣。第十七作形器者，自伏羲之後，老君示以世法，制禮樂以叙尊卑，造衣章以明貴賤，作宫室以代巢穴，爲舟車以濟不通，置棺椁以代衣薪，造弧矢以威不順，立刑獄以戒兇暴，造書契以代結繩。服牛乘馬，引重致遠，日中爲市，交易而退，耒耜杵臼之利，重門擊析（柝）之規，並老君教於時君，以化於物也。」而後即接以黄帝時作道成經等事。本經很可能參考了與道德真經廣聖義所據之書類似的經典，所以在述祝融時事之後又插入伏羲以前之事。

〔九〕「衆生沉淵」，蓋指劫運之末的大洪水使衆生被淹没。道教有伏羲前爲劫運之末的傳説，可參前老子化胡經卷一〇老君十六變詞第十一首。

道言：吾黄帝時出爲師，号曰力默子，作道成經七十卷。帝嚳時〔一〕出爲師，号曰緑圖子，作黄〔二〕庭經五十卷。帝堯時出爲師，号曰務成子〔三〕，作政事、宣化經各四十卷〔四〕。帝舜時出爲師，号曰尹壽子，作通玄真一經七十卷、道德經千二百卷，自稱太宗師。世人能念太宗師者，苦痛自止，所願從心。自三〔五〕五霸之後，帝王相承，人性有好惡，壽命有長短，稟之於元炁，遭之於〔六〕

（後缺）

校　注

〔一〕原卷「七十卷帝嚳時」六字殘泐，除末「時」字可識外，餘均不可辨。歷世真仙體道通鑑卷二云：「一號力默子，作道成經七十卷……録圖子在帝嚳時降于江湄，説黄庭經……一云作黄庭經五十卷。」三洞珠囊卷九亦云：「帝嚳時出爲帝師，號曰録圖子，作道理黄庭經。」據補。

〔二〕原卷「圖子作黄」四字殘泐，據前引歷世真仙體道通鑑卷二補。

〔三〕原卷「子」字殘泐，據三洞珠囊卷九、歷世真仙體道通鑑卷二補。

〔四〕「政事、宣化經」，歷世真仙體道通鑑卷二同，三洞珠囊卷九作「正事經」，太上老君開天經作「政事經」，道德真經廣聖義卷二作「政事離合經」。從「各四十卷」的「各」字來看，大約政事爲一經，宣化爲一經。

〔五〕疑「三」字下脱「皇」字。

〔六〕三洞珠囊卷九云：「黄帝至聖，遂使帝業相承，壽命有長短，象之五行，更相尅伐，强弱相凌，此謂五帝。」與此文大意相近，可略推全句之意。

本卷下文殘闕，兹據歷世真仙體道通鑑卷二、三洞珠囊卷九擬補主要内容如下：「夏禹時出爲師，號季子肯（或作李子胥），作元始經四十六卷，復作妙樂經七十卷，復作德戒經三十卷。商湯時降爲師，號錫壽子（或作錫則子），或稱戒子肯，作道元經七十卷。文王時出爲師，號燮邑子，復稱赤精子，亦爲守藏史。武王時出爲師，號郭叔子，亦稱續成子，或號天老公，復稱爲老君。乍爲常人，乍爲柱下史，作長生經三十卷。」此後蓋即接以西出化胡之事，三洞珠囊卷九係之於幽王時，歷世真仙體道通鑑卷二則係之於成王時，疑後者與本經更合。

附録一　老子化胡經佚文

本部分所收集的爲老子化胡經佚文，其中有少量文字見於敦煌本老子化胡經。這些見於敦煌本的内容對於判斷老子化胡經的時代和流傳情況有重要價值，所以本書也輯録了出來。本部分以敦煌文獻、道教文獻、世俗文獻、佛教文獻的順序編排。

道教佚名經典（伯二三九〇號）

化胡經云：「老子者，氣之相也。」

摩尼光佛教法儀略（斯三九六九號）

老子化胡經云：「我乘自然光明道氣，飛入西那玉界蘇隣國中，示爲太子，捨家入道，号曰摩尼，轉大法輪，説經戒律定慧等法，乃至三際及二宗門。上從明界，下及幽塗，所有衆生，皆由此度。摩尼之後，年垂五九，我法當盛者。」

三洞珠囊

王懸河

化胡經云：老子體有金剛七十二相，頭髮紺青色，面目紫輝金色，面有五色光也。（卷八相好品）

按：三洞珠囊卷八相好品中有多條言老子相好，或與化胡經有一定關係。又伯四六九〇號第一、三、一〇號碎片可綴合，亦言老子相好，未知是否與化胡經有關。

化胡經云：老子伏羲後生，爲帝之師，號曰究爽子，復稱田野子，作元陽經。神農時出爲帝師，號曰大成子，復名郭成子，作太一元精經。祝融時出爲帝師，號曰傳豫子，復名廣壽子，作按摩通精經。三家共修無爲，各治萬八千歲，致太平，人民純朴，無有餘治，唯元氣自然。爲法不役伐，道氣歸之，無不服也。此謂三皇之君矣。黄帝時出爲帝師，號曰廣成子，作道成經。帝嚳時出爲帝師，號曰緑圖子，作道理黄庭經。帝堯時出爲帝師，稱務成子，作正事經。帝舜時出爲帝師，稱尹壽子，作道德經。黄帝至聖，遂使帝業相承，壽命有長短，象之五行，更相尅伐，强弱相淩，此謂五帝。夏王時出爲帝師，號曰李子胥，作元陽經，復作德戒經。湯王時出爲帝師，號曰錫則子，作道元經。文王時出爲帝師，號曰爕邑子，復稱赤精子，亦爲守藏史。武王時出爲帝師，號曰郭叔子，復稱續成子，爲柱下史。幽王時出爲帝師，號曰天老，復稱老子，爲柱下史，作長生經。復與尹喜作五千文上下二經。復與尹喜至西國，作佛化胡經六十四萬言，與胡王。後還中國，作太平經。後世當在人間，欲令世人修善行義，尊奉德化，以佐道法，助國扶命，憂勞百姓，度脱凶年，令遇太清之中也。

已上數，懸河令謂道德序訣云老子代代爲國師，即此是也。

（卷九老子爲帝師品）

老子化胡經云：吾以幽王時出爲師，教化道法，觀其虚實，爲柱下史，姓李，名耳，字伯陽。知幽王不可復師，欲去之，此衰亂之俗不可久。周幽王將亡其國，乃假服乘青牛薄板車去之。於是幽王果爲犬戎所殺。遂西詣罽賓王，至函谷關。關令尹喜好道術内學，仰知天文，下知地理，預知道當西行，夙夜觀象。是時太歲在癸丑十二月二十五日臘除，道過來西度關。關令尹喜先勑門吏：「今日當有老公乘青牛薄板車來度關，告之，勿令去！」如其言，老子乘青牛薄板車度關，關吏留之，不聽度。老子云：「貧賤老公居在關東，田在關西，明日當臘，欲去取薪草，幸聽度。」吏下而跪，啓曰：「明府有教，若有老公乘青牛薄板車，留之勿令去。願少留神。」吏便入白關令。關令帶印綬執板而迎，爲設禮。老子曰：「吾是貧賤老公，居在關東，田在關西，明日當臘，欲往迎薪草耳。令留如何？」尹喜執板，跪而言曰：「喜是蜀郡成都人，姓尹，名喜，自生以來，至今以歷三千甲子也，求先生當[一]周旋勞苦暴露，天幸今日相遇，願少留神。」

老子入舍，共語三日三夜，爲作五千文。主人上饌甚厚，老子念無以報之，爲作五千文上下二經與之，報其厚意，辭别欲去。尹喜曰：「願聞先生姓字。」老子張口吐舌示之，曰：「口中齒皆落盡，唯有舌在耳。」喜曰：「老聃齒在口中三十六枚，儼然如霜，齒今落盡，唯有舌獨在，故知柔者能制剛，弱者能勝强，欲令尹喜行柔弱之志。」竟不語姓字而去。喜曰：「思道德之美，願從西行。」老子曰：「吾遊越天地之表，散氣於八嵎，或至小國，或上昇天、下入淵，隨世教化，無所不至，子安能隨我去不？」尹喜跪而言曰：「入水入淵，入地上天，投身没命，願從先生。」老子曰：「子勤讀五千文上下二經，却後三年，會成都市青羊肆，索我則可得也。子今不得隨吾去矣。」於是太歲癸丑，辭别而去。

尹喜遂修經，夙夜不懈，元氣歸其身，日日加增，得道之意，知其真焉。喜後以太歲丁巳詣成都市青羊肆，索老子，累日積月不見，夙夜歎息。後乃見一人數數來買青羊，於是心開意悟，乃問之曰：「何以日日來買此青羊耶？」使人答曰：「我家有貴客，好畜青羊，故使我買之。」喜曰：「吾昔與彼客有舊，因期於此，子能爲我達之不？」以珍寶獻之。使人曰：「諾，君但隨我，當爲具白。」喜曰：「若然，白客言尹喜在外。」使人如其言白之。老子曰：「令前。」拂衣而起，登自然蓮華之座，手捉九節之杖，見尹喜，言：「何以晚耶？吾待子久矣。」喜再拜曰：「求先生累日積月，不知先生所向何許。道不奪願，今得拜見，恩覆之廣，深也遠矣！」於是乃共説三年之中何有可忘。尹喜稽首言曰：「與先生別後，所得經者，晨夜讀之，無有畏忘，精邪鬼賊見喜皆自然化服，萬神爲之走，知元氣之廣矣。」老子曰：「在此待子甚久，知子不移之志，當將子遠遊，觀天地間元氣，保子身形，豈不善哉？」

爾時太歲丁巳，乃與喜至西國。「我欲教諸國，人莫知之者。」至罽賓國，乃入山中巖居穴處，共修道法三年。太歲庚申，胡王出獵，數數見之，問左右曰：「此何等人也？」左右無能知者。老子答曰：「我是老人，積在山中。」王怪之，謂是魍魅，不知是聖人，固欲賊害老子。老子行柔弱之志，以下其意，乃設自然無極天厨，欲請王國中人。王聞之，掉手大笑曰：「此老公依附吾國，得自生活，當何得請吾國中人耶？」老公曰：「依附王國以得生活，致有今日，今欲還東國，欲報王恩，刻日當會。」王遣使者視老公請客之具，老公設五行雲氣之帳縵，西谷中白縵，北谷中黑縵，東谷中青縵，南谷中赤縵，中央黄縵。延請國王，上及王身，下及國人。胡王即召三十六國數千萬人往會老子五色雲縵之中，飲食七日七夜，厨饌儼然，不爲勞倦。胡王歸國，復欲請老公。老公答王曰言「不可請」。王曰：「吾大國之中，何所無有？何以不能請老公耶？刻日當會。」到其日，老子與諸道士共行就請，有四輩弟子、四天王、百萬衆，今日一種人，明白復異種人，日日人各不同。如此四十餘日，人來不絶，王厨已盡。

王乃大驚，語左右曰：「此爲妖殀，必非常人，奈何？殺之？」左右曰：「可！積薪都市中燒之。若不死者，取大石擊頭，著海水中，當不死之耶？」胡王勑國中，户各取薪一束，積與市上燒之。老子與尹喜爲胡王所繫薪上，胡子於下放火，燒之四十餘日，薪盡火滅，老子與尹喜在炭中讀經如故。王復沉老子、尹喜，以大石擊頭，著深淵之中，又復不没。胡王大驚：「今當奈何？」

舉國惶怖，欲來侍老子以爲師也。老子語王曰：「我非師也，前與我共上薪被燒者是爲師。師今到諸天中索兵馬，當來以伐王國，以王前燒殺之故也。」須臾間，諸天鬼神兵馬來下，皆長一丈四尺，數百萬衆，手持鐵杖，滿王國中，日日來之不絶，唯欲以殺胡子并及王身。故胡王大驚，三十六國，各各失魂。王頭面指地，不敢視老子。老子即變作金剛五色大人，身長一丈六尺，七十二相面目，紫輝見於虚空，左入右出，乍下乍上，是謂十方空虚身也。胡王驚怖，語左右：「置〔二〕向老公侍此大人耶？」老子知其欲化也：「此不爲大人也，此名太上正真之人耳。此正真之人，好生惡殺，來至王國，過不犯王，王有何意，積薪以燒之耶？而今奈何復欲以侍之？乃欲免耶？」胡王曰：「賜我生命，濟活我國，生死一心，奉屬大人，從今以誓，不犯之也。」老子曰：「王當以何作信？」王曰：「我國中大小男女終身不娶妻，當侍師至死，求免我罪。」於是召三十六國胡子，向老子前，皆當髠頭剃鬚，自毁形容，横裙衣，露右臂，與天爲信，引地爲誓，叉手合掌，不敢移易。老子見胡受化，乃與作六十四萬言經，無上正真之道，令王舉國事法，不得探巢破卵、傷害萬物、劫盜作賊、侵凌孤弱、詛駡妬娟、飲酒食肉、妄言兩舌；不得載車乘馬、不著履屨；爲作錫杖，欲令驚地生蟲，不得傷害之也；又恐其變悔，故爲作三衣法服，左臂露，右臂常結著心前，令以右手捉之，不得放心也；不令種作，爲刻木作拔，音鉢。以受七升，令日月當行乞食，家乞一升，七家得七升，得之便食之，若至七家不得食，自謫，七日不食，飲水而已。以此爲法。

化胡經乃有二卷，不同。今會其異同，録此文出也。

（卷九老子化西胡品）

校記

〔一〕「當」，據文意似當作「嘗」。

〔二〕「置」，義不可通，疑爲「曰直」二字之誤。

道德真經廣聖義

杜光庭

化胡經曰：「文始學無學，能伏于闐雄。」言以無爲之道，能伏强獷之俗也。（卷一八絶學無憂章第二十）

雲笈七籤

張君房

老君曰：

戒之不飲酒，常當莫念醉。五聲味相和，混沌亂正氣。

戒之不食肉，心當莫念煞。含血有形類，元氣所養活。

戒之勿罵詈，言當禁呪舌。罵人爲自罵，呪人爲自殺。

戒之勿欺詐，言當有成契。欺人爲自欺，華詞爲負誓。

戒之勿爲盜，見利當莫取。所利爲贓罪，貪利更相害。

戒之勿淫泆，常當與色絶。陰形相感動，子命爲夭折。
戒之勿慳悋，有物無過惜。富饒當施惠，慳貪後受厄。
戒之勿剛强，當可自屈折。强者必先摧，剛者必先缺。
戒之勿視聽，耳目當常閉。遠視令精散，極聽神潰亂。
戒之勿言語，其口常當吸。語煩則費炁，多言則有失。
戒之勿恚怒，心懟當莫發。金木水火土，五行更相伐。
戒之勿淫祀，邪鬼能亂真。但當〔一〕存正念，道氣自扶身。

（卷三九化胡經十二戒）

校記

〔一〕「當」，李永晟校：「道藏輯要本、四部叢刊本均作『常』。」

太上洞玄靈寶元始無量度人上品妙經注解

陳致虚

老君化胡經曰：道者，元炁虚無，天地從之，而生萬物，資之而形，皆祖炁之妙化。（卷中）

顔氏家訓

顔之推

道經云：「合口誦經聲璅璅，眼中淚出珠子硃。」（卷六書證）

識遺

羅璧

老子化胡經云：周匡王五年，佛七十九歲，死于拘尸那城雙林木下，葬于回塵山。（卷四自古有死）

老氏云：老君遣關尹騎白象下天竺，於浄飯夫人口中託生爲佛。又〔一〕云：老聃入秦，西歷流沙，化胡爲仙。（卷八三教）

校記

〔一〕「又」，原誤作「人」，據文意正。

錦繡萬花谷前集

（卷三〇神仙）

老子度關　尹喜爲函谷關吏，忽語其徒曰：「初冬十月，天里星西行貫昴。今月以來，融風三至，東方真氣狀若龍蛇而西度漢，此大聖之徵。」果見老君乘青牛薄板車，徐甲爲御，來度關。喜拜之，老君教喜鍊氣、内修、吐納、胎元之道，并授三宫、正一之法，道德經五千言而去，西昇。出化胡經。

笑道論

甄　鸞

而化胡經乃云幽王之日度關，不聞更返。

化胡又云，爲周柱史七百年。

化胡、消冰經皆言，老子化罽賓，身自爲佛。

化胡云：「佛法上限止極三十三天，不及道之八十一天上也。」又云：「崑山九重，重相去九千里。山有四面，面有一天，故四九三十六天。第一重帝釋居之。」

化胡經云：「老化胡，王不受其教。老子曰：『王若不信，吾南入天竺化諸國，其道大興。自此已南，無尊於佛者。』胡王猶不信受，曰：『若南化天竺，吾當稽首稱南無佛。』」又：「流沙塞有加夷國，常爲劫盜，胡王患之。使男子守塞常憂，因號男爲憂婆塞。女子又畏加夷所掠，兼憂其夫爲夷所困，乃因號憂婆夷。」

按：此段引文後半段與敦煌十卷本老子化胡經卷八相近。但笑道論所引化胡經與敦煌本又有很多不同，可能是甄鸞所見本與敦煌本都採用了這種對「憂婆塞」「憂婆夷」的解釋。

化胡經曰：「迦葉菩薩云：『如來滅後五百歲，吾來東遊，以道授韓平子，白日昇天。又二百年，以道授張陵。又二百年，以道授建平子。又二百年，以授午室〔一〕。爾後漢末陵遲，不奉吾道。』至漢明永平七年甲子歲，星晝現西方，夜，明帝夢神人長一丈六尺，項有日光。旦問群臣，傅毅曰：『西方胡王太子成道佛號佛〔二〕。』明帝即遣張騫等窮河源，經三十六國至舍衛，佛已涅槃。寫經六十萬五千言，至永平十八年乃還。」

校記

〔一〕「午室」，不可通。據大正藏校勘記，宋、元、明本作「千室」，宮内廳藏舊宋本作「干室」。疑「午室」當爲「千室」或「于吉」之誤。

〔二〕「佛號佛」，據大正藏校勘記，宋、元、明本及宮内廳本均無下「佛」字，頗疑上「佛」爲衍文。

化胡經云：「三皇修道，人皆不死。上古時，天生甘露，地生醴泉，食飲長生。中古來，天生五氣，地出五味，食之延年。下古世薄，天生風雨，地養百獸，人捕食之。吾傷此際，故嘗百穀，以食兆民。於是三皇各奉粟五斗爲信，求世世子孫不絶，五穀生神州。」

化胡經云：「老化罽賓，一切奉佛。老曰：『却後百年，兜率天上更有真佛，託生舍衛白浄王宮。吾於爾時，亦遣尹喜下生從佛，號曰阿難，造十二部經。』老子去後百年，舍衛國王果生太子。六年苦行成道，號佛，字釋迦文。四十九年欲入涅槃。老子復見於世，號迦葉，在雙樹間爲諸大衆請啓如來三十六問。訖，佛便涅槃。迦葉菩薩焚燒佛屍，取舍利分國造塔。阿育王又起八萬四千塔。」

老子化胡歌曰：「我在舍衛時，約勅瞿曇身。汝共摩訶薩，齎經來東秦。歷落神州界，迫至東海間。廣宣世尊法，教授聾俗人。與子威神法，化道滿千年。年滿時當還，慎莫戀東秦。無令天帝怒，太上蹋地瞋。」

化胡經云：「周莊本初三年太歲丙辰，白浄王子既得正覺，號佛釋迦。老子見其去世，恐人懈怠，復下多羅聚落，號曰迦葉。親近於佛，焚屍取骨，起塔分布。」

化胡經：「佛興胡域，西方金氣，剛而無禮。神州之士効其儀法，起立浮圖，處處專尚，背本趣末，辭言迂蕩，不合妙法，飾彫經像，以誑王臣，致天下水旱，兵革相伐。不過十年，災變普出，五星失度，山河崩竭。王化不平，皆由佛亂。帝主不事宗廟，庶人不享其先，所以神祇道氣不可復理。」

化胡云：「願將優曇花，願燒栴檀香，供養千佛身，稽首禮定光。」又云：「佛生何以晚，泥洹何以早，不見釋迦文，心中大懊惱。」

按：此文又見法琳破邪論卷上，「何以早」作「一何早」，「大」作「常」，且注云：

「舊本皆言『我生何以晚，佛滅一何早』。」法琳辯正論卷五佛道先後篇第三引後偈，云出西域傳。法苑珠林卷五三機辯篇感應緣則以後偈爲前秦太守趙正所作。恐怕後偈出自佛教徒的僞造，不是道教所撰化胡經的内容。

化胡云：「天下大術，佛術第一。」

按：法琳辯正論卷五釋李師資篇第四引作「西昇又云：天下大術，佛最第一」。今本西昇經無此文，或甄鸞、法琳所見該經作「老子西昇化胡經」之類。

化胡云：「老子在漢爲東方朔。」

按：此條亦見於法琳辯正論卷八出道僞謬篇第十，係從本書中鈔録。

（以上均見道宣廣弘明經卷九）

辯正論

法　琳

化胡經云：「罽賓國王疑老子妖魅，以火焚之，安然不死。王知神人，舉國悔過。老子云：『我師名佛，若能出家，當免汝罪。』其國奉教，皆〔一〕爲沙門也。」

（卷五佛道先後篇第三）

校記

〔一〕「皆」，原誤作「昔」，據文意正。

化胡經云：「老子知佛欲入涅槃，復迴在世，號曰迦葉。於娑羅林爲衆發問。」

（卷五釋李師資篇第四）

開士曰：汝化胡經言：喜欲從聃。聃曰：「若有至心隨我去者，當斬汝父母妻子七人頭者，乃可去耳。」喜乃至心，便自斬父母七人，將頭到聃前，便成七猪頭。

按：此文又見甄正論引老子消冰經，此處法琳蓋泛稱「化胡經」。

（卷六十喻篇第五）

案晉世道士王浮改西域傳爲明威化胡經，乃稱老子渡流沙，教胡王爲浮圖，變身作佛，方有佛興……明威化胡等經並云：胡王不信老子，老子神力伏之，方求悔過，自髡自翦，謝愆謝罪。老君大慈，愍其愚昧，爲説權教，隨機戒約。皆令頭陀乞食，以制兇頑之心；赭服偏衣，用挫强梁之性；割毁形貌，示爲刓劓之身；禁約妻房，絶其勃逆之種。

（卷六内九箴篇第六）

廣弘明集

道　宣

老子化胡經云：「既化胡王，令尹喜爲佛。性强梁者毁形絶好，斷其妻娶，不令紹嗣，故名沙門。自餘軟善，任從其本，則妻子不絶也。」

（卷六列代王臣滯惑解上張普濟條）

釋迦方志

道　宣

化胡經云：「崑崙山高九重，相去各九千里。」又云：「高萬萬五千里。」

（卷上中邊篇第三）

甄正論　玄嶷

唐朝昊天觀道士尹文操奉勑修老子聖紀，引化胡等經傳云：老子化身乘六牙白象，從日中下降浄飯王宫，入摩耶夫人胎中，生而作佛。（卷中）

北山録　神清

然王浮化胡經云：「胡人凶獷，故化之爲佛，令髡、赭、絶嗣。」（卷五釋賓問第八）

附録二　老子化胡説相關文獻

本附録主要輯録文獻中記載的老子化胡故事，但并非直接引用老子化胡經的内容，按史籍、道教文獻、佛教文獻的次序排列。

延熹九年上書

襄　楷

又聞宫中立黄老、浮屠之祠。此道清虚，貴尚無爲，好生惡殺，省慾去奢。今陛下嗜欲不去，殺罰過理，既乖其道，豈獲其祚哉！或言老子入夷狄爲浮屠。浮屠不三宿桑下，不欲久生恩愛，精之至也。天神遺以好女，浮屠曰：「此但革囊盛血。」遂不眄之。其守一如此，乃能成道。今陛下婬女豔婦，極天下之麗，甘肥飲美，單天下之味，奈何欲如黄老乎？

（後漢書卷三〇下襄楷傳）

魏略西戎傳

魚　豢

臨兒國，浮屠經云其國王生浮屠。浮屠，太子也。父曰屑頭邪，母云莫邪。浮屠身服色黄，髮青如青絲，乳青毛，蛉赤如銅。始莫邪夢白象而孕，及生，從母左脅出，生而有結，墮地能行七步。此國在天竺城中。天竺又有神人，名沙律。昔漢哀帝元壽元年，博士弟子景盧受大月氏王使伊存口受浮屠經曰復立者其人也。浮屠所載臨蒲塞、桑門、伯聞、疏問、白疏閒、比丘、晨門，皆弟子號也。浮屠所載與中國老子經相出入，蓋以爲老子西出關，過西域之天竺，教胡。浮屠屬弟子别號，合有二十九，不能詳載，故略之如此。

（三國志魏書烏丸鮮卑東夷傳第三〇裴松之注引）

按：世説新語文學劉孝標注亦引此文，與此大略相近。法琳辯正論卷五所引則詳於此，參後文。辯正論所引有「近世黄巾見其頭白，改彼沙律，題此老聃」等語，顯非原文。但由此可知，這段記載對後世化胡經産生了一定影響。

魏　書

魏　收

上師李君手筆有數篇，其餘，皆正真書曹趙道覆所書……經云：佛者，昔于西胡得道，在三十二天，爲延真宫主。勇猛苦教，故其弟子皆髡形染衣，斷絶人道，諸天衣服悉然。

（卷一一四釋老志）

按：三洞珠囊卷七引老君聖紀第十卷僞惑品云：「佛者，西胡得道，位在三十天延真宫主，此即罽賓王是也。」此文蓋即從趙道覆所書經出。

唐會要

王　溥

于闐，在葱嶺北二百里，勝兵數千。俗多機巧，好説怪。在西南有比摩伽藍城，相傳云是老子化胡之所建也。初，老子至是，白日昇天，與群胡辭訣曰：「我暫返天上，尋當下生。」其後出天竺國，化爲胡王太子，自稱白淨，因造此寺焉。

（卷七三安西都護府條）

老子變化經

老子變化經，出自敦煌藏經洞，編號斯二二九五，首殘尾全，尾題「老子變化經」，共存四紙九十六行，行約十七字。卷末有題記：「大業八年八月十四日，經生王儔寫，用紙四張，玄都壇道士□□□覆校，裝潢人□□□，秘書省寫。」據每紙二十八行計，卷首蓋殘泐七行。該經文字古奥，又多訛誤，不少句子無法讀通。對於該經的時代，學界還有争議，有東漢、東晉、南北朝等多種觀點。但其中有「楚國知之，生司馬照」一句，似指司馬昭。那麽該經不可能作於東漢，作於晉的可能性也不大，很可能是北朝的作品。但該經記東漢事最多，可能依據了東漢時的材料。該經並無老子化胡的内容，但其中托胎李母、歷代爲帝師等内容與後世老子化胡經有一定關係，故本書列爲附録。劉屹敬天與崇道——中古經教道教形成的思想史背景及中華道藏有録文，本書做了參考。

（上缺）

立大始端行乎大之原浮熬幽靈空之□□入窈冥之先門親于皆誌之末别和清濁之外仿髴之与功古荒忽之廓然閬托而之容▨[一]同門之先邊印步宙天門[二]。其生无蚉，獨立而无倫；行乎古昔，在天地之前。乍匿還歸，存亡則爲先。成則爲人[三]，怳忽天濁，化變其神。託形李母，胎中易身，優命腹中，七十二年。中見楚國，李口序与肩[四]，顔有參午大理[五]，日角月玄，鼻有雙柱，耳有三門，足[□]二年[六]，手把天關。其性无欲，其行无爲，翊天輔佐三皇，倚徙觀之，匿見无常，本皆由此，弥歷久長。國將衰，王道崩毁，則去楚國，北之崐崘，以乘白鹿，訖今不還。

此皆自然之至精，道之根霠[七]，爲乘之父母[八]，爲天地之本根，爲生梯端[九]，爲神明之帝君，爲陰陽之祖首，爲萬物之魂魄。條暢虚[一〇]无，造化應因，族帝八極[一一]，載地懸天，遊騁[一二]日月，迴[一三]走星辰，呵投六甲[一四]，[□]此乾巛[一五]，改[一六]易四時，推移寒温。手把仙錫玉簡今字稱以銀人善初鳳頭絁聖父制物屋命直父爲之生焉[一七]。

老子能明能冥，能亡能存，能大能小，能屈能申，能高能下，能縱能横，能反能覆，无所不施，无所不能。在火不燋，在水不寒，逢惡不疾，觸禍不患，厭之[无][一八]笮，傷之无槃[一九]，長生不死，須滅身形。偶而不雙，隻而不倚，附而[二〇]不[□，□而不]離[二一]。莫于其无爲也，莫能不隨世。此老子之行也，嚴誡眇矣，誠難知矣。

老子元生九重之外，形變化自然于知吾九人，何憂仙?夫爲生道甚易，難子學吾生道，无如中止卅日，共月道畢滄[二二]。

第一姓李名老，字元陽[二三]；

第二姓李名聃，字伯陽；

第三姓李名中，字伯光；

第四姓李名石，字子光；

第五姓李名召，字子文〔二四〕；
第六姓李名宅，字子長〔二五〕；
第七姓李名元，字子始〔二六〕；
第八姓李名願，字子生〔二七〕；
第九姓李名德，字伯文。
老子合元，㳕元混成，隨世沉浮，退則養精，進則帝王師。
皇苞羲時号曰温蒍子〔二八〕。
皇神農時号曰春成子〔二九〕，一名陳豫〔三〇〕。
皇祝融時号曰廣成子〔三一〕。
帝顓頊時号曰赤精子。
帝嚳〔三二〕時号曰真子〔三三〕，一名錄。
黄帝時号曰天老〔三四〕。
帝堯時号曰茂成子〔三五〕。
帝舜時号曰廓叔子〔三六〕，化形。舜立壇，春秋祭祀之。
夏禹時，老子出，号曰李耳，一名禹師。

殷湯時号曰斯宫〔三七〕。

周文〔三八〕皇時号曰先王國柱下吏。

武王時号曰衛成子〔三九〕。

成王時号曰成子如故。

元康五年〔四〇〕，老子化入婦女腹中，七十二年乃生，託母姓李，名聃，字伯陽。爲柱下吏，七百年，還變楚國。而平王喬〔四一〕蹇不從諫，道德不流，則去楚而西度咸〔四二〕谷關，以五千文上下二篇授關長尹喜。

秦時号曰蹇叔子。

大胡時号曰浮慶君〔四三〕。

漢時号曰王方平。

陽加〔四四〕元年，始見城都，爲鶮爵鳴山〔四五〕。

建康元年，化於白禄山〔四六〕，託葬澗。

大初〔四七〕元年，復出白禄廟中治崔〔四八〕，号曰仲伊。

建和二年，於崩山卒，出城都左里城門，壞身形爲真人。漢知之，改爲照陽門；楚國知之，生司馬照。

永壽元年，復還白禄山，号曰僕人，大賢問，閉口不言，變化卅年，建廟白鹿，爲天傅。

老子曰：吾敖以清，吾事以明，吾政以成。吾變易身形，託死更生，周流四海，時出黄庭，經歷渡[四九]，踐履三皇，戴冒三台，被服无形，愚者不知，死復更生。傫至[五〇]爲身，僮兒爲群；外爲亡僕，内自爲真；自屋俱濕[五一]，自有精神。晝夜念我，吾不忽云[五二]；味夢想吾，我自見信。吾發動官漢，令自易身，愚者踊躍，智者受訓。天地事絶，吾自移運，當世之時，簡滓[五三]良民，不須自去，端質守身，吾自知之，翁養文鱗。欲知吾處，讀五千文，過萬邊[五四]，首自知身，急來詣我，吾与精神。子當念父，父當念子，怡[五五]忽相忘，去之萬里。所治解台[五六]，神不爲使，疾來遂我，吾絶剛[五七]紀。青白爲表，黄黑爲裏，赤爲生我，從一而始，中有黄氣可絶酒[五八]。教子爲道，先當脩己，怗泊静穿[五九]，檢其滿手，无爲无欲，不憂患[六〇]，谷[六一]道來附，身可度矣。精思放我，神爲走使。吾衡剛茅更勝負[六二]。生氣在左，原氣在右，中有黄氣，元陽爲[□][六三]。上通无極，九宫僮子。精之思之，可以成己。一黽道成，教告諸子：吾六度大白横流，疾來逐我，南獄[六四]相求，可以度厄，恐子稽留，立春癸巳，放縱罪囚，吾穀驚起，民人有憂，疾病欲至，餓者縱横。吾轉運衝托[六五]漢事，吾民聞之，自有志乞[六六]，鄙自涑无姓字，因漢自職，萬民見□[六七]，端直實心，乃知吾事，合知聖者習吾意。耶心艮[六八]斥，謂我何人。吾以度數，出有時節而化。知吾者少，非吾者多。

老子變化經

校記

〔一〕此字僅存下半殘畫，無法準確識别，似是「像」字。

〔二〕此一段無法讀通，不能斷句。

〔三〕從叶韻情況看，此句之上似脱一句。

〔四〕此句完全不可讀，伯二三五三號道德經開題序訣義疏引珠韜玉札云：「老子黄色，美眉，廣顙，長耳，大目，疏齒，方口，厚脣。」頗疑此句當作「方口厚脣」，「方」訛作「李」，「厚」訛作「序」，「脣」訛作「与肩」二字。「脣」與「身」「年」「玄」「門」等亦叶韻。

〔五〕伯二三五三號引珠韜玉札云「額有叁午達理」。原卷「顔」或當爲「額」字之誤。

〔六〕「足二年」，原卷「二」字提行，非常奇怪。伯二三五三號引珠韜玉札作「足蹈二五」，則「足」下當脱一字，「年」當爲「午」字之誤。

〔七〕「靔」，字書不載，不可識。

〔八〕「爲乘之父母」，劉屹、中華道藏於「乘」上補「萬」字，然「萬乘之父母」似亦不辭。太上洞玄靈寶天關經云：「太上老君乃爲元氣之父母，爲天地之本根，爲陰陽之祖首，爲萬神之帝君，爲先王之柄蒂，爲萬物之魄魂。」則「乘」或爲「元氣」二字之誤。

〔九〕「爲生梯端」，此句當有脱誤。

〔一〇〕「虚」，底卷原作「霊」，本爲「靈」字俗體，此處則爲「虚」字之誤，太上洞玄靈寶天關經作「陶冶虚無」。

〔一一〕「族帝八極」，不辭，太上洞玄靈寶天關經作「衿帶八極」，差是。

〔一二〕「騁」，太上洞玄靈寶天關經作「馳」。

〔一三〕「迴」，太上洞玄靈寶天關經作「運」。

〔一四〕「呵投六甲」，不可解，太上洞玄靈寶天關經作「呼吸六甲」，似亦不通。疑本卷「投」爲「役」字之誤。

〔一五〕「此乾巛」，當有脱誤，中華道藏於「此」上補「總」字，太上洞玄靈寶天關經此句作「御制乾坤」。

〔一六〕「改」，底卷原誤作「紀」，據太上洞玄靈寶天關經改。

〔一七〕此句無法讀通。

〔一八〕中華道藏於此補「无」字，是。「厭之无笮」，謂壓之而不迫笮。

〔一九〕「桀」，據文意當讀作「瘢」。

〔二〇〕「而」，底卷原誤作「面」，據上下文例改。

〔二一〕上文「偶」「雙」、「隻」「倚」皆近義，此句「附」「離」之義相反，且「倚」「離」押韻，可知句中蓋脱四字。

〔二二〕這一段基本無法讀通。

〔二三〕三天内解經卷上作「姓李名弘，字九陽」。

〔二四〕三天内解經卷上作「或名重，字子文」。

〔二五〕三天内解經卷上作「或名宅，字伯長」。

〔二六〕三天内解經卷上作「或名元，字伯始」。

〔二七〕三天内解經卷上作「或名顯，字元生」。

〔二八〕「温薮子」，混元聖紀卷一載伏犧時老君降世號「鬱華子」。三洞珠囊卷九老子爲帝師品載老子伏羲時號「究爽子」，歷世真仙體道通鑑卷二則稱「鬱華子」，一號「宛華」。據此，則「究」當爲「宛」字之誤，「爽」「薮」則均爲「華」字之誤，「鬱」「温」「宛」均一聲之轉。

〔二九〕「春成子」，混元聖紀卷一載神農時老君降世號大成子。

〔三〇〕「陳豫」，混元聖紀卷一引老子内傳謂神農時爲傳豫子。

〔三一〕「廣成子」，混元聖紀卷一載祝融時老君降世號廣壽子。

〔三二〕「譽」，底卷原誤作「譽」，據文意改。

〔三三〕「真子」，疑有脱誤，混元聖紀卷一載帝嚳時老君降世號録圖子，又夏禹時降世號真行子，又引老子内傳謂夏禹時號寧真子。

〔三四〕「天老」，混元聖紀卷一載黄帝時老君降世號廣成子。

〔三五〕「茂成子」，混元聖紀卷一載帝堯時老君降世號務成子。

〔三六〕「廓叔子」，混元聖紀卷一載帝舜時老君降世號尹壽子，康王時號郭叔子。

〔三七〕「斯宫」，混元聖紀卷一載商湯時老君降世號錫則子。

〔三八〕「文」，底卷原誤作「父」，據文意改。

〔三九〕「衛成子」，混元聖紀卷一載成王時老君號經成子。

〔四〇〕「元康五年」，劉屹認爲應該是「康王五年」之誤。其實此處「元康」當是道教徒臆造的年號，不應坐實。

〔四一〕「喬」，據文意當讀作「驕」或「憍」。

〔四二〕「咸」，當讀作「函」。

〔四三〕「大胡時号曰浮慶君」，劉屹從索安、楠山春樹説，改「大」爲「入」，改「慶」爲「屠」。

〔四四〕「陽加」，當即漢順帝之「陽嘉」年號。

〔四五〕「爲鶡爵鳴山」，當有脱誤。三洞珠囊卷七二十四治品引神仙傳第五云：「張天師遇中國紛亂，乃入蜀鶴鳴山學道也。」朱法滿要修科儀戒律鈔卷一部秩鈔引太真科：「太上老君以漢安元年五月一日，於鶴鳴山授張道陵正一盟威之經九百三十卷……」此「鶡爵鳴山」或與「鶴鳴山」有關，然前當有脱文。

〔四六〕「白禄山」，道書未見，杜光庭洞天福地嶽瀆名山記七十二福地有「白鹿山」，又下文稱「建廟白鹿」，未知「禄」是否爲「鹿」字之誤。混元聖紀卷一：「建康元年甲申，老君再降于閬州雲臺山，授天師三洞衆經及超度九祖齋直之法。」

〔四七〕「陽加」「建康」「建和」「永壽」均爲東漢年號，此不當用西漢「大初」年號，此「大」當爲「本」字之誤。

〔四八〕「崔」，原卷此字介於「崔」「雀」之間，其義難明。

〔四九〕此句當脱一字。

〔五〇〕「傫至」，疑當讀作「縲縶」之類。

〔五一〕「屋」，劉屹校改作「握」，似不確。今疑「自」爲「白」字之誤，「白屋」即「周公下白屋」之「白屋」，指寒士，與前「僮兒」「亡僕」等詞意義相關。「濞」蓋當讀作「顯」。

〔五二〕「云」，劉屹疑作「去」。「去」不協韻，當非。此處「云」蓋爲語辭。

〔五三〕「滓」，劉屹改作「擇」。

〔五四〕此句當脱一字。「邊」當爲「遍」字之誤。

〔五五〕「怡」，即「怠」之换旁字，與「怡然」之「怡」同形。

〔五六〕「解台」，劉屹改作「懈怠」。

〔五七〕「剛」，當讀作「綱」，古書二字多通。

〔五八〕此句不可通，「酒」似爲訛字，其下又當脱一字，且與「裏」「始」「己」等押韻。

〔五九〕「怙泊静穿」，劉屹録「怙」作「帖」，改作「恬」，按「怙」字本可通；劉屹又改「穿」作「寧」，頗疑「穿」爲「守」字之誤。

〔六〇〕此句不可通、不叶韻，當有脱文。

〔六一〕「谷」，劉屹改作「苦」，似不必。

〔六二〕此句無法讀通，或有脱誤。「負」與下「右」協韻。

〔六三〕疑「爲」下當脱一字，從文意和押韻判斷，所脱或爲「後」字。

〔六四〕「獄」，劉屹改作「嶽」。

〔六五〕「托」，集韻号韻用爲「芼」字異體，於此似不可通。劉屹録作「托」，改作「撞」，似均無據。

〔六六〕「乞」，劉屹改作「棄」。此處前後文均無法讀通。

〔六七〕原卷此處空一格，當脱一字，且當與「字」「事」等字押韻。

〔六八〕「艮」，疑當作「退」。

三天内解經

徐　氏

三天内解經，見正統道藏正一部，劉宋道士徐氏所撰。該經卷上述老君化生、變化及傳道之事，卷下述守根固本、建立齋直等修道理論，並對當時的「世俗祭酒」提出批評。其中，卷上稍涉化胡之事。該經可能是傳世道經中最早涉及老子化胡内容的一種，部分與老子化胡相關的文字與一切道經音義妙門由起及南齊書顧歡傳載夷夏論所引玄妙内篇相近（關於玄妙内篇的問題，可參劉屹玄妙内篇考——六朝至唐初道典文本變化之一例，載敦煌文獻論集，遼寧教育出版社二〇〇一年），可能其文獻來源之一即玄妙内篇。因此，從該經中可以稍窺早期老子化胡説的面貌。此處即節選了該經卷上的部分内容。

從此之後，幽冥之中，生乎空洞。空洞之中，生乎太無。太無變化玄氣、元氣、始氣，三氣混沌，相因而化生玄妙玉女。玉女生後，混氣凝結，化生老子，從玄妙玉女左腋而生，生而白首，故號爲老子。老子者，老君也。變化成氣，天地人物，故輪轉而化生，鍊其形氣。老君布散玄、元、始氣，清濁不分，混沌狀如雞子中黄。因而分散，玄氣清淳，上昇爲天；始氣濃濁，凝下爲地；元氣輕微，通流爲水。日月星辰，於此列布。

老君因沖和氣化爲九國，置九人，三男六女。至伏羲、女媧時，各作姓名，因出三道，以教天民。中國陽氣純正，使奉無爲大道。外胡國八十一域，陰氣强盛，使奉佛道，禁誡甚嚴，以抑陰氣。楚越陰陽氣薄，使奉清約大道。

此時六天治興，三道教行，老子帝出爲國師。伏羲時號爲鬱華子，祝融時號爲廣壽子，神農時號爲大成子，黄帝時號爲廣成子，顓頊時號爲赤精子，帝嚳時號爲録圖子，帝堯時再出號務成子，帝舜時號尹壽子，夏禹時號爲真行子，殷湯時號錫則子。變化無常，或姓李名弘，字九陽；或名聃，字伯陽；或名中，字伯光；或名重，字子文；或名宅，字伯長；或名元，字伯始；或名顯，字元生；或名德，字伯文。或一日九變，或二十四變，千變萬化，隨世沈浮，不可勝載。

至殷武丁時，又反胎於李母。在胎中誦經八十一年，剖左腋而生，生而白首，又號爲老子。今世人有三台經者，是老子於胎中所誦者也。反胎於李母者，自以空虚身化作李母之形，還以自胞，非實有李母也。世人不知，謂老子託胎於李母，其實不然也。

至周幽王時，老子知周祚當衰，被髮佯狂，辭周而去。至關，乘青牛車與尹喜相遇，授喜上下中經，［中經］〔一〕一卷，五千文二卷，合三卷。尹喜受此書，其道得成。道眼見西國胡人强梁難化，因與尹喜共西入罽賓國，神變彌加，大人化伏胡王，爲作佛經六千四萬言，王舉國皆共奉事。此國去漢國四萬里。罽賓國土並順從大法，老子又西入天竺國，去罽賓國又四萬里。國王妃名清妙，晝寢，老子遂令尹喜乘白象化爲黄雀，飛入清妙口中，狀如流星。後年四月八日，剖右脇而生，墮地而行七步，舉右手指天而吟：「天上天下，唯我爲尊。三界皆苦，何可樂焉。生便精苦，即爲佛身。」佛道於此而更興焉。

（中有節略）

蓋三道同根而異支者，無爲大道、清約大道、佛道，此三道同是太上老君之法，而教化不同，大歸於真道。老子主生化，釋迦主死化。故老子剖左腋而生，主左，左爲陽氣，主青宫生録。釋迦剖右腋而生，主右，右爲陰氣，主黑簿死録。是以老子、釋迦教化，左右法異。左化則隨左宫生氣，使舉形飛仙。右化則隨右宫死氣，使滅度更生，法服悉黑，使著黑衣以法陰氣，入於黑簿也。太上作此三道教化，法雖殊塗，終歸道真，無有異也。但人受元氣以得成形，方復經壞，受陰化輪轉，自爲難耳。右化雖不及左宫速易，輪轉歸真，亦爲善乎？所以言右不如左者，經言真道好生而惡殺。長生者，道也；死壞者，非道也。死王乃不如生鼠。故聖人教化，使民慈心於衆生，生可貴也。

（卷上）

校　記

〔一〕「中經」，據文義補此二字。

太上老君開天經

太上老君開天經，見雲笈七籤卷二。萬曆續道藏中收有該經，文字與雲笈七籤基本相同，應是從雲笈七籤中輯出。續高僧傳卷二三「曇無最」條載北魏正光元年佛道論爭，道士姜斌引老子開天經有化胡説。又廣弘明集卷一二明概決對傅奕廢佛法僧事稱：「開天經張泮所造，化胡經王浮所製。」亦將開天經與化胡經並列。一切道經音義妙門由起、裴鉉上玄高真延壽赤書、傅洞真太上玄靈北斗本命延生經注以及續高僧傳均引該經，但其文均不見於今本。不知是雲笈七籤有所删節還是此本本非早期文獻提到的開天經。現存的太上老君開天經先言老君創生天地，次言老君歷代爲帝王師，最後述河圖洛書、八卦五行等數術之事。其前兩部分結構與太上妙始經、三天内解經卷上頗有相似之處，頗疑下文當即述老君化胡之事，但雲笈七籤未引録。總之，該經與化胡經關係密切，故本書收入附録。

蓋聞未有天地之間，太清之外，不可稱計。虚無之裏，寂寞無表，無天無地，無陰無陽；無日無月，無晶無光；無東無西，無青無黄；無南無北，無柔無剛；無覆無載，無壞無藏；無賢無聖，無忠無良；無去無來，無生無亡；無前無後，無圓無方；百億變化，浩浩蕩蕩。無形無象，自然空玄；窮之難極，無量無邊；無高無下，無等無偏；無左無右，高下自然。唯吾老君，猶處空玄，寂寥之外，玄虚之中，視之不見，聽之不聞。若言有，不見其形；若言無，萬物從之而生。八表之外，漸漸始分，下成微妙，以爲世界，而有洪元。洪元之時，亦未有天地，虚空未分，清濁未判，玄虚寂寥之裏，洪元一治，至於萬劫。洪元既判，而有混元，混元一治萬劫，至于百成。百成亦八十一萬年，而有太初。

太初之時，老君從虚空而下，爲太初之師，口吐開天經一部，四十八萬卷，一卷有四十八萬字，一字辟方一百里，以教太初。太初始分别天地清濁，剖判溟涬鴻濛，置立形象，安豎南北，制正東西，開闇顯明，光格四維、上下、内外、表裏、長短、麤細、雌雄、白黑、大小、尊卑，常如夜行。

太初得此老君開天之經，清濁已分。清氣上昇爲天，濁氣下沉爲地。三綱既分，從此始有天地，猶未有日月。天欲化物，無方可變，便乃置生日月在其中，下照闇冥。太初時，雖有日月，未有人民。漸始初生，上取天精，下取地精，中間和合，以成一神，名曰人也。天地既空，三分始有，生生之類，無形之象，各受一氣而生。或有朴氣而生者，山石是也；動氣而生者，飛走是也；精氣而生者，人是也。萬物之中，人最爲貴。太初一治，至于萬劫。人民之初，故曰太初。是時唯有天地、日月、人民，都未有識名。

太初既没，而有太始。太始之時，老君下爲師，口吐太始經一部，教其太始，置立天下，九十一劫。九十一劫者，至於百成。百成者，亦八十一萬年。太始者，萬物之始也，故曰太始。流轉成練，素象於中而見，氣實自變，得成陰陽。太始既没，而有太素。太素之時，老君下降爲師，教示太素，以法天下，八十一劫，至於百成，亦八十一萬年。太素者，萬物之素，故曰太素。太初已下，太素已來，天生甘露，地生醴泉，人民食之，乃得長生。死不知葬埋，棄屍於遠野，名曰上古。

太素既没，而有混沌。混沌之時，始有山川。老君下爲師，教示混沌，以治天下，七十二劫。混沌流行，成其山川，五嶽四瀆，高下尊卑，乃其始起也。混沌以來，始有識名。混沌號生二子，大者胡臣，小者胡靈。胡臣死爲山嶽神，胡靈死爲水神，因即名爲五嶽四瀆、山川高下。混沌既没，而有九宫。九宫之時，老君下爲師，口吐乾坤經一部，結其九宫，識名天地。清氣爲天，濁氣爲地。從九宫以來，天是陽，地是陰。陽者剛强，遠視難睹，在天成象，日月星辰是也；在地成形，五嶽四瀆是也；在人成生，心肝五臟是也。分别名之有異，總而名之是一也，取三剛名也。九宫没後，而有元皇。元皇之時，老君下爲師，口吐元皇經一部，教元皇治於天下。始有皇化，通流後代，以漸成之。元皇之後，次有太上皇。太上皇之時，老君下爲師，教示太上皇以治天下。太上皇之後，而有地皇。地皇之後，而有人皇。人皇之後，而有尊廬。尊廬之後，而有句婁。句婁之後，而有赫胥。赫胥之後，而有太連。太連已前，混沌以來，名曰中古。爾時天生五炁，地生五味，人民食之，乃得延年。

太連之後，而有伏羲。生於一源之始，繼天而生，調習陰陽，以定八卦。自伏羲已前，五經不載，書文不達，唯有老君，從天虚空無億河沙，在太清之外，不可稱計。大道既分天地以來，開置皇化，轉佐天帝，通流後世，以自記之。伏羲之時，老君下爲師，號曰無化子，一名鬱華子，教示伏羲，推舊法，演陰陽，正八方，定八卦，作元陽經，以教伏羲。伏羲已前，未有姓字，直有其名。爾時人民朴直，未有五穀。伏羲方教以張羅網，捕禽獸而食之。皆衣毛茹血，腥躁臭穢。男女無别，不相嫉妬。冬則穴處，夏則巢居。

伏羲没後，而有女媧。女媧没後，而有神農。神農之時，老君下爲師，號曰大成子，作太微經，教神農嘗百草，得五穀，與人民播植，遂食之，以代禽獸之命也。神農没後，而有燧人。燧人時，老君下爲師，教示燧人，鑽木出火，續日之光，變生爲熟，以除腥躁。燧人没後，而有祝融。祝融之時，老君下爲師，號廣壽子，教修三綱、齊七政。三皇修道，人皆不病。作按摩通精經。次有高原、高陽、高辛三世，次有倉頡、仲説教書學文。

三皇之後，而有軒轅黄帝。黄帝之時，老君下爲師，號曰力牧子，消息陰陽，作道戒經、道康經。黄帝以來，始有君臣父子，尊卑以别，貴賤有殊。黄帝之後，次有少昊。少昊之時，老君下爲師，號曰隨應子，作玄藏經。爾時昇平，嘉禾生，醴泉出，麒麟至，鳳凰來，景星照。少昊之後，次有帝顓頊。顓頊之時，老君下爲師，號曰元陽子，作微言經。顓頊没後，而有帝嚳。帝嚳之後，而有帝堯。帝堯之時，老君下爲師，號曰務成子，作政事經。帝堯之後，而有帝舜。帝舜之時，老君下爲師，號曰尹壽子，作太清經。帝舜之後，而有夏禹。夏禹之時，老君下爲師，號曰直寧子，作德誡經。夏禹之後，而有殷湯。殷湯之後，而至周初。周初時，老君下爲師，號曰郭叔子，作赤精經。

老君曰：祕化之初，吾體虚無，經歷無窮，千變萬化，先下爲師。三皇已前，爲神化之本，吾後化三皇五帝爲師，并及三王，皆勸令修善。天一、地二、人三、時四、音五、律六、星七、風八、州九，合有四十五。子、午、卯、酉、中央，各有九筭。戴九履一，左三右七，二四爲肩，六八爲足，中有五軀，體成八卦。水流歸末，分八至丑；葉落歸本，分六至亥；金剛本强，分二至未；土王四季，分四至巳。坎怨獨走，離明數四；艮八高掺，三從坤位；乾當城坤，與一相逐；巽吁天門，從乾貸一；震雷動澤，從兑所减。辰午酉亥，自刑之卦，各内其八卦以成，餘有九筭成易字。

老君即演行期術曰：行期之法自有術，先舉坎，就坤二西南，王母東青龍，習氣發裔地户間，巽上四期入中宫，筭出中宫昇於乾，西之大澤華山巔，東北之上寅艮間，南之炎火離霍山，幡然變化北入玄。

（雲笈七籤卷二）

太上妙始經

太上妙始經，見正統道藏洞神部本文類，成書時代不詳。該經第一部分述道教宇宙觀，第二部分爲老子化胡及出盟威正法等事。該經關於老子化胡的内容與老子化胡經和混元聖紀相近，本書即節選這部分内容。

老子曰：吾自開闢已來，所説諸經有數百萬卷，或有藏在蘭臺玉函石室之中，祕不出世者，不可計數。至周幽王時衰亂，吾乃至函谷關，教關令尹喜道術，喜得道爲真人。將尹喜西入胡國，先至罽賓闍崛山中行道，爲國王所燒，不以爲困。道見虚空之身，項負日光，體有金剛，七十二相，八十一好，國王服受其道。復爲胡作四萬言經，名曰般若波羅蜜、道德五千文三十品。復與尹喜至舍衛國，四月八日化生爲王國太子，年十五去國學道，道成曰釋迦佛。佛，胡語，漢言仙也。關令尹喜易名曰阿難，沙門弟子學其法者千二百五十人，稱菩薩。菩薩者，胡類，今之道民也。教化胡畢，以五月十五日尸解，託入泥丸。泥丸，無爲也。道無常名，無有常形，或稱釋迦文佛，或稱維摩詰，或稱轉輪王，如此分身別氣，輾轉教化，化有萬端。故明法効其形，立浮屠，作泥人，美采木象也。

三洞珠囊

王懸河

三洞珠囊，十卷，唐道士王懸河編。通志藝文略著録該書爲三十卷，可知今本有大量殘闕。今本該書第九卷有老子化西胡品，共三條，第一條稱出太平經，當即前老子爲帝師品所引「太平部卷第八老子傳」，應該是晚出的太平經；第二條稱出文始先生无上真人關令内傳，當即文獻多有引述的文始内傳；第三條稱出老子化胡經，前附録一已載。三洞珠囊引述文始先生无上真人關令内傳内容較多，稱「鬼谷先生撰」。三洞奉道科戒營始法次儀中載有關令内傳，是此書當形成於南北朝。費長房歷代三寶紀於智勔釋老子化胡傳、十八條難道章後引智勔云：「又稱是鬼谷先生撰，南山四皓注。」是當時有以老子化胡經爲鬼谷先生撰者。此文始先生无上真人關令内傳亦稱鬼谷先生撰，當與老子化胡經有極大關係。三洞珠囊中的引文主要可分爲兩部分，前一部分爲老君向關令尹授道，後一部分爲入罽賓化胡王。其内容與敦煌十卷本老子化胡經卷十、靈寶化胡經及混元聖紀卷四有相近之處。

太平經云：老子往西越八十餘年，生殷周之際也。

鬼谷先生撰文始先生無上真人關令内傳云：周無極元年，歲在癸丑，冬十有二月二十五日，老子之度關也。關令尹喜勑門吏曰：「若有老公從東來，乘青牛薄板車者，勿聽過關。」在後果見老公如是，求度關。關吏不許，以關吏〔一〕之言白之。老公曰：「吾家在關東而田在關西，欲往採樵，幸聽度之。」關吏再不許，入白關令。令即出迎，設弟子之禮。老公故辭欲去，關令殷勤北面事之。老子許之住也。

老子時有賃客，姓徐名甲，日雇錢一百。老子先與約語：「當頓還卿直，然須吾行達西海大秦、安息國，歸以黄金頓備錢限。」甲既見老子方欲遠遊，疑遂不還其直。爾時有美色女人聞甲應得多錢，密語甲曰：「何不急訟，求其直，吾當爲子妻。」甲惡意因成，即舉詞詣關令，訴老子求錢。關令以甲詞呈老子。老子曰：「吾禄貧薄，無僕役，前借此人，先語至西海大秦、安息國，歸頓還黄金備直限，其何負約見訟耶？」甲隨老子二百餘歲，應還七百萬。老子謂甲曰：「吾昔語汝，至西海大秦、安息國，歸頓以黄金相還，云何不能忍辱，今便興詞訟我？汝隨我已二百餘歲，汝命早應死，賴我太玄長生符在爾身耳。」言畢，見太玄長生符飛從甲口出，還在老子前，文字新明，甲已成一聚白骨。喜既見甲違心便死，意復欲觀老子起死人，因曰：「喜當代還此直。」即具錢來。「伏願赦甲往罪，賜其更生。」老子愍之，曰：「善。此本非吾瞋甲，甲負先心，道自去之。」老子復以向符投其枯骨，甲即還生如故。喜具爲説之，甲方叩頭謝罪。「老子令還汝直。」謝遣之也。

老子以上皇元年歲在丁卯正月十二日丙午下爲周師也。周道將衰，王不修德，弗能以道德治民。此淫亂之俗，不可復師，故微服而行。「吾將遠遊矣！」喜復作禮曰：「願大人爲我著書，説大道之意，喜得奉而修焉。」老子以無極元年歲在癸丑十二月二十八日日中作道德經上下二篇，以授喜。老子辭別欲行，喜曰：「願從大人遠遊，觀化天地間，可乎？」老子曰：「我行無常處，或上天，或入地，或登山，或入海，或在戎狄蠻貊非人之鄉、鬼神之邦、嶮難之中，觀化十方，出入無間，坐在立亡。子以始受道，諸穢未盡，焉得隨吾遠行耶？子且止，誦此二卷經萬遍，道成，乃可從吾遠遊。子道欲成時，自當相迎，今未得去也。」老子臨去，則告曰：「子千日以後於成都市門青羊之肆尋吾，乃可得矣。」

喜奉教，誦經萬遍，千日之後，身乃飛行，入水蹈火，並不熱溺。今道已成，乃往成都市門青羊之肆尋老子，經日不見，晝夜感念。到九日，見一人來買青羊，由是乃悟，問使人曰：「子何故日日買此青羊耶？」使人答曰：「吾家有貴客，好畜青羊，故使我買之也。」喜曰：「吾昔與彼客有舊，因期於此，子能爲我達之不？」因以珍寶獻之。使人曰：「諾，君但隨我去，當爲具白此意。」喜曰：「若然，白客言關令尹喜在外。」使人如其言白之。

老子曰：「令前。」拂衣而起，登自然蓮華之座，問喜曰：「别後三年之中，子讀經何得何失？」喜拜而自陳曰：「奉教誦經，令喜得常存不死也。」老子曰：「子昔願從吾遠遊，道已成，可以遊觀大地八紘之外也。」喜曰：「弟子宿願始申矣，無復所恨。」

老子於是命駕，遠遊天地之間，變化諸國也。後入罽賓國闍崛之山精舍中行道。罽賓王出遊，問曰：「此何等人？」侍者曰：「道士耳。」王曰：「道士乃幽隱在此乎？」後日復遊，見之，王曰：「何修也可以致福？」老子曰：「齋戒中食，讀經行道，上可得至真，不死不生，教化出入在意也；下可安國隆家，亦可從轉身，得道度世入無爲。」王曰：「善哉！」後日出遊，復見之。王曰：「道士道法最〔二〕何爲貴耶？」道士曰：「吾道貴自然，清静無爲，及齋戒行〔三〕、中食、燒香，可從生天，可從生王侯家，得可從道度世〔四〕，以此爲上。」

王曰：「善！寡人欲請道士中食行道，可乎？」道士曰：「爲欲請幾人耶？」王曰：「悉請也。」道士曰：「徒衆多，難可悉供也。」王笑曰：「寡人大國，何求不得，而云不能供耶？」道士曰：「吾道士固曰貧道，依附國王，致有珍寶，盡是王物。今先欲請王國人中食，以爲百姓祈福，可乎？」王曰：「善！但恐道士無以供之。」道士曰：「足有供之，願王枉駕。」王曰：「刻日當到。」道士遂先請及群臣國人也，皆使仙童玉女及四方飛天人請男女一十四日，都畢，王歎曰：「貧道士尚能作大福如此，我大國王何所乏無而言不能供之耶？刻日請道士徒衆。」大會道士，到皆引諸天聖衆、九品仙人，四十餘日，人來不盡，後方日日異類，或胡或傖，或吴或楚，或長或短，王倉庫已半，人猶未止。

王曰：「如道士言，此人衆何其多？吾誠恥中殆，令無供具。」忽生惡念曰：「吾恐此老公是鬼魅，非賢人道士，可速收縛，積薪市中燒殺之，以示百姓。」於是遂縛老子徒衆等。老子爾時任其所作，聚薪都市。老子語喜及諸從真人：「卿但隨我上此薪上。」傾國人悉來視之，終不能害我等也。」如是國人視之，其善心者皆難吒：「我王何故强請道士而中道燒之？可憐可念！」火起衝天，國人因見老子亦放身光滿天下，老子與喜及諸真人在炭煙之中，坐蓮華之上，執道德經詠之。及火勢盛，猶在炭上坐，不去。王問：「老公已死耶？」使者曰：「老公故在炭上誦經。」王又令沉老公深淵。後隨王入淵，入淵不溺。國人見老子放光，神龍負之，龍光亦照淵，方誦經，並不能爲害。王問：「道士等已死乎？」使者曰：「投之深淵，龍王出負之。老公放光，照滿國内，復不死不溺，當如之何？」王曰：「燒之不死，沉之不溺，吾末如之何？」王顧謂群臣曰：「恐彼老子將天師聖人乎？今欲事之，何如？」群臣曰：「善！恐老公徒嗔，將亡國也，願王卑詞謝之。」王曰：「正爾自詣却説前事，謝罪云云。」

老公曰：「前我語王，恐王不能供之云云，而反燒我師徒，何逆天無道耶？上天不許王之横殺無辜，此乃天見我無罪，故得度險難也。天將滅王國，不久當至也。」王大謝罪，願舉國事師，不敢中怠。老子曰：「王前有惡心，今雖叩頭千下，猶未可保信，恐後有悔，當何以爲誓耶？」王曰：「今以舉國男女一世不娶妻，髡鬄鬚髪以爲盟誓，約不中悔，中悔當死，爲證何如？」老子曰：「善！」爾時推尹喜爲師，令王及國人事之。王當以國事付太子伊梨：「我當修道，捨家國，求道度世。」老子曰：「善！既欲棄國學道，吾留王之師，號爲佛。佛事無上正真之道。道有大法，若王居國學道，但奉五戒十善，自足致福，去却不祥，常生人道，尊榮富貴，亦可因此得道度世，何必捨家也？」王及群臣一時稽首師前，男女同日奉道焉。爲作三法衣，守攝其心，錫杖以驚蛇蟲，乞中食爲節。老子復爲造九萬品經戒，令日就誦之。老子曰：「授子道既備，吾欲速遊八方。」遂還東遊，幽演大道自然之氣爲三法：第一曰太上無極大道，第二曰無上正真之道，第三曰太平清約之道也。

（卷九老子化西胡品）

校　記

〔一〕「吏」，據文意當作「令」。

〔二〕「最」，似有誤，或當在「貴」上。

〔三〕「行」，疑當作「行道」。

〔四〕「得可從道度世」，疑當作「可從得道度世」。

道德真經廣聖義

杜光庭

道德真經廣聖義，係唐末五代道士杜光庭爲唐玄宗道德真經疏所作的「義」。其卷二釋老君事跡氏族降生年代述老君降生及歷代變化事跡，部分内容與伯二三六〇別本老子化胡經及三洞珠囊卷九老子爲帝師品所引化胡經有相似之處；卷三釋唐玄宗道德真經疏釋題，「在周室久之」「將開道西極」「關令尹喜請著書」三句之「義」述老君西出與化尹喜事，與三洞珠囊卷九老子化西胡品所引老子化胡經有相似之處。本書即輯録了這部分内容。

第九，隨機赴感者，老君極聖洞真，總領萬化，化隨方出，降德屈身。自億劫之初至混沌之始，歷羲媧一十八氏，三紀、五十八統、一百八十九代，代爲國師。及神農之後，或爲國主，或爲師君，或爲賓友，或爲人臣，乃有鬱華、録圖等號，以道德妙旨更相發明。所謂應物無擇者，道也；赴感隨機者，聖也。常以經圖戒律應化一切，分形應感，無量無邊，而老君之體，端寂無爲，凝然常住於太清之宫也。

第十，演上清者，老君於上三皇時，人尚淳樸，以龍漢元年，號玄中法師，以上清聖教一十二部大乘之道開度人天也。

第十一，傳靈寶者，中三皇時，老君以赤明元年，號有古先生，降靈寶真經一十二部中乘之法，開化一切，救度兆人也。

第十二，出洞神者，下三皇時，人心樸散，老君以開皇元年，號金闕帝君，出洞神經一十二部小乘之法，開度萬品也。

第十三，垂文象者，伏羲之時，人已澆漓，未有法度，老君以清濁元年，號鬱華子，下爲師，説元陽經，教伏羲畫八卦，以通神明之德，以類萬物之情，仰則觀象於天，俯則取法於地，制嫁娶，叙人倫焉。

第十四，示好生者，神農之時，人食禽獸，茹毛飲血，老君以清漢元年，號大成子，下爲師，説太上元精經，教以化生之道，播百穀以代烹殺，和百藥以救百病，嘗桑得禾、柳得稻、榆得黍、槐得豆、桃得小麥、杏得大麥、荆得麻。五穀既登，禽獸免害止殺，所以長善除惡，所以全生。不食血肉，人無疾苦，五穀養性，人無宿業。其利人也大矣。

第十五，教陶鑄者，祝融之時，人食生冷，未知火食，老君以天漢元年，號廣壽子，下爲師，説按摩通精經，教陶鑄爲器，以變生冷，人保其壽焉。

第十六，制法度者，自下三皇以後，伏羲以前，未有典禮，鳥獸同群，老君以道開化，漸漸生心，辯形食味，參以五行，廣施經法，勸化兆人矣。

第十七，作形器者，自伏羲之後，老君示以世法，制禮樂以叙尊卑，造衣章以明貴賤，作宫室以代巢穴，爲舟車以濟不通，置棺椁以代衣薪，造弧矢以威不順，立刑獄以戒兇暴，造書契以代結繩。服牛乘馬，引重致遠，日中爲市，交易而退，耒耜杵臼之利、重門擊柝〔一〕之規，並老君教於時君，以化於物也。

第十八，崆峒演道者，黄帝時，老君號廣成子，居崆峒山，黄帝詣而師之，爲説道戒經，教以理身之道。黄帝修之，白日昇天。

第十九，衡嶽授經者，顓頊時，老君下爲師，號赤精子，居衡山，授帝微言經，教以忠順之道。

第二十，江濱應化者，帝嚳時，老君下爲師，號録圖子，居江濱，授帝黄庭經，教以清和之道。

第二十一，姑射宣真者，唐堯時，老君下爲師，號務成子，居姑射山，授帝政事離合經，教以廉謹之道。

第二十二，傳道德者，帝舜時，老君下爲師，號尹壽子，居河陽，授舜道德經，説孝悌之道。此上下二經出於茲焉。

第二十三，教理水者，夏禹時，老君下爲師，號真行子，居商山，授禹戒德經，説勤儉之道，又授靈寶五符，檄召神鬼，濬九江，通河海，決百川矣。

第二十四，述長生者，殷湯時，老君下爲師，號錫則子，居灊山，授長生經，説恭愛之道。

第二十五，寄胎慧者，老君愍時凋弊，欲反神降生，以殷第十八王陽甲十七年庚申之歲，託孕於玄妙玉女。就此門中，分爲五别：一曰大道應化，託孕人間，乘日精爲五色之象，以明陽德也。二曰乘九龍之車，凝結變化，五色玄黄，入玄妙玉女口中，又明九龍陽精之華也。三曰處胎寄慧，與俗不同，八十一年，極太陽九九之數，然後乃生。四曰玄妙玉女感夢之後，因而有孕，容顔益少，神氣安閑，八十餘年，悦豫無比，以明聖人降跡之異也。五曰玄妙玉女所居之室，四時和暢，六氣調平，冬無凝寒，暑無煩燠，祥光照室，靈風滿庭，衆惡不侵，萬靈潛衛，八十一年，不覺爲久，當殷二十二王武丁九年庚辰之歲降生也。

第二十六，顯降生。就此門中，又分一十七段。一曰老君降生，迥異凡品，雖依聖母之孕，乃剖左腋而生也。二曰老君生，登行九步，步生蓮華，陸地開敷，大彰神異。三曰老君降生之時，日童揚輝，月妃散華，七元流景，祥雲蔭真，四靈翊衛，玉女捧接，聖母因攀李樹，忽爾降生矣。四曰老君降生之時，九龍吐水，以浴聖姿，龍出之地，因成九井。于今見在亳州真源縣太清宫中也。五曰老君降生之後，即行九步，左手指天，右手指地，曰：「天上天下，唯吾獨尊。代間之苦，何足樂聞。」六曰老君降生者，爲念時澆樸散，大道不行，委迹生神，以救於世。七曰老君以衆迷難曉，正道難宣，降生之時，故顯現禎祥，令物信悟。八曰老君欲明妙道，須在修功，示有鍊丹，以勸修習。今亳州宫中有鍊丹井、鍊丹檜並存焉。九曰老君教人習道，内外俱修，既鍊金丹，又習真氣。今有虚無堂在亳州宫中，乃習氣之所也。十曰老君明此妙道，修之必得昇天，示彼功成，輕舉而去。今亳州宫中有鹿跡檜，即老君乘白鹿昇天之所，其樹見在。十一曰老君降生年代，即殷武丁九年庚辰歲二月十五日也。今詳殷、周以子月爲歲首，二月即今之十二月丑月也。十二曰老君降生郡國，即古之楚國之分；苦縣，因城爲名；瀨鄉，因水爲名；曲仁里，九井之西、靈溪之側。其縣本名苦縣，漢、魏以來名谷陽縣，乾封元年改爲真源縣，中和二年昇爲赤縣。十三曰老君降生之後，九日之中，身長九尺，七十二相，八十一好，蹈五把十，美眉方口，雙柱三漏，日角月淵，具大聖之相也。十四曰聖母玄妙玉女，老君降生之後，聖母乘八景玉輿，群仙侍衛，白日昇天，大唐追尊爲先天太后。今有宫在真源縣太清宫之北，一宫在樓觀昇天臺上。十五曰老君昇天之後，歷代帝王欽慕真迹。漢桓帝、隋文帝皆崇修宫廟，命文臣刊碑以旌道德。故漢有邊詔碑，隋有薛道衡碑，于今並在。十六曰聖唐受命之年，亳州舊宅枯檜再生，以彰子孫興昌，享無疆之祚。其樹見在，號再生檜。十七曰真源舊里累降樹祥，甘露乍垂，卿雲時布，或真容顯現，以弭妖兇；或雲霧凝空，以護宮宇；或神烏銜箭，或瑞雪驟飛；或神龍躍九井之中，或文字顯三檜之上。代代昭驗，載在簡書。漢桓帝時感夢老君，修祠宇之日，卿雲見在其上。隋文開皇五年，卿雲、白鹿現於祠庭，帝遂修崇庭宇。武德三年，枯檜再生，其年卿雲現於其上。上元元年，枯檜樹於木枝上有朱書「乾元亨利貞」字，重重分明。太極元年，卿雲現於其上。天寶七年，鳳凰集於虛無堂上。寶應元年，有紫雲屬天，神光夜照。明日，龍見九井之上。大曆三年，卿雲現於宮上，甘露降於檜樹。會昌二年，甘露降於庭樹。咸通十年，徐州逆賊龐勛欲領徒據太清宮，老君應現，有黑氣遍川，賊徒迷失道路，其日敗滅。中和、廣明之際，黄巢侵逼宮宇，縱火焚燒，陰雲升現，雨降火滅，賊徒奔潰；又逆賊遍地，白刃圍逼亳州，其日黑氣大雪，賊徒殞仆凍死，解圍而去；又黄巢餘黨攻圍亳州，神烏遶城銜箭，有黑氣自宮中而來，賊黨驚奔，解圍而去。中和二年，勑吏潘稠奏，自黄巢入關之後，一十八度兇徒侵逼宮宇，攻圍州城，皆有祥異，賊遂奔散，遠近户口，多就宮避難，並獲安全，請移縣就宮安置。勑旨不允，遂昇爲赤縣。光啓元年七月，九龍井中五雲成蓋，高千丈以來，如此現者三度，汴州畫圖聞奏。此之符瑞，皆載於國史矣。

校記

〔一〕「柝」，底本原誤作「析」，據文意改。

（卷二釋老君事跡氏族降生年代）

疏：在周室久之。

義曰：老君自殷武丁九年庚辰生於楚國苦縣，至紂二十一年丁卯居岐山之陽，號燮邑子，風伯前驅，彭祖爲從，以觀西伯之化。西伯聞之，徵爲守藏史。作赤精經，教以仁信之道。西伯行之，禮賢好義，鳳集岐山。故禮記云「周之興也，鸑鷟鳴於岐陽」，即此時也。遂以岐山爲州之名，鳳翔爲府之號，乃其事矣。老君所居去鳳翔城北一十八里。唐既受命於其舊所，置啓聖宫也。武王克殷，老君號育成子，作璇璣經，武王師之。成王時號經成子，康王時號郭叔子，仍爲柱下史，潛龍卑秩，以佐於周。至昭王二十五年，度關西化流沙。自武丁庚辰年，至昭王癸丑年，二百一十五年，即司馬遷所言「老君在周二百餘年」是也。

疏：將開道西極。

義曰：本相經云：昔妙梵天王爲貪快樂，不修功德，下生罽賓，爲煩陁力王。復好畋獵，殺害無道。故老君以昭王時西入流沙，授以浮屠之術而度之焉。又西戎雜俗，好淫多殺，皆學邪幻之法，好事邪神。老君乃往，歷化八十一國胡王，及九十六種邪法外道等也。故云「開導」，開即開悟，導即化導也。西極者，在中國之西，乃流沙八十一國等也。

疏：關令尹喜請著書。

義曰：尹喜者，天水人也，明習五經、天文、緯候、陰陽之書，無不該博。仕周，康王時爲大夫，至周昭王二十四年，知有聖人西度，請出爲函谷關令，遂遇老君傳經。就此門中，分爲八別：一曰示見禎祥者，昭王之時，天理星西行，入昴東南，真氣狀若龍蛇，而西度漢，融風三至，紫雲浮關，尹喜見之，請出爲關令，以候老君也。仙公序曰「尹喜宿命合道，預占見紫雲西邁，知有聖人當度」是也。二曰託試尹喜者，昭王二十四年壬子十二月二十五日，老君乘青牛薄板車，徐甲爲御，以來度關，云：「吾家在關東，田在關西，明日當臘，天寒取薪耳。」喜再拜，稱弟子，曰：「今日見君，乃聖人也，願少留焉。」又謂之曰：「竺乾之國有古先生，吾欲昇就。」皆寓託他事以試尹喜。三曰：傳授道德者，道德序訣云：「老君謂尹喜曰：爾應爲此宛利天下棄賢世界傳弘大道，子神仙者矣。」以其月二十八日中時授太上道德經，則是以昭王癸丑年五月壬午去周，十二月二十五日度關，二十八日授經。自殷武丁庚辰年生，至紂二十一年丁卯文王受命，凡一百八年。至昭王二十五年癸丑，又一百七年，通前二百十五年，乃西度關。史記云「老子在代二百餘年乃入流沙」是也。四曰示見神通者，老君御車人徐甲本是枯骨，曝露草中，老君因見哀之，以太玄生符投之，遂化爲人，隨老君周遊二百餘年。老君約云：「日雇百金，往至大秦、安息，以黄金併償之。」甲至關，悦一婦人，不欲隨老君西去，遂作牒詣喜，以訟老君，索日雇之直。老君謂甲曰：「爾本枯骨，我以太玄生符救爾，所以爲人。今還我符，當償爾金也。」言訖，符從甲口中出，甲復化爲枯骨。喜見之驚怖，爲叩頭請謝，願乞恕之。老君又以符投之，甲乃復舊。尹喜見此神變，彌加勤敬也。五曰同還樓觀者，喜爲關令，即函谷關也，在陜州桃林縣南十二里，今有故關墟。大唐天寶元年壬午正月七日，老君於丹鳳樓降見，告陳王府參軍田同秀，出天寶靈符，云在函谷古關尹喜舊宅。勑道士及内臣往求之。於枯桑下有紫雲、白兔之瑞，掘獲石函，得天寶靈符於其地，大赦天下，改桃林縣爲靈寶縣。於其地置靈符觀，御製御書碑銘，今存焉。尹喜以二十八日受道德二經，後乃與老君同自函關歸盩厔終南山之陰尹喜所居之宅，宅即喜結草爲樓，觀星望氣之所。其宅尹喜昇天之後，相傳謂之樓觀。周穆王招隱士，杜冲與喜弟軌居之，有老君車板及支革樹。秦、漢累朝謁板、始皇墨跡皆存焉。六曰升入太微者，老君與尹喜説經，及授九丹諸訣畢，以昭王二十六年甲寅四月，於喜宅南山上昇入太微。西昇經云：「説經畢，忽失老君所在。斯須，館舍光炎五色玄黄。喜出中庭，叩頭曰：『願神人復一見，示以一要，得以守元。』忽見金人，存亡怳惚，老少無常，重謂喜曰：『除垢止念，静心守一。衆垢除，萬事畢，吾道之要也。』」七曰約會青羊者，老君將昇太微，謂尹喜曰：「千日功成，求我於蜀青羊之肆也。」喜遂稱疾棄位，除垢止念，静心守一。至昭王二十九年丁巳，入蜀見老君於青羊之肆也。其青羊肆在成都縣西南五里，前臨大江，古老所傳，常有靈應。以中和二年壬寅，僖宗皇帝駐蹕在蜀，因獲靈甎，古篆符瑞，喜動行朝。皇帝駕幸其所，致禮瞻敬，勑置青羊宫。其甎篆文曰「太上平中和災」六字。自獲甎之後，明年收復長安，後年駕迴京闕矣。八曰俱化西極者，尹喜三年之後，千日功成，以丁巳年入蜀，於青羊肆見老君。老君與喜自蜀川乘雲駕，遊天水，昇三洞，歷九天，然後西化流沙八十餘國矣。中和二年九月十二日，以獲甎符瑞下勑曰：「昔者，聖祖玄元皇帝與弟子文始先生講真經於樓觀之臺，約後會於青羊之肆，共乘雲駕，俱化流沙，仙記傳聞，地圖標載。自周昭洎于此日，曆數約二千年，景象寂寥，蹤基牢落。今因翠華巡幸，玄貺昭彰，珠光跳躍於庭前，靈篆申明於樹下。甎含古色，字驗休徵，中和之災害欲平，厚地之禎符乃見。足表玄穹降祉，太上垂祥，將殲大盜之兵戈，永耀中興之事業。宜模勒文字，告示諸道及軍前。」仍於其地賜内外行庫錢，置青羊宫，以旌符瑞，編付史館者。即流沙西化，益彰明驗矣。著者，表記也，亦述作之謂也。今詳此經，乃帝舜時説，已曾授舜，今重授喜，非時著述也。

（卷三釋御疏序上）

金鎖流珠引

金鎖流珠引，原稱「中華總真大仙宰王方平、張道陵、趙昇、王長、司命李仲甫、茅盈、許玉斧等係代撰述，中華仙人李淳風注」。其書内容駁雜，道藏提要云「豈宋元間術士掇拾六朝以來術數家言，匯輯成書邪」。然謝守灝混元聖紀、太上混元老子史略及吕太古道門通教必用集曾引用該書，那麽該書至遲在南宋初應已成書。該書不少内容涉及老子化胡之事，但多爲零星提及，其中卷一〇説眠配衣存法圖稱老君以眠斗之術救「西山胡王達利」，卷二二雜使天關助國安家護身出災度厄救人濟物衆法稱老君搭救胡王，是比較集中的兩處。但這兩處應該都不是老子化胡經原文，而是依託化胡經故事重新編造的内容。本書附録即收録了這兩部分内容。

老君告西山胡王達利曰：我得天法，教吾眠斗，召兵百千億萬，而下圍吾師，而來攝汝，過度災厄，不被彼害，吾師攝食。吾師畏我天兵，合當救得。汝胡王怕急，唯投老君。老君一念，卧斗少間，百千億萬而下圍吾師兵馬。吾師知老君意，退而散去。吾師注：吾師是老君弟子，故假變化形，佐助化胡，乃飛身從天下，領天兵欲伐殺胡王兵衆。胡王畏急，乃投老君爲計，急求生路，奴僕敢辭。老君即申脚著床，卧存四斗救之。因此胡人大王伏而乞教道，捨位從道，以因眠斗之法。罵胡王曰：「我之大衆有百萬人，皆欲食汝眷屬爲飽。今有上天大真仙尊，與汝思眠斗之法，以隔我天兵。我以未能便食汝，後日當下來食汝衆。」言訖，當領神兵而去天上。於是胡王以頭首叩地，以石自搏：「乞大真仙尊教我王衆等作思眠斗之法。」於是老君遂作誡二百五十條誡胡王。王依誡不違，其吾師便不下。經數月日，胡王告徒衆，此老道人甚有眠斗之法，能斷絶得吾師不下，吾徒衆故當合學。於是胡王領徒衆禮老君三拜，長跪前問請：「我徒衆非道士所護，皆被天魔吾師殺食。我今叩頭請受取此法，以御此魔怪鬼賊侵食我等。」是時，老君受與眠斗之法，胡王精思不退，更請進受道法，後便得正成佛法，皆因卧斗之法而獲陰仙。注：陰仙是佛也。

（卷一〇説眠配衣存法圖）

四　老君曰：昔西胡有大國王好道，吾令學胡仙，改號爲佛。佛是仙之别名也，胡呼爲佛。

天國不伏，各擁强兵四十萬人來，圍遶此國城數重中。王乞解放，不肯。此王正心思存，吾於空中見念吾求救，吾以躡地紀散輝，禹步轉關，指之三度，即走出軍一符，往胡王案上。胡王見，帶符左手肘，後開國門與戰，與此王戰者皆自仰倒，兵衆大敗，被城中兵殺之。須臾之間，天地大瞋，雷風震天動地，白雨連殺四天軍，軍及王各散走歸國，不失其位。故知符力之聖者，莫過於此。慎勿令非人見視，見視，彼此被考，天大威之，即死。事非輕小，慎之慎之。

（卷二二雜使天關助國安家護身出災度厄救人濟物衆法）

猶龍傳

賈善翔

猶龍傳，六卷，北宋道士賈善翔所撰老子傳記。據歷世真仙體道通鑑卷五一，賈善翔於哲宗朝撰猶龍傳。該書卷四「流沙化八十一國九十六種外道」一條與十卷本老子化胡經卷一、卷二基本相合，當即抄自此經。此處即抄録該條。又猶龍傳此前的「爲帝師」「試徐甲」「度關試關令」「授關令道德二經」「青羊」等條，與三洞珠囊卷九所引老子化胡經、關令内傳内容相近，文字略有異同，亦可參看，爲省煩冗，此處不再引録。

老氏立清静無爲謙沖之教在諸夏，而後西入流沙。以夷狄之人恃犬馬之輕捷，而侈好殺之心，於是不辭異俗之狠戾、道路之修阻，區區而至彼，化之以慈愛，庶幾遠惡而趨善，故無擇焉。孔子所謂「有教無類」者是也。爾時，老君行化至于闐國，即放九色神光，偏照西方塵沙國界，光所及處，無有遠近。俄頃之間，毗摩城中自然以諸金寶布宫闕地，建大法座，莊嚴暐曄，三界聖真及諸龍神，乘雲控鶴而至。于闐國王與諸胡王，凡八十一國，覩兹光相，妙麗希有，晝夜瞻仰，懽悦讚歎。太上運妙有神通，悉皆攝受。彼國王於一念中雲集道前，老君迺升寶座，相好端嚴，燒香散花，奏鈞天樂。時于闐國王與所來者朱俱半王、渴叛陁王、護蜜多王、大月氏王、骨咄陁王、俱蜜國王，解蘇國王、枝汗那王、久越得健王、悒怛國王、烏拉喝王、失范延王、護時健王、多勒建王、罽賓國王、訶達羅支王、波斯國王、疏勒國王、碎葉國王、龜兹國王、拂林國王、大石國王、殖賦國王、數漫國王、怛没國王、俱藥國王、嵯骨國王、曇陵國王、高昌國王、焉耆國王、弓月國王、瑟匿國王、康國王、史國王、米國王、似没盤國王、曹國王、何國王、大小安國王、穆國王、烏那葛國王、尋勿國王、火尋國王、西女國王、大秦國王、舍衛國王、波羅奈國王、帝那忽國王、伽摩路國王、乾陁羅國王、烏萇國王、迦葉彌羅國王、迦羅國王、不路羅國王、泥婆羅國王、熱吒國王、師子國王、拘尸那揭羅國王、毗舍離國王、劫比他國王、室羅伐國王、瞻波羅國王、三摩詛吒國王、嗚茶國王、蘇剌吒國王、信度國王、烏剌尸國王、扈利國王、狗頭國王、伽栗國王、漫吐漫國王、泥拔國王、越底延國王、奢彌國王、小人國王、軒渠國王、陁羅伊羅王、狼揭羅王、石國王、五天竺國王，如是八十餘國王，及其妃后，與諸眷屬，圍遶瞻仰，願聽法音。老君告諸胡王：「汝等肆五毒心，唯嗜血肉，殺害無厭，斷衆生命。我今爲汝説浮屠經。所謂浮屠，即佛陁也。於汝言之，浮者，一切萬有非實；屠者，勿復割害生靈。不能戒者，可食自死肉。而汝須髮拳鞠，身體羶腥，至于氍裘，積諸垢穢。當祝須髮，洗滌身心，常習慈悲，以滅煩惱。依我立齋月日及所説戒律，常須持齋奉戒，絶諸邪想，歸依大道。今隨我化汝者，是我第一弟子，無上真人尹喜，與汝爲師，身作金色，備諸相好，演説浮屠，善巧方便，面常東嚮，示不忘本。以我東來，故顯斯狀，令有見者，發慈悲心。汝等國王，禮拜供養，不得退轉，自獲成果。」

又有外道九十六種，亦皆化之，使入正道。所言九十六種者：鬱遮羅外道，差法智男富外道，倮形外道，熱灰身外道，少子騫外道，賓頭盧外道，遮護神外道，到見外道，信行外道，邊見外道，見到外道，空見外道，虚空外道，不遮護外道，首羅外道，空亂音外道，梵鉢賒外道，洪照外道，普安外道，張世外道，無相外道，真諦外道，梵音外道，宗明外道，大拔外道，廣學外道，清修外道，講論外道，顯極外道，阿修羅外道，舍依師子王外道，神憩駕女外道，慧意外道，鳩摩毱那外道，梵摩闍羅外道，綱旃陁羅外道，那羅延外道，千炭外道，毱拔摩外道，睒摩外道，摩醯首羅外道，跋折羅神外道，拔闍羅外道，遮文茶外道，尼藍外道，商揭羅外道，央拘施外道，摩利支外道，阿吒薄俱外道，彌施訶外道，摩底外道，那俱跋羅外道，趙神鬼外道，鉢健提外道，鳩留伽闍外道，光照外道，威嚴外道，洪廣外道，迴向外道，毗曇修多羅外道，振威外道，葳揚自外道，自在廣博嚴浄外道，伎毱道外道，求那拔那外道，依真外道，得爽外道，明鍊外道，葛壞衣外道，尼利外道，高望提外道，阿求那外道，騰空道畏外道，佛沙莫沙外道，那健陁外道，婆摩智那外道，尼連旃外道，頗梨頗外道，道利道外道，阿扇旃帝外道，空解大道外道，姤神外道，道堅外道，到行外道，梵意外道，大豐外道，超空外道，善女天外道，元通太虚外道，我角外道，曠賢外道，燈分化外道，阿羅囉吒外道，阿盧至外道，照明五瞿外道，殷阿旃陁利外道。此諸外道，凡九十六種，或男或女，若人非人，能爲魔事。亦祝須髮，烏衣跣足，説種種三昧、種種觀法、等不等法，作諸變怪、種種形像，令人墮落邪道，無有休息。

老君謂尹真人及諸弟子曰：「吾去之後，此外道偏行於世，至于東夏。所行之法，亦復如前。轉更干人利養，甚則邪淫，使人捨身命財及諸男女，云過去未來得諸果報。復令國王帝主傾心信向，迷悮政事，不歸清静。著此外道，則生我慢，矯誑百端，惑亂大道。汝宜於此化以浮屠，令入不二法門，斷除邪障。而後外道悉來，稽首懇〔一〕請真訓，不復爲幻術。」其始末自有經傳，文繁不具録。

（卷四流沙化八十一國九十六種外道）

校　記

〔一〕「懇」，當爲「懇」字訛形。

混元聖紀

謝守灝

混元聖紀，九卷，南宋道士謝守灝所撰老子傳記。該書前有謝守灝紹熙二年（一一九一）進書表及陳傅良紹熙四年序。該書卷一爲老君年譜，卷二至卷九載老君歷代示教事迹，不少内容都與敦煌本及各書引用的老子化胡經相合。本書節録了與老子化胡關係最爲密切的卷四、卷五的部分内容。

初，老君去周，嘗西化大秦、安息、月氏〔一〕、烏戈〔二〕、竺乾等國，號古先生，其國王及臣民皆奉教行善，變强獷之俗，崇揖遜之風，乃還中國。

按唐通典云：「大秦，一名犂軒，亦曰拂菻，去長安四萬里。其地平正，有四百餘城，小國役屬者數十。其人長大，有類中國。其王無常人，皆簡立賢者。」老君先已開化諸國，世莫知之，故傳記不載。今因將尹真人行化，遂有記述流傳中國。劉向列仙傳云：「老君好養精氣，居周久之，去入大秦。」至尹真人傳云：「喜與老子俱遊流沙時，然後得俱遊也。」葛洪丹序云：「洪少欲詣拂箖，備聞海外諸國風境，説大秦國清浄奉道，人民淳和，王法甚正，見商賈者皆目曰周人。」又唐時遣使入朝，戴冠穿韡，嘗謁老君像，捨錢修觀，寫明皇御注道德經、黄帝陰符經歸其國。足驗老君嘗至其國。今復與無上真人尹喜至罽賓行化，暫止于近郊山谷。初，清和國王即東極始老國也。生天爲妙梵天王，每遇老君遊行經歷，即遥拜發願云：「惟願慈尊濟度弟子，於當來世常與弟子爲師，於當來世得爲高真。」其後享天福報，盡降生人世，尚以餘福得爲羌胡之主，即罽賓之煩陀力王〔三〕是也。既生人間，忘其宿命，殺害無度，頻出遊獵。老君不忍違其前願，乃於此教化之。時王出獵，至山有五色光炁貫日，怪而尋之，乃遇老君。王問曰：「公是何人？」老君曰：「吾是修道之士。」

至人通玄究微，應諸天、諸地、異域方言，以至異類音聲，莫不洞解，故與胡王問答，皆隨其國之方言而與之言。當時隨侍衆真，即以正音紀録之，還傳中夏，後人目曰化胡經也。猶齊人能爲楚人言者，遇楚人則操南音與之言，及其紀之於册，則必用齊語矣。事出一人之手，不待翻譯也。

王曰：「道是何物？誠爲我說之。」老君曰：「道者，元炁虛無，混沌自然，無表無裏，無有高下，天地從之而生，萬物資之而形，不得而名，故强爲之稱曰道也。」王曰：「吾自建國以來不聞有如是事，公何所從來而居此乎？」老君曰：「吾是萬氣之靈根、神仙之道元，在天爲衆聖所尊，在地爲萬國師君。天上天下，皆吾百官。回神無極，造化方圖〔四〕，分布日月，星宿虛玄，步天量地，制作經文。天地萬物，係命道君，有形之類，皆從道生。吾生於無形，長於無名，降爲帝師，隨世教化，今來自周也。」

老君知王頑獷難化，不達謙遜之辭，故以直告之，庶其警悟宿因耳。

王曰：「未審在彼國土以何法教人？」老君曰：「吾在中華常以道法開化。」王曰：「何謂道法？」老君曰：「道法者，乃太上靈寶，生於天地之先，大無不包，細無不納，天不得此無以耀明，地不得此無以表形，神不得此無以入冥，人不得此無以生成。是以萬物芸芸，以道爲根。蛇得之爲龍，禽得之爲鳳，獸得之爲麟，凡人得之爲仙。人能修之，逍遥太空，改易五内，變化形容，役使鬼神，隱顯無常，上仙之道也。」王曰：「所說靈寶者固爲希有，然我智力淺劣，不任是事，不知今於此國宜以何法設教？」老君曰：「觀王風俗，人懷悖戾，更相誅戮，虐及含生，邪淫貪慾，日造惡業，自取沉淪。王欲生得全壽，死無殃考，宜修浮屠之法。」

内外剪除而不傷形體，故曰「浮屠」也。

王曰：「其法云何？」老君曰：「先去人我，止烹殺。衆生蠢蠢，皆愛形命，王今好獵，殺害無度。天道好生，甚惡殺傷。王欲保壽，願勿畋獵。」王艴然變色曰：「異哉！是欲亂我風俗，乃疾我遊獵，禁我殺生耶？我自有國以來，代代弋獵，亦保天年。公有所須，當遣供給，毋出此語，亂我國人，使之失業。」遂馳還。

後出獵，復到屈山，又遇老君，問曰：「殺有何罪，乃禁我獵？身死空無，將何受報？」老君曰：「王之好獵，不問四時，不避胎養，是何逆天暴物，法當滅禄奪筭。天有司殺之神，紀人過惡，一朝命終，地司追其魂神，禁繫考掠，永淪罪獄。」

王曰：「未知殺外更有何罪？」老君曰：「殺罪至重，積冤成業，五道四生，緣對不絶。如驕恣暴逆，耽酒淫色，貪婪欺罔，信用妖巫，亦皆有罪，死入地獄，魂神受苦。王欲改過，信奉浮屠，生則富貴康寧，死則魂魄不拘，喜悦無量，不亦善乎？」王曰：「甚善，公試爲我分別説之。」老君曰：「浮屠者，削去鬚髮，著壞色衣，偏袒徒行，以制其形，持戒止惡，中食悔過，常習止觀，以檢其心。能修之者，上可全身保國，下可免離苦趣。」王曰：「善則善矣，但我智識淺劣，積習既久，未能持戒止觀，又不能惡衣徒行。然軍國事重，猶希福祐，請且修中食，漸省殺獵，以化國人，可乎？」老君曰：「可。」王曰：「未解其方，請公教之。」

老君欲化其國，令悉信向，乃謂王曰：「今請爲王設中食，願率群臣衆庶悉來會食，因觀法度。」王曰：「公縱神聖，安能供給吾國之衆？」老君曰：「願王枉駕率衆俱來，勿以爲慮。」王乃歸國，尅日聚會。老君散五雲於五方山谷，隨其方色，化爲宫殿，陳設帷帳，飛仙百億，悉爲給使，天廚飲食，不可稱數。王密遣人覘之，方大驚異，遂舉國俱來就會，七日滿散，并以種種珍寶綵繒賜王，徧及臣庶。

王啓老君曰：「我等已見儀法，欲設中食，願率徒衆皆來。」老君曰：「吾衆頗多，恐王不能供給。」王訝曰：「我大國，無所不有，何以不能供給耶？請尅期而會。」老君謂尹喜真人：「胡性堅强，心猶未服，可因此會，方便化之。」乃勑海内群仙皆來赴會。來者相續於路，月餘不絶。王倉庫將竭，齋未及半，乃生悔心。王召群臣謀曰：「道士徒衆何乃果多耶？予設中食，本祈益國，今乃傾我倉庫，恐是鄰敵姦謀，故遣來害我國。不然，必是鬼魅，若不早圖，恐彌損國。汝等急宜焚殺，以全予國。」於是群胡積薪外郊，煙焰亘天，乃將兵圍繞老君及隨侍仙衆，驅逼入火。老君與諸仙怡然赴火，隨煙出没，身更精明。又令左右沉之深淵。老君入水，淩波越流，身放光明。王益發怒，又燒大鑊，令煎煮之。老君忻然入沸湯中，談笑自若。胡王始驚，知不可殺，然業已行此，恥不能殺，乃急遣使以告鄰國曰：「有一妖魅，或老或少，變化不常，處吾國山谷中。我投之水火，皆不能殺。恐更興妖，害及諸國，請速興兵，相共誅戮。」旬月之間，胡兵並集，共圍老君，吹具〔五〕扣革，彎弓按劍，四面合圍。于時，老君宴處圍中，怡然不爲恤，亦無怒意。俄而風雷四合，天地震動，胡兵矢石皆自反中，戈矛摧落，金革無聲。胡兵驚懼，一時奔潰。

胡王戰慄，調〔六〕群胡曰：「其老翁等安知非大聖人，今欲事之，何如？」群胡曰：「大王既已燒、沉、煮、射，皆不能傷，豈非聖人耶？但恐其積怒，將滅王國，願王早爲之謀。」王曰：「誠然，吾今正爾自詣其前，求哀請命，庶蒙赦宥。」於是面縛至老君前，五體投地，叩頭千百，求乞哀宥。是時，老君欲堅其信心，語之曰：「吾是太上老君，生乎無極之先，經歷塵沙劫運，度人無量，爲三十六天之尊，統領三界，制御萬靈，報應罪福，莫不由吾。哀汝造罪，故來行化。汝恃貴驕，不能遵依，邀我中食，返〔七〕相折辱。汝積惡鍾身，萬悔何及，諸天神兵將滅汝國，絶汝種類。」語未竟，胡王衆等皆見天丁力士、神王甲卒不可稱計，乘龍跨虎，俱在空中，怒聲震地。王及庶等驚怖哀號，叩頭出血，跪伏謝曰：「我生邊戎，受性狂愚，不信道法，凌辱天尊。伏量此過，萬死尚輕，一國同誅，不足償責。惟乞赦罪，重賜全活。願受前法，至死不悔，舉國奉身，不敢終怠。」老君曰：「且止且止，雖叩頭泣血，猶未可保，恐汝後悔，當何以爲質誓耶？」王曰：「若天尊大聖見赦我罪，與我更始，請以舉世男女一世不婚不娶，髡剃鬚髮，以奉教法。若違誓約，當身死爲證。」老君曰：「可矣，汝今誓重，諒可憫也。然汝兇惡日久，甚不足恤。吾滅汝國土，令入地萬丈，化爲微塵，猶彈指耳，不足爲難。但吾好生，故赦汝。當一如吾戒，不得後負。」王拜曰：「敬奉命。」既而神兵匿景，天地清寧。

老君乃戒王曰：「今釋汝罪，汝宜奉浮屠法，永世受福，常生人道。」王及群胡莫不懽喜，頭面著地，合掌禮謝。老君於是注慈惠光降照王身。王忽追省前因，悔悟悲泣，涕淚俱下，再拜叩首，曰：「我從無量劫來，惡根未滅，雖得超生，旋即墮落，頭出頭没，如汲井輪。不遇天尊大慈仁者，憫念宿緣，特賜救拔，終淪惡道，無有出期。今願棄國入山，以奉大戒，爲國人謝罪祈福，終希度世，永離輪迴。」老君曰：「善，汝欲居山學道，妻子、群臣任其去留，留者令奉五戒十善，隨入山者則奉六戒。」王曰：「唯，唯，是誠所願。」老君曰：「汝審欲聞法者，可清潔修齋，齋竟同集，當授汝法。」王禮謝而退，即捨王位，傳授其子，乃率國中臣民男女發善心者一萬二千五百人，俱時來至，稽首長跪以俟。

尹真人適赴天帝中食而還，項負圓光，足履蓮花，諸仙、玉童、玉女，香花、天樂，從空而下。老君指尹真人示胡王曰：「此吾之弟子無上真人，命爲汝師。」乃令王與偕來之衆，先懺悔三業六根，自從無始以來所造陰罪陽過、十惡五逆、信用邪見外道一切罪犯，以至積世父母眷屬所造諸業，悉皆懺悔。懺悔已畢，乃謂：「汝等各各攝念静神，諦聽吾言，今爲汝授五戒十善。五戒者，一不殺生，二不飲酒，三不偷盜，四不邪淫，五不妄語。能持此戒，當有二十五戒神護之。十善者，一曰孝，二曰忠，三曰慈，四曰忍，五曰施惠，六曰精勤，七曰供養，八曰信向，九曰勸化，十曰静定。能行此者，當有十天善神衛之矣。」授已，即復爲王等説十戒、十八戒、二十四戒、二百五十戒、女人五百戒。又令一歲正月、五月、九月，謂之三長月齋。又每月六齋，初一、初八、十四、十五、二十八、二十九日，謂之四天王齋。又每月十直齋，初一日念無量太華天尊免火車地獄之苦，初八日念玄上玉晨天尊免溟泠地獄之苦，十四日念度仙上聖天尊免鑊湯地獄之苦，十五日念玉寶皇上天尊免風雷地獄之苦，十八日念好生度命天尊免銅柱地獄之苦，二十三日念玄真萬福天尊免火翳地獄之苦，二十四日念太靈虛皇天尊免屠割地獄之苦，二十八日念太妙至極天尊免金剛地獄之苦，二十九日念真皇洞神天尊免普掠地獄之苦，三十日念玉虛明皇天尊免三界冤報之苦。是日，十方諸天下降，觀人善惡，當一日一夜素食誦經，可免九獄之苦、三界冤報之罪。不能齋者，許食自死肉。

仍謂四衆曰：「王今已得受度，我將行化諸國。」王復再拜啓曰：「天尊大聖今將遠遊，覲集良難。舉國受恩，慨戀無所，欲請天尊洎我師徒衆行道三十日，然後送別，唯垂許可。」老君曰：「善。」王遂與世子群臣人民大建道場，廣陳供養，歌唱詠讚。會日告滿，猶欲延留，真人謂曰：「善哉，善哉。供養矣，吾將侍師行化諸國，弗可得而留也。」於是胡王攝衣而起，跪行而進，再拜長跪，合掌白言：「我師將捨我去，無所諮請，願授要旨，終身受持。」真人謂曰：「吾語子，夫戒律雖非至道，誠爲入道之階，能堅持不懈，泰定從此生，智慧從此起。九層之臺起於累土，合抱之木生於毫末，千里之行始於足下。」又曰：「汝國風俗獷戾，阿修羅之氣習未除。我師立教，柔弱處上。汝惟不爭，故天下莫能與之爭。汝能無爭三昧，則於見在世當爲人中第一，未來世中當證善果。」王受教已，稽首禮謝。真人重告王曰：「子來前，子知身相虛假，萬有非實乎？汝欲求寂滅之樂，當除垢止念，不見可欲。一塵有著，即累汝性。」王於言下開悟，叩頭拜謝曰：「唯，唯。」真人遂偕諸仙衆侍從老君出罽賓境，合境臣民俱哀戀拜送。王即與衆入山修道，遞相訓導。

老君遂至條支國，其國王奉事外道魔師，曰謂是聖人。其徒三千餘人，皆從官供給，凡十二年，廣行幻術，王敬信之。一日語魔師曰：「國中大山當道，妨人行路，壅遏源流，時作洪水，師等能爲却之否？」魔師曰：「可，明日爲王却之。」時老君適至，坐於樹下，觀諸魔師各作奇術，兩手作訣，山爲微動。老君知王可化，謂尹真人曰：「魔師作法，欲除此山，山若果除，王必信之，謂真神聖，不可復化矣。」乃令尹真人遥以神通制之，山遂不動。魔師自相謂曰：「向者已動，今返不動，莫有異術之人禁制之乎？」遂競上山巔，四望尋覓。遥見真人，乃急追捉送王。王問曰：「汝是何人？」真人答曰：「太上弟子。」王曰：「太上何人耶？」曰：「太上聖人。」王曰：「汝太上今安在？」曰：「自罽賓國行化至此，近在山下。」王即勑左右迎之。既至王宫，王即延坐，問曰：「人言老翁是聖人，吾國有一大山妨路，萬民患之，魔師却之不能，願聖者謂〔八〕我除之。」老君曰：「諾。」王曰：「不知須幾人力？」曰：「此小事也，何須人力？」魔師恐王因此不復信用，更求自却。王曰：「善。」於是魔師三千人俱作法，用盡其術，終不能動。王曰：「師法盡矣，請老翁除之。」老君即把九節之杖撥而去之，如去塊土，水乃順流，地亦平正。王叩頭再拜，求爲弟子，不復奉事魔師。舉國臣民莫知敬仰，咸願皈依受化。

老君還於樹下，王請就館王宫，老君不從。王益加信仰，於是匍匐膝行，叩頭請問曰：「竊聞聖者不違人心，伏願爲説妙法。」老君曰：「吾聞王者悉非常人，德蔭萬物，行合乾坤，開化人天，爲國之君。君能行道，國土長全，寢甲休兵，安濟萬民。於世無道，國土傾淪，多嬰災難，毒及臣民。王宜盡心，奉道求真，身無災害，嗣續詵詵，鄰國畏服，姦惡不侵，命壽長永，與天相傾，月不夜蝕，日不晝昏，父不哭子，臣不背君。王宜體之，尊道敬天。」王曰：「願乞哀憫，留神賜教，示以道要。」老君曰：「恐王驕蹇，易生退心，未可輕付。」王於是召群臣萬民，七日七夜修齋供養，各持綵繒黃金以爲信誓，手持香花，叩頭百拜，慇懃三請：「伏聞大聖開化罽賓，遠近諸國咸受正真。我今劣弱，未蒙垂慈，願剖大道，開示愚民，使舉國人民終世奉行。」老君知其心至，乃謂曰：「吾已令弟子無上真人與諸國王爲師，演説經戒，剋心制形。生得安穩，無有夭横；死得滅度，不墮惡趣。王能敬奉，獲福無量。」王曰：「唯，唯。」老君曰：「善。王可還宫，焚香作念。」於是真人應見化身於王宫殿，坐寶蓮花，爲王授十八戒。王歡喜合掌禮拜，願棄國家，不顧身世，持如是戒，不敢有違。又爲王夫人群臣若男若女初發心者説三戒，爲已伏心者説五戒。

王復問曰：「太上聖人先下東方，不知以法教化莫亦如今所授乎？」真人曰：「我師隨世設教。昔在神州，以神仙之道教化天下，上自三皇，次及五帝，修之皆得神仙。」王曰：「浮屠、神仙，有何差别？」真人曰：「浮屠者，回心向道，剪滅六根，以空寂爲宗，至於神悟性靈，得證佛果，然命過形亡，終歸寂滅，永爲陰靈而已。神仙者，修真證道，形神俱妙，顯化飛昇，出有入無，長生不滅。」胡王曰：「何不以此教我外國，使得同然耶？」真人曰：「生道至重，上天所祕，非夙植道本，安得易聞？」胡王禮謝，遂建精舍，造像供養。老君乃與真人行化諸國，遂至于闐國。于闐先聞老君將至，即率國奉迎於國南渠山之上，一名檀特山。營造精舍，延請老君居焉。老君宴處其間，不飲不食。王與近臣朝夕諮問，求乞所聞，老君授以齋戒之法。王曰：「聖師所言止有齋戒，還更有餘教耶？」老君曰：「吾道無量無邊，順俗通時，因機立化。在中華時，行無上正真無極大道，修習之者度世延年，行備功圓，克登仙果，乘龍馭炁，白日昇天。說三洞真經三十六部、大乘次法萬八千篇。上至帝王，下及凡庶，修奉之者，隨其淺深，受報登仙，或爲上聖，或證高真，品秩崇卑，三十七等，飛行自在，變化不測。又有金液神丹修煉之道、吐納咽景養炁之訣、柔體調神導引之法、三奔五煉嗽御之經，及採餌靈芝神草柔金水玉之方，至於隱天藏月，變景煉形，役使鬼神，制御天地，符圖寶篆，玉璽金書，萬術千經，開化後學。皆因宿根清浄，稟氣淳和，好道樂真，精誠不退，身心相應，方堪付授。如汝國人，積生剛勁，宜以浮屠之法制煉身心。如能精勤不懈，命終之後，受福生天。道法玄妙深微，縱教於汝，亦難解了，非吾所惜也，良由衆生自無始以來，慳貪嗜慾，啗食無厭，養其膿血，彌益罪根，生老病死，惡風毒炁，百病來侵，受生稟質，各各不同，日夜循環，萬生萬死。或居母腹不得出生，或至分娩即便死亡，或一歲二歲念念改張，一日之中無少安樂，良由廣食穢濁，骨肉薰蒸，損傷臟腑，金玉化銷，身形難久。吾不飲不食，抱道自然，變化無方，長生不死，常說經教，開度衆生。凡夫愚迷，不能信用，吾常憂念，憫痛在兹，故使持齋，減其病苦。能行之者，獲福無量。」王曰：「聞有佛陀，近在罽賓出世，傳法度人，莫是聖師否？」老君曰：「此浮屠教法，西域諸國國王、人民咸已歸依，止殺除淫，調柔其性，當得果報，常生人天。今汝奉行，不得懈怠，内外清浄，心照圓明，罪既不生，福亦自長，歷劫之中，常得快樂。」王大信服，敬禮受命。

（卷四）

校　記

〔一〕「氏」，原誤作「氐」，據文義正。

〔二〕「戈」，當爲「弋」字之誤。

〔三〕「王」，原誤作「士」，從下文「煩陀王」及笑道論「憤陀力王」的異文看，此處「士」當爲「王」字之誤。

〔四〕「圖」，從協韻及文意看，似當作「圓」字。

〔五〕「具」，疑爲「角」或「蠡」字之誤。

〔六〕「調」，疑爲「謂」字之誤。三洞珠囊卷九亦云：「王顧謂群臣曰：『恐彼老子將天師聖人乎？今欲事之，何如？』」

〔七〕「返」，讀作「反」，二字古書多通。

〔八〕「謂」，讀作「爲」，唐代以前「謂」「爲」多通用。

是時，老君在于闐國謂尹真人曰：「吾所行化，遍此西方，攝伏外道，令歸正法。其諸國土，已得度者及未得度者，我於此時，咸令集會，俾其開悟，歸入法門。」語已，即有九色神光遍照西方無極國界，光所及處，無有遠近。俄頃之間，毗摩城中自然寬平，地化金色，建大法座，百寶莊嚴。三界衆真，諸天靈神，俱時來集。時于闐國王及罽賓國、條支國、安息國、大月氏〔一〕國、朱俱半國、渴叛陀國、護密多國、骨咄陀國、俱密國、解蘇國、枝〔二〕汗那國、久越得犍國、悒怛國、烏拉喝國、失范延國、護時健國、訶達羅支國、波斯國、疏勒國、碎葉國、龜茲國、拂箖國、焉耆國、弓月國、瑟匿國、康國、史國、米〔三〕國、似没盤國、曹國、何國、大小安國、穆護國、烏那葛國、尋勿國、火尋國、西女國、大秦國、波羅奈國、帝那忽國、伽摩路國、乾陀羅國、烏萇國、曇陵國、多勒建國、大食國、殖賦〔四〕國、數漫國、怛没國、俱藥國、嵯骨國、迦葉彌羅國、迦羅國、不路羅國、泥婆羅國、獅子國、拘尸那揭羅國、毗舍離國、劫毗陀國、室羅伐國、瞻波羅國、三摩怛吒國、嗚茶國、蘇剌吒國、信度國、烏利尸國、扈利國、色伽栗國、漫土漫國、尼拔國、越底延國、賒彌國、小人國、軒渠國、陀羅伊羅國、狼揭羅國、舍衛摩竭提國、臨倪國、天竺國等王，已上共計八十國土。

按通典云：塞王居罽賓國，在度山之西〔五〕。塞種分散爲數國，自疏勒以西北，休屠、捐〔六〕毒之屬，皆故塞種也。捐毒即婆羅門國。或曰，摩伽陀，漢謂之捐毒，亦曰身毒。顔師古云：「身毒即天竺也，塞種即釋種也。蓋胡〔七〕音有輕重也。」身毒有別國數十，如舍衛、波羅奈之屬，雖各小異，而俱名天竺，故有五天竺，亦曰五印土。

及諸羌酋部落，不可勝數。遥覩光相妙麗希有，晝夜瞻仰，歡喜讚歎。老君運妙有神通，悉皆攝受，令俱得至道前。老君宴坐寶座之上，諸胡國王及其后妃眷屬各各燒香散花，奏樂圍繞，禮拜供養，願聽法音。老君乃爲説經。老君説經竟，復告曰：「汝等常當皈依大道，信奉佛陀。」時舍衛國王、摩竭提國王等，

按通典云：摩竭提乃天竺之屬國，其都臨恒河，有山曰靈鷲，胡語曰耆闍崛山。

蓋有青石山〔八〕，頭似鷲鳥，故以爲名。

出班再拜，胡跪請曰：「敢問皈依大道，信奉佛陀，其法云何？修何恭敬？」老君曰：「善哉問！奉吾法者，當作浄舍，恭肅無疑，朝夕焚香，傳授經教，念念相續，自悟悟他，興建福田，齋講開悟，親近明師，憐愍後學，厭離俗纏，不矜功德，常思濟物，願見明時，念施法藥，願道流行，不妄興利，不慕榮觀，不欺卑賤，一切恭敬，恤老矜孤，平等親疏，不妄殺戮，永斷諸業，常與〔九〕道合。能如是者，見世獲福，過去生天，慶流後嗣。」時舍衛、烏萇、摩竭等

國王皆願捨位歸心修道。會中無鞅數衆悉發善心，稽首唯唯，信受奉行。

尹真人將侍老君復還中夏，群胡留戀，不忍辭決，願留於此國土，教化衆生，祈懇再三。真人曰：「汝等以相見我，我本無動，寧有去來？汝必欲以身相見我者，宜以五色土、木、金、玉、彩石置像吾身，禮拜供養，吾當應現，爲汝説法。」復告之曰：「汝等同受天地一元之炁而生，皆具足真常之性，於未來世究竟當得無上正真偏知至道，善自護持，無犯戒律，過中勿食。食已欲起，先作念言：『處世界如虛空，如蓮花不著水，心清浄超於彼，稽首禮無上尊。』念已即起。」時會衆等悉皆歡喜，頂禮信受。是時彼國又有外道九十六種，善惑人心，人莫能覺，老君悉皆化之，令歸正道。

老君將還中夏，乃與群胡辭決。胡衆攀戀不已，老君不違其善意，乃喻之曰：「我暫歸天上簡定人鬼之録，尋當下降。百年之外，當遣佛陀生汝國土，施教後人。」言訖，老君駕八景雲輿，尹真人乘白鹿，群仙跨鶴，仙樂駭空，天神導從，昇天而去。

按〔一〇〕唐通典西戎〔一一〕總傳云〔一二〕：「于闐都葱嶺之北二百餘里，去長安九千八百餘里〔一三〕，户三萬二千。東北至都護理所二千八百里〔一四〕，東至鄯善千五百里。葱嶺以東，唯此二國爲大。後漢、魏〔一五〕、梁、後周、隋、唐正觀中〔一六〕，並遣使通中國。自高〔一七〕昌以西，諸國人多深目高鼻，惟此國貌不甚胡〔一八〕，頗類華夏。自漢武帝至今，中國詔令、書册、符節悉傳以相付，敬而存焉。」國西五百里有毗摩寺，云是老君化胡之所。

群胡仰望，再拜哀泣，倏忽之間，無復影響，乃各還本國。惟罽賓頞陀王入山居精舍，積修苦行，堅持戒律，化其國人，捨惡從善，死後上生梵天。既生天已，能知宿命，每念前因，願聞大道。老君不違其願，乃命尹真人下降，授以真空常寂之道、神仙解化之法。

後漢書襄〔一九〕楷上書於桓帝云：「臣聞宫中立黄老、浮屠之祠，此道清虚，貴尚無爲，好生惡殺，省欲去奢。老君西入夷域，始爲浮屠之化〔二〇〕。浮屠不三宿桑下，不欲久生恩愛，精之至也。天神遺以好女，浮屠曰：『此但革囊盛血爾。』遂不盻之。其守一如此，乃能成道。」故知浮屠立教之初，頞陀王率先捨國入山修行，又能堅志不破戒律，宜其終聞大道而證佛果也。魏明帝製老君化胡經讚：「混元未始，老君爲先。長於太初，冥昧之前；無師無祖，誕生自然；渝〔二一〕真散朴，乃微乃玄。仰而攀之，耀乎霄乾；俯而察之，深乎淵源。敷二儀以布化，燭三光以列天。其性無欲，純粹精也；體虚抱素，妙難明也。撓之不濁，澄之不清，幽之不昧，顯之不榮。誰謂天高，懸象可標；誰謂地厚，重泉可洮。然道也，標之不高，洮之不浚。物受其形，莫鑑其源；人稟其中，莫識其全。美哉乎道，爲萬物之宗、天地之始。吾欲書之，非筆可紀；吾欲體之，無形可擬。」又曰：「深愍後世，託下於陳，爲周柱史，經九百年。無極之際，言歸崐崘，化被胡域，次授罽賓，後及天竺，於是遂遷，文垂後世，永乎不泯。」

老君化胡已即昇天。至穆王四年甲申，降遊東海，至扶桑，會大帝，校集諸仙品位高下。復分身降于西海王〔三〕蘇鄰國，號長生甘露無上醫王大光明使，度化人天神鬼。凡教法所未暨處，皆令得度。俄復登天。

（中間節略）

平王三十三年，老君復出關行化諸國，遂遊西海，至流、麟等洲，召十方神仙及初得道地下主者、遊散仙人、至孝至忠經歷度者八萬餘人，校其功行，授以仙職，五等仙官、二十七品，隨高下付之，乃復昇天。

老君自與群胡辭決，已逾百年，煩陀王昔罽賓胡王也。下生身毒國爲王子，是謂浮屠教主。實莊王九年癸巳四月七日夜半，從莫耶夫人右脇誕生。

周之四月，即今二月也。釋氏過去見在經云二月八日生，因果經三月七日生，瑞應經云四月八日夜半子時生。按唐通典載晉、宋間浮屠經云：臨倪國其王生浮屠太子，父曰屑頭耶，母曰莫耶。浮屠身服色黃，髮如青絲。始，莫耶夢白象而孕。及生，從母右脇出。生而有髻，墮地能行七步。此國在天竺國中，其國又有神人名沙律。

又後魏釋老志云：釋迦即天竺迦維衛國王之子。天竺，其總攝；迦維，别名也。初，釋迦於四月八日夜從母右脇而生。既生，姿相超異者三十二種，天降嘉瑞以應之，亦三十二，其本起經説之備矣。釋迦生時，當周莊王九年，春秋魯莊公七年夏四月，恒星不現，夜明，是也。至魏武定八年，凡一千二百三十七年。又隋書經籍志云：釋迦當生周莊王之九年四月八日，自母右脇而生，姿相奇異，有三十二相、八十種好。捨太子位，出家學道，勤行精進，悟一切種智，而謂之佛，亦曰佛陀，亦曰浮屠，皆胡言也。華言譯之，謂之「浄覺」云。

鬚髮皆卷，多力，善射。年十七，父王爲納瞿夷、耶輸、鹿野三女爲夫人。生二子，長曰羅睺羅，次曰憍陳如。又十二年，因遊四門，見生老病死之相，乃忽驚恐，憶念前因，遂棄家踰城，徑入雪山，棲止阿藍花樹下，修尹真人昔所授之道。胡人因名其樹曰「菩提」，中國譯曰「道」也。備歷艱苦，六年道成，身相金色，類佛陀像，號曰釋迦牟尼。至匡王四年壬子二月十五日解化。

時以建子爲正月，昔之二月，乃今之十二月也。西域呼佛滅爲「涅槃」。金光明經曰「云何如來壽命短促，年方八十」，此之謂也。或謂老君是周定王三年九月十四日生，佛是周昭王二十四年生，穆王十三年滅。蓋謂佛生滅在老君出關之前，欲證非老子化胡成佛也。按劉向列仙傳云：老子生於商時。又世本云：在商爲守藏史，在周爲柱下史。隋薛道衡制碑云：在文王、武王時居藏史、柱史之職。倘生於定王時，豈得在商爲西伯藏史乎？釋迦之生滅，亦今昔所共知，不可易也。按魏書釋老志、隋書經籍志並云，釋迦生當周莊王九年，春秋魯莊公七年夏四月恒星不見、夜明是也。至魏武定八年，一千二百三十七年。又云，齊王簡棲撰頭陀寺碑云：「周、魯二莊，親昭夜景之鑑；漢、晉兩明，並勒丹青之飾。」今寺與碑猶在鄂渚，梁昭明嘗編入文選矣，五臣注云：佛生於周莊王、魯莊公時，佛法漢明帝時來，晉明帝時興，故云「二莊」「兩明」。夫蕭昭明，學佛者也，使其言或非，詎肯編入文選也哉？後人學不師古，妄起異端，忽欲遷其生滅之歲月，躋十有三王，越三百四十餘年而先之，欺罔甚矣。且自東漢以來，胡僧入中國者不爲不多，皆已據實吐露矣。至姚秦時，已歷三百餘歲，其間未聞有乖異之論，而好勝之徒一旦輒欲盡廢前人據實之言，而從己之説，人孰汝信哉？如唐書藝文志子録首叙道德，次述神仙，東〔三〕載釋氏總目爲道家之流，未嘗别立門類也。歐陽文忠公修唐書，其載老、釋事甚略，惟天竺傳載其貞觀中來獻異物、土地圖，請老君像。或者不悟，猶謂老君何不化胡成道而乃成佛耶？殊不知天竺言「菩提」即華言「道」也，釋書亦言釋迦入山修道，又言六年成道，則知佛、道可以通稱也，猶中國修道登真之士不言「成道」而言「成仙」耳。今據法華經提婆達多品云：佛言我於多劫之前，嘗爲國王，爲求法故，捐捨王位，奉事仙人，經于千載，仙人爲説妙法蓮華經。今我具足六波羅蜜，慈悲喜捨，三十二相，八十種好，紫磨金色，成等正覺。故古禪師述序分云：釋迦自引昔爲求經，捨國捨榮，奉仙學道，故有提婆達多品。張無盡合論亦云：佛事仙人者，示善知識之難遇也；仙人教佛者，法以口傳而佛以心證也。夫瞿曇昔於多劫之前已事仙人，則知仙道其來久矣。仙人爲説經，令得六波羅蜜，以至成等正覺，則仙人足以爲佛師矣。佛爲一大事因緣，故出現於世，而説是經，必無誑語，爲其不欺心，不叛師，而直述其所自來，此其所以爲佛也。雙林傅大士，世稱彌勒佛也，猶以道爲尊而釋次之，故冠道冠而披袈裟。天台寒山子，文殊之化身也，文殊乃七佛之師，有頌曰：「家住緑岩下，庭蕪更不芟，仙書一兩卷，樹下讀喃喃。」又云：「寒山一倮蟲，身白而頭黑，手把兩卷書，一道而一德，常持智慧劍，擬破煩惱賊。」又嘆世頌云：「埋著蓬蒿下，晚日何冥冥，遮莫咬鐵口，無因讀老經。」竊觀前哲皆知尊老子而重道德，後世學者不究本原，乃毀師叛道，良可哀也。釋加寂滅之後，上生三十二天，昇賈奕天，居延真宫，爲種民天之長，號善惠真人。

按本相經云：「結習已盡，心識兼忘，超出三界，昇入種民。」本始經云：「佛滅上生三十二天，常在素天奎星之位。」奎有三十六星，其中一星是也。第三十二天乃種民天之界，曰平育賈奕天，其天中有別宫，號曰延真，賈奕天之炁下生奎宿也。後魏釋老志亦云：「佛者，昔於西胡成道，今在三十二天爲延真宫主。」唐李淳風注金鎖流珠云：「善惠真人乃天竺國佛之後身。」豈無所據而云哉？

（卷五）

校記

〔一〕「氏」，原誤作「氐」，據文義正。

〔二〕「枝」，原書作「攴」，當爲「枝」字訛形。

〔三〕「米」，原誤作「采」，據十卷本老子化胡經卷一正。

〔四〕「賦」，猶龍傳同，十卷本老子化胡經卷一作「膩」。

〔五〕通典卷一九二云「罽賓在懸度山西」，則此句或脱一「懸」字。

〔六〕「捐」，原誤作「損」，據通典正。

〔七〕「胡」，通典卷一九三作「語」。

〔八〕通典卷一九三此句作「山有青石。」

〔九〕「與」，原誤作「興」，據文義正。

〔一〇〕「按」，原誤作「安」，據文義正。

〔一一〕「戎」，原誤作「或」，據文義正。通典卷一九一有西戎總序，但下文在卷一九二「于闐」條。

〔一二〕「云」，原誤作「去」，據文義正。

〔一三〕「八百餘里」，通典卷一九二作「七百里」。

〔一四〕「二千八百里」，通典作「三千九百里」。

〔一五〕通典「魏」下有「後魏」二字。

〔一六〕「唐正觀中」，通典作「大唐貞觀中」。謝守顥避「貞」字諱。

〔一七〕「高」，原誤作「商」，據通典正。

〔一八〕「惟此國貌不甚胡」，通典「此」下有「一」字；「甚」原誤作「堪」，據通典正。

〔一九〕「襄」，原誤作「裴」，據後漢書正。

〔二〇〕後漢書襄楷傳此句作「或言老子入夷狄爲浮屠」。

〔二一〕「渝」，老子化胡經序作「合」，似較是。

〔二二〕「王」，似當有誤，或當作「至」。

〔二三〕「東」，似當有誤。

歷世真仙體道通鑑

趙道一

歷世真仙體道通鑑，五十三卷，宋元之際道士趙道一撰歷代仙真傳記。該卷八

「尹喜」條可能主要參考了關令内傳一類的文獻，中間一段講述老君化胡故事，其内容不見於三洞珠囊卷九所引文始先生無上真人關令内傳，却與老子化胡經大致相合，本書即引録了這部分内容。

（尹喜）乃從老君下降于天水之靈山，遂之西域。今秦州啓靈山也，見有西昇臺、聖容殿，並在巖下。初，老君去周，嘗西化大秦、安息、月氏、烏弋、竺乾等國，號古先生，其國王及臣民皆奉教戒，乃還中國。復與無上真人尹喜至罽賓國行化，次及條支、于闐等國行化，且降伏九十五種外道焉。至穆王四年甲申，老君降遊東海，至榑桑會大帝校集諸仙名位高下，復分身降于西海，至蘇鄰國行化，俄復昇天。

（卷八尹喜）

老君八十一化圖説

令狐璋　史志經

老君八十一化圖説，令狐璋編修、史志經全解。元沙門祥邁辯僞録云：「令狐璋首編妄説，史志經又廣邪文，效如來八十二龕，集老子八十一化。」令狐璋不知何許人，老君八十一化圖説於漢、唐皆加國號，而於最後一條「紹聖五年」前不加國號，則似爲宋人。史志經則爲元人，元李道謙甘水仙源録卷八所録王鶚洞玄子史公道行録載其事跡，可參。祥邁辯僞録以爲老君八十一化圖説撰於窩闊台當國之時，或是。頗疑此書爲史志經就宋代道士令狐璋的成文增修而成。老君八十一化圖説講述老君歷代變化，中間第十八至四十五化應是對老子化胡經的繼承，從中可以窺見當時化胡經的面貌。其餘部分大約與混元聖紀、猶龍傳等書所載老君歷變事迹相近，但也有部分内容不見於現存道書。書中所記老子歷代下降之事於唐代特詳，或其材料的主要來源即形成於唐時。該書是元代佛道之争的直接導火索，導致了化胡經的禁毁、失傳。老君八十一化圖説雖被官方禁毁，但在民間流傳至今，且版本衆多（詳參胡春濤老子八十一化圖研究，西安美術學院博士論文，二〇一一年）。但將今本與祥邁辯僞録所引相校，多有未合，疑今本乃禁毁之令鬆弛後的重編本。本書據網絡上較易找到的德國巴伐利亞州立圖書館藏清代刻本録文，並參考了終南仙籍影印陝西隴縣龍門洞藏本（簡稱「龍門洞本」）。

金闕玄元太上老君八十一化圖説卷第〔一〕

薄關清安居士令狐璋編修

太華山雲臺觀通微道人史志經引經全解

第一化　起無始

太上老君生乎無始，起乎無因，爲萬道之先、元氣之祖，鴻洞溪倖，於無光象聲色微妙之中自然而生。

第二化　顯真身

太上老君於太空之中結氣凝真，强爲之容，或示仙姿，爰及肉身，不可測度，自然周遍成像。

第三化　尊宗室

太上老君欲闡明大教而化萬方，曰：「道不可無師尊，教不可無宗主。」故老君師大道君，師元始天尊。

第四化　歷劫運

劫爲天地成壞〔二〕之名、陰陽窮盡之數。天氣極於太陽，陽極則孛精化而爲水。地氣極於太陰，陰極則否精化而爲火。火焚水漂，三清之下，九地之内，毫末無爲，流爲五劫，起一伏，周而還始。太上老君經此離合之數，動經億劫。

第五化　闢天地

天地，有形之大者。然有形生於無形，故能開闢天地者，無形也。無形者，道也。太上老君乃混沌之祖宗、天地之父母，故能分布清濁、開闢天地乾坤之位也。

第六化　隱玄靈

太上老君於庚寅歲九月三日託鬱單〔三〕天北玄王國〔四〕天罡靈鏡山李谷之間玄靈聖〔五〕母之胎。

第七化　受玉圖

太上老君於上皇元年出游，行往西河，遇元始天尊乘八景玉輿。老君稽首問曰：「昔蒙訓授天書玉字、二十四圖，今遇天尊，願垂成就。」於是以洞玄内觀玉符授老君。老君行三部八景，並見天書玉字、二十四圖。

第八化　變真文

太上老君以龍漢元年於中央太福堂國、南極赤明國、東極浮黎國、西那玉〔六〕國、北方鬱單〔七〕國，太上以五方真炁之精結成寶字，大方一丈，八角垂芒，爲雲葉〔八〕之形，成飛走之狀。

第九化　垂經教

太上老君於中皇元年命青童君考校天文，爲寶經三百卷、符圖七千章、玉訣九千篇，又於龍漢元年著洞元經〔九〕十二部，赤明元年降洞元經〔一〇〕十二部，開皇元年出洞神經十二部。

第十化　傳五公

中皇之後，太上老君昔於河上傳十三虚無聖人，行於五〔一二〕公術。

第十一化　讚元陽

太上老君在伏羲時爲人朴將散，以清濁元年號鬱華子，説元陽經，伏羲行之，以畫〔一三〕八卦，造書契，觀象取法則，制嫁娶，叙人倫。

第十二化　置陶冶

太上老君在祝融時爲人食生冷，以天漢元年號廣壽子，説按摩通精經，祝融行之，乃鑽木出火，陶冶爲器。

第十三化　教稼穡

太上老君在神農之時爲人捕食禽獸，於清漢元年號太成子，居濟陰，説太乙元精經，神農行之，乃播百穀以代烹殺，和諸藥以救疾病。

第十四化　始器用

太上老君自伏羲之後，示以世法，制禮樂，造衣裳，作宫室，創舟車，置棺椁，措弧矢，立刑獄，修書契，服牛馬，成杵臼，爲重門，以日中爲市。

第十五化　住崆峒

太上老君在黄帝時號廣成子，居崆峒山。黄帝往見而問至道，曰：「所問者物之質，奚足以及至道？」帝退，閑居三月，復往邀之，［膝］〔一三〕行而問治身，曰：「善哉問乎！至道之精，窈窈冥冥；至道之極，昏昏默默。無視無聽，抱神以静，行〔一四〕將自正。」帝聞之廣成子之謂矣。

第十六化　爲帝師〔一五〕

太玄玉女，少昊時人，居蜀長松山，脩長生道，感太上老君與群仙降於山左巨石之上，神光照映。玉女馳往，太上老君以八隱文授之。

第十七化　授隱文

太上老君在少昊、顓頊、帝嚳、唐堯、虞舜、夏后、殷湯時皆有所授之經。

第十八化　誕聖日

太上老君以殷十八王陽甲庚申歲，真妙玉女晝寢，夢吞日精化五色流珠，因而有孕。八十一年，至二十二王武丁庚辰歲二月十五日，聖母因攀奢樹，剖左腋而生。又玄中記所載李靈飛得修真之道，不仕，其妻尹氏晝寢，夢天開數丈，見太上乘日精駕九龍而下，化五色流珠，吞之有孕。

第十九化　爲柱史

太上老君於周文王時號爕〔一六〕邑子，居岐山。周聞之，拜守藏史，作赤精經。及周克商，拜柱下史，作〔一七〕璇璣經，授周公。成、康時復爲柱下史。

第二十化　棄周爵

太上老君歷周成、康之世，免退歸亳。昭王時見黑氣祲之祥，以八天隱文授昭王。王不信，後有膠船之難。

第二十一化　過函關

太上老君欲之流沙，先有紫氣西度函關，周大夫尹喜爲關令，見之，乃齋戒以俟。後七月十二日，果太上老君駕青牛車至。喜曰：「聖人來矣。」老君曰：「何以知之？」喜曰：「去冬天理星西行過昴〔一八〕，邇秋融風三至，東南真炁狀如龍蛇。此真人至之驗也。」

第二十二化　試徐甲

太上老君謂弟子徐甲曰：「吾欲往西域，至函谷。」潛試之，乃令甲牧牛，以吉祥草化一女子，行及牧牛所，甲感之，遂廢約索金。太上老君曰：「昔汝命盡，吾以太玄生符投之，即活。」言訖，符自甲口中飛出，復爲白骨。尹喜稽首，願赦其罪。太上老君即以符投甲，形如故。

第二十三化　訓尹喜

太上老君西邁遇尹喜，邀聖駕至終南尹喜故宅，乃結草爲樓，將隱焉。喜乞著書，太上老君乃授喜道德經五千言、太丹設節解之要〔一九〕。

第二十四化　升太微

太上老君以昭王二十六年甲寅，實録云二十四年甲寅，將欲昇天，告喜曰：「子千日清齋之後，往城都〔二〇〕青羊肆尋吾。」言訖不見。喜即叩頭，告曰：「願復一見。」即仰視，見太上老君坐雲華之上，狀若金人，與諸仙昇太微。

第二十五化　會青羊

太上老君化身下降於蜀，託孕李氏家。丁巳，尹喜至蜀，尋於市中，見人牽羊。喜自解：「既有青羊，又在市肆，太上所約，此是也。」遂問牽羊何往，答曰：「家去。」喜隨往，令告尹喜至。地踴玉局，太上老君化白金之身，坐其玉局上，賜喜「文始先生」號。

第二十六化　游諸天

太上老君與尹喜上朝元始，游群帝之鄉。所至天宮，見天帝乘九靈之輿，蔭七元之蓋，建攝魔之節，迎太上老君，求問至道。

第二十七化　入罽賓

太上老君授太上老君之命〔三二〕，化西域，入罽賓，居窟山。胡王出獵，見虹蜺貫日蓋。見太上老君，問是何人。答曰：「修道之人。」王曰：「不聞有道。」曰：「大道彌隆，王宜奉焉。」

第二十八化　化王子

罽賓王子七人將侍從至太上會所，拜曰：「我生邊境，幸遇聖人，乞教存安之道。」太上曰：「宜修三順六微之要，内保乎己，外以成和。」王子等頓首奉行。

第二十九化　集聖衆

胡王與徒衆再至山中，稽首問曰：「前説深奥，未〔三三〕任奇妙，欲行何法？」太上曰：「昨令汝等事佛，吾以中食化之。」王舉國就會，七日别去。王子復請太上中食，太上召十萬六通神人，經月來而不已，王子倉庫空已及半，神人來而不止矣。

第三十化　演金光

胡王曰：「太上徒衆果多，令我倉庫將傾，豈是有道人耶？我向察之，必是鬼魅，若不早圖，恐彌損害。宜急焚之。」積薪兵圍，太上遜意而入，國人皆見太上身放光明，火中爲説金光明經。

第三十一化　起青蓮

胡王其怒益甚，又以大鑊煮之，三日三夜。鑊湯之中，蓮花湧出，太上坐蓮花上，説蓮花經，謂王曰：「此經神力不可思議，能辟湯火，汝可奉行。」

第三十二化　捧神龍

胡王轉怒，遂令沉於水中。太上老君亦逐水而入，水不能溺，神龍捧於水上，爲説涅盤經。

第三十三化　摧劍戟

胡王告隣國曰：「國内有一老人，變化無常，願興兵跟〔二三〕助。」頃間，胡兵悉圍老君害之。太上身放威光，飛電八衝，聲如霹靂，矢〔二四〕石反中胡兵。胡王投地作禮，伏道歸教。

第三十四化　説浮屠

太上老君令尹喜爲佛，乃語胡王曰：「已告汝師，赦汝罪犯。」群胡懽喜。於是太上説四十二章經，乃遣飛天神王率國人生喜心者剃鬚髮，偏袒合掌，赭衣以作浮屠喪門，授以浮屠之教。

第三十五化　［降外道］〔二五〕

太上老君俱薩羅國舍提婆城坐師子，與諸仙降伏九十六種邪道，不使冥生鬼神流布世間。

第三十六化　藏日月

太上老君[至][二六]迦夷國，其王好殺，初不信真，及見凌犯。太上以左手把日，右手把月，藏於頭中，天地冥昧，國人恐怖。

第三十七化　撥太山

太上老君至條支國，有邪師行幻法，王謂之聖人，王令却國有太山[二七]，太上令尹喜制山，山遂不動。王請太上却之，太上以九節杖撥而擲之，如人弃一把土爾。王與國人不復奉邪師，一心歸道，奉太上，永爲弟子。

第三十八化　[游于闐][二八]

太上老君於于闐國時，王子率國人迎於南渠山之上，造作精舍。太上曰：「吾教汝依教律，不得邪婬、飲酒、殺害。」王曰：「更有餘教耶？」太上曰：「吾所行，因機教化，盡入法門。如民不知罪福，即以浮屠之法制鍊身心。」王曰：「善。」太上令尹喜化作金人，身長丈六，項佩圓光，足踏蓮花，從空而下，禮拜老君。太上謂王曰：「此吾弟子，爲汝等之師也。」

第三十九化　留神鉢

太上老君告諸喪門：「吾有神鉢，常得法味，使神氣和平。」命飛天神人以鉢置空中，爲其守護。此鉢名鉢多羅，號三滿多，清静者能覩，輕慢者不見。

第四十化　化諸國

太上老君降伏外道，身放九色神光，通照四方諸國。光所極處，得與所來者，八十餘國，王及后妃眷屬，盡來集會聽法。太上曰：「吾欲汝等禁戒殺害之心，即令吾弟子尹喜爲佛，與汝等爲師。」喜身放金光，面東而坐。太上留鉢盂而昇天矣。

第四十一化　到天竺

太上老君先於葱嶺降太毒龍。已矣，南到烏萇，遍歷五天竺國。迎太上於嗜闍山獨樹下化玉座，與王説浮屠戒〔二九〕律，度喪門，立佛法。

第四十二化　入摩竭

太上老君入摩竭國，現希有相，手執空壺，以化其王，立浮屠教，名清静佛，號末摩尼，令彼刹利、婆羅門等奉行。

第四十三化　舍衛國

太上老君於舍衛國自化作佛，從天而降，天人侍衛，到其宫中，坐七寶座。王與群臣遶佛瞻仰。其身長百千丈，徧滿虚空。

第四十四化　賜丹方

杜沖字[三〇]玄逸，學道祁真，静神守一，感展真人降九華丹方，告曰：「太上老君於東海八亭山召集群真，有地官舉子，故勑我付子仙方。」

第四十五化　弘釋教

太上老君將欲再弘浮屠教法，以周莊王九年，乃於梵天命頞陁王乘月精，騎白象，託廕天竺國摩耶夫人，爲浄梵王之子。至十年甲午四月初八日，生於右脇。

第四十六化　授真經

太上老君降於樓觀，授道士宋倫中景之道、通真之經，并靈飛六甲素奏丹符。至景王時，太上遣仙官下迎受書，爲太清真人，下司中嶽嵩山神仙之録。

第四十七化　嘆猶龍

孔子與南宫敬叔見老君，歸謂弟子曰：「鳥吾能知其飛，魚吾能知其游，獸吾能知其走。走者可以爲綱，游者可以爲綸，飛者可以爲繒。至於龍，吾不能知，其乘風雲而上天。吾見老子，其猶龍耶？」

第四十八化　揚聖德

商太宰問孔子曰：「丘聖歟？」曰：「博學者。」又問。「三王，善任智勇者；五帝，善任仁義者。」太宰大駭，曰：「孰爲聖歟？」孔子曰：「西方之人有聖者焉，不治而不亂，不言而信，不行而至。」時孔子在魯兖州是也，老君在周洛陽是也。兼先有「猶龍」之嘆，有聖德者，老君是也。

第四十九化　胤四真

太上之道，理身理國，四真奉兮莫違；不忮不求，百代宗兮靡改。四真者，莊周、列禦寇、庚桑楚、辛研，迺太上弟子也。

第五十化　教衛生

南榮趎見庚桑子，庚桑子曰：「奔蜂不能化藿蠋，越雞不能伏鵠卵，魯雞故能之矣。雞之與雞，有能與不能者，其材故有巨細也。吾材小，不足以化子，子胡不南見老子耶？」南榮趎贏〔三一〕糧，七日七夜至老子之所而問道焉。老子教以衛生之經。

第五十一化　訓陽子

陽子居南之沛，老子游秦，至梁而遇陽子。老子仰天嘆曰：「始以汝爲可教，今不可教。」陽子不答。至舍，進盥漱巾櫛〔三二〕，脱履户外，請問其過。老子曰：「而睢睢而盱盱，而誰與？太白若辱，盛德若不足。」陽子蹵然變容，曰：「敬聞命矣。」

第五十二化　天地數

太上老君居景室山，與五老帝君其談天地之數，撰集經書。有浮提國二神人出金壺中墨汁以寫之，及汁盡，乃刳心瀝血以代墨汁。

第五十三化　詔沈羲

沈羲，吴人也，學道蜀中。周赧王時，羲路逢三仙官，駕白鹿車、青龍車、白虎車。從者告羲曰：「太上老君遣吾持節，以白玉版青玉字授羲，迎而昇天。」

第五十四化　解道德

漢文帝讀五千文，數事莫通。太上老君寄跡陝河之濱，帝使使問義，太上曰：「道尊德貴，非可遥問。」帝親詣，太上不起，帝曰：「普天之下，莫非王土。子雖有道，朕民也。」太上拊掌，躍身升空〔三〕，答曰：「余上不在天，中不累人，下不居地，何民之比？」帝乃悟，知是神人，告而求教。

第五十五化　授道像

太上老君先於黄帝、穆王命王母持天尊、道君像，又以漢武帝好道，遣九天侍郎東方朔輔之。太始元年秋，承華殿見一青禽，帝問朔，答曰：「王母使者，暮必降矣。」王母果至，帝拜，延坐，請不死之藥，曰：「未可。」乃令上元夫人賜帝白銀像五軀，乃太上老君之像。又出桃七枚，母噉其二，五賜其帝。

第五十六化　游瑯琊

漢成帝時，太上老君下游瑯琊曲陽泉上，授于吉太平經一百七十卷。至後漢章帝時復降，吉年一百八十歲，受以戒律一百八十卷。

第五十七化　授簿書

漢安帝永初三年己酉，太上老君降於泰山，召江夏吏劉圖校定天下簿籍，因示圖地獄天堂罪福報應事，令告示道俗，授圖除罪解過文。

第五十八化　傳正一

張天師名道陵，沛人也，居蜀鶴鳴山。至順帝漢安二年夏，或有二使者降，言太上老君至。語道陵曰：「子宿應仙道，六天魔鬼害人，吾以斬邪神劍、都功重職、正一明威之法授子，爲吾清蕩凶妖，復立諸化。」言訖，太上還空而去。

第五十九化　説斗經

漢桓帝永壽元年正月七日，太上老君乘白鹿降於成都太昊玉女修丹之所，地湧玉局，太上與天師説北斗經。十五日，復説南斗經。

第六十化　教飛昇

李真多乃李八百妹也，於錦行山〔三四〕修道，感太上老君與玄古三師降漢州萬安山，授真多飛昇之道。真多行之，先昇於李八百矣。

第六十一化　授三洞

漢靈帝光和二年正月七日，太上老君與太極真人降天台山，授葛玄靈寶等經、太洞經及上清齋法。

第六十二化　拯民災

道士王纂居馬迹山，值晉亂，遂飛章告天。後感太上老君自西北來降，語纂曰：「子憫生民，飛章奏天，今以神化、神咒二經授子，可拯民於災難耳。」

第六十三化　授神丹

神仙傳：王若冲，琅琊人也，世居竹山，常以濟物爲意。一旦，有異人來其家，言曰：「子早樂仙道，陰功及物，已著仙籍，太上命我授子神丹。」若冲服之，後忽見雲鶴滿空來迎，登雲昇天而去。

第六十四化　封寇謙

寇謙之，居嵩山，後魏時，神瑞二年乙卯四月一日，有二神人乘龍告曰：「太上老君至。」授謙之新科經戒、符籙、仙冕、天衣、天果。大武聞之，迎至閣，問道，後改年號太平真君元年。授帝符籙。

第六十五化　建安化

唐武德二年，太上老君降晉州浮山縣羊角山，語吉善行曰：「言與唐天子，汝今得聖理，社稷延長，宜於長安東置安化宫。」言訖，騰空而去。

第六十六化　毗摩銘

于闐國毗摩城伽藍，乃太上老君化胡成佛之所，中有石幢，是羅漢盧旃所造，銘曰：「東方聖人，時號老君，來化我國，咸作佛國。」其銘尚在。

第六十七化　光醮壇

高宗龍朔二年春，令道士郭行真等北邙觀設醮，有白光遍殿照壇，太上老君現於光中。又於儀鳳四年遣道士鄭玄[隱]〔三五〕等再醮，太上老君重現于壇上。

第六十八化　黄天原

道士鄔玄崇文明元年春北邙設醮，太上老君現，曰：「汝二月十八日於虢州黄天原，吾有語。」道士奏，勅賫香，同縣令等往祈。太上果至，語道士曰：「吾是汝帝之祖，國祚延長。」言畢，昇天。

第六十九化　新興寺

唐開元十七年四月十五日，太上先於蜀州新津縣新興尼寺佛殿柱上自然隱起木紋，現太上老君聖像，頂上華蓋，有雲葉天花十三處。奉詔迎柱入内，於大同殿供養。

第七十化　彰靈寶

唐開元二十九年，參軍田〔三六〕同秀於丹鳳門西北見太上老君坐白馬，二童子語曰：「西與尹喜入流沙日，藏金匱在函關故墟。」求之，穿獲石函，上有「千載天寶靈符」六字，内有金匱靈符。

第七十一化　帝夢

唐天寶元年，帝夢太上老君説曰：「吾在城西南久矣，當與汝興慶相見。」帝差道士蕭元裕與内使尋至樓觀山谷間，白光下得玉像老君，高三尺，以進。其日，上在興慶宫躬自迎謁，果符「興慶」之言。

第七十二化　傳丹訣

唐明王妹好道，天寶中，勑公主投龍於中條山雷公洞井，因居山。感天書掛樹，甘露盈庭。忽夜有青衣語曰：「太上老君降授公主鍊丹訣。」

第七十三化　現朝元

唐天寶五年冬，帝幸華清宫，見驪山上祥雲擁太上老君於朝元閣上，帝與内人瞻謁良久，乃隱。因下詔，更名朝元閣爲降聖閣。

第七十四化　頒流霞

女冠王法進，劍州臨津縣人也。幼好道，有女冠過其家，父母以法進好道，託女冠保護之。授與正一延生籙，遂名法進。一日，有青衣降，曰：「太上老君爲汝夙禀仙骨，令召上朝玉京。」隨青童昇，太上賜以玉杯霞漿，飲之，使歸。後於天寶壬辰，雲鶴迎之昇天。

第七十五化　刻三泉

唐天寶十五年，帝幸蜀，太上老君現於漢中郡〔三七〕三泉黑水之側。帝禮謁，遂命刻石於所現之處。

第七十六化　雲龍巖

肅宗至德二年三月，太上老君現於通化郡〔三八〕雲龍岩，見混元真像，立於山前，自地接天，通身白衣，左手垂，右手執五明扇，儀相炳然，衆盡瞻禮。其山雖高，亦不及肘。良久乃隱。

第七十七化　居玉堂

謝自然，華陽女官也，好道，居果州金泉山，感太上老君潛使金母授法籙、鍊氣之術。功成，以貞元十四年昇天。後三月乃歸，語刺史李堅曰：「天上有玉堂，太上所居。壁間題仙名，下注云『在人間』或『爲帝王』或『爲帝輔』者。神仙朝拜老君皆四拜焉。」言訖即昇天。

第七十八化　明崖壁

唐文宗開成二年，閬州刺史高元裕於州北嘉陵江上山之前見崖壁間光起，視之，石上有自然紋成太上老君像，無不周備。傍有一人捧爐薦香，後一童子。皆非人力圖繪鐫刻所及。每祈禱，即紫雲上浮。

第七十九化　殄龐勛

唐懿宗咸通中，徐州龐勛爲寇，欲焚亳州太清宫，百姓見太上老君自宫出而南。須臾，黑霧遍野，群寇迷路，自相殺戮。勛溺水而死。

第八十化　傳古磚

唐僖宗中和二年，宗室李特立與道士李無爲於成都青羊肆玄中觀設醮，見紅光，遂穿地，得寶磚，上有古篆六字，云「太上平中和災」，其字方二寸。

第八十一化　起祥光

紹聖五年正月十八日，亳州太清宫道士張景元等夜朝禮，共見太上老君眉間起紅光，上連霄漢，自南至北，入洞霄宫先天聖母殿，左右爛若紅霞，中一道如練，且若虹橋，更後收西北。

校記

〔一〕原卷首題如此，「卷第」二字非常古怪。龍門洞本無此卷題。

〔二〕「壞」，原誤作「懷」，據文意正。

〔三〕「單」，原誤作「卑」，據文意正。

〔四〕「北玄王國」，道德真經廣聖義卷五作「北玄女國」。

〔五〕底本原誤重「聖」字，今删。

〔六〕「那玉」，原誤作「邪王」，據文意正。

〔七〕「單」，原誤作「卑」，據文意正。

〔八〕「葉」，似當爲「篆」字之誤。

〔九〕下已有「洞元經」，此處之「元」似當作「真」。

〔一〇〕「洞元經」，即「洞玄經」，此處蓋避宋諱。

〔一一〕「五」，原誤作「丑」，據小標題正。

〔一二〕「晝」，原誤作「盡」，據文意正。

〔一三〕「膝」，據龍門洞本補。

〔一四〕「行」，據莊子在宥，當作「形」。

〔一五〕此條内容應與下條互換。

〔一六〕「變」，原誤作「變」，據猶龍傳等書改。

〔一七〕「作」，原誤作「值」，據猶龍傳等書改。

〔一八〕「昴」，原誤作「昂」，據猶龍傳等書改。

〔一九〕「太丹設節解之要」，無法讀通。「節解」應該是指老子節解，相傳爲老君與尹喜解。但「太丹設」三字不可解。

〔二〇〕「城都」，即「成都」。自老子變化經已作「城」，此處作「城」大概也是淵源有自。

〔二一〕此句不可通，或首「太上老君」當作「元始」。

〔二二〕「未」，原誤作「朱」，據龍門洞本改。

〔二三〕「跟」，不可通，或當爲「相」字之類。

〔二四〕「矢」，原誤作「夫」，據文意正。

〔二五〕此標題原脱，據龍門洞本補。

〔二六〕「至」，據文意補。

〔二七〕此句不可通，或「有」當作「中」「之」之類。

〔二八〕此標題原脱，據龍門洞本補。

〔二九〕「戒」，原誤作「成」，次紙重刻作「戒」，據改。

〔三〇〕「杜冲字」，原誤作「杜冲子」，龍門洞本作「杜冲子」，據歷代真仙體道通鑑卷九改。

〔三一〕「羸」，原誤作「嬴」，據莊子庚桑楚改。

〔三二〕「盥漱巾櫛」，原誤作「與潡申擳」，據莊子寓言改。

〔三三〕「空」，原誤作「室」，據龍門洞本改。

〔三四〕「錦行山」，據混元聖紀卷一，似當爲「綿竹山」之誤。

〔三五〕「隱」，底本原脱，據龍門洞本補。猶龍傳卷五載此事，作「鄭元隱」。

〔三六〕「田」，原誤作「日」，據舊唐書玄宗紀改。

〔三七〕「郡」，原誤作「君」，據文意正。

〔三八〕「郡」，原誤作「群」，據文意正。

正誣論

有異人者誣佛曰：尹文子有神通者，愍彼胡狄父子聚麀，貪婪忍害，昧利無恥，侵害不厭，屠裂群生，不可遜讓厲，不可談議喻，故具諸事云云。又令得道弟子變化云云。又禁其殺生，斷其婚姻，使無子孫。伐胡之術，孰良於此云云。

正曰：誣者既云無佛，復云文子有神通，復云有得道弟子能變化，恢廓盡神妙之理。此真有匈無心之語也。夫尹文子即老子弟子也，老子即佛弟子也，故其經云：「聞道竺乾，有古先生，善入泥洹，不始不終，永存綿綿。」竺乾者，天竺也。泥洹者，梵語，晉言無爲也。若佛不先老子，何得稱先生？老子不先尹文，何故請道德之經耶？以此推之，佛故文子之祖宗，衆聖之元始也，安有弟子神化而師不能乎？

（見僧佑弘明集卷一）

笑道論

甄 鸞

太上道君造立天地初記稱，老子以周幽王德衰，欲西度關，與尹喜〔一〕期，三年後於長安市青羊肝中相見。老子乃生皇后腹中。至期，喜見有賣青羊肝者，因訪，見老子從母懷中起，頭鬢皓首〔二〕，身長丈六，戴天冠，捉金杖，將尹喜化胡。隱首陽山，紫雲覆之。胡王疑妖，鑊煮而不熱。老君大瞋，考殺胡王七子，及國人一分並死。王方伏，令國人受化，髡頭不妻，受二百五十戒，作吾形香火禮拜。老子遂變形，左目爲日，右目爲月，頭爲崑山，髮爲星宿，骨爲龍，肉爲狩，腸爲蛇，腹爲海，指爲五嶽，毛爲草木，心爲華蓋，乃至兩腎合爲真要父母。

校 記

〔一〕「喜」，原誤作「嘉」，據文意改。

〔二〕「首」，據文意似當作「白」。

又文始傳云：老子從三皇已來，代代爲國師化胡。又云：湯時爲錫壽子，周初郭叔子。

文始傳云：老子以上皇元年下爲周師，無極元年乘青牛薄板車度關，爲尹喜説五千文，曰：「吾遊天地之間，汝未得道，不可相隨。當誦五千文萬遍，耳當洞聽，目當洞視，身能飛行，六通四達。」期於成都，喜依言獲之，既訪，相見。至罽賓檀特山中，乃至王以水火燒沈，老子乃坐蓮華中誦經如故。王求哀悔過。老子推尹喜爲師，語王曰：「吾師號佛，佛事無上道。」王從受化，男女髡髮，不娶於妻，是無上道，承佛威神。委尹喜爲罽賓國佛，號明光儒童。

廣説品云：始老國王聞天尊説法，與妻子俱得須陀洹果。清和國王聞之，與群臣造天尊所，皆白日昇天，王爲梵天之首，號玄中法師。其妻聞法同飛，爲妙梵天王。後生罽賓，號憒陀力王，殺害無道。玄中法師須化度之，化生李氏之胎，八十二年，剖左腋，生而白首。經三月，乘白鹿，與尹喜西遊，隱檀特。三年，憤陀力王獵，見便燒沈。老子不死。王伏，便剃髮改衣，姓釋名法號沙門，成果爲釋迦牟尼佛。至漢世，法流東秦。又文始傳，老子化胡，推尹喜爲師。而化胡、消氷經云，尹喜推老子爲師也。文始傳云：「吾師號佛，佛事無上道。」又云：「無上道承佛威神，委尹喜爲佛。」推此衆途，師弟亂矣，何名教之存乎？又化胡、消氷經皆言，老子化罽賓，身自爲佛。廣説品：憤陀力王老之妻也，得道號釋迦牟尼佛，即秦漢所流者。玄妙篇云：老子入關，至天竺維衛國，入於夫人清妙口中。至後年四月八日，剖左腋而生，舉手曰：「天上天下，惟我爲尊。三界皆苦，何可樂者。」

有道士造老像，二菩薩侍之，一曰金剛藏，二曰觀世音。又道士服黄布帔，或似服帊，通身被之，偷佛僧袈裟法服之相。其服黄帔，乃是古賢之衣。横被加前兩帶者，今悉削除，學僧服像。

老子序云：陰陽之道，化成萬物。道生於東，爲木，陽也；佛生於西，爲金，陰也。道父，佛母；道天，佛地；道生，佛死；道因，佛緣：並一陰一陽不相離也。佛者，道之所生。大乘，守善道者。自然無所從生。佛會大坐，法地方也；道會小坐，法天圓也。道人不兵者，乃是陰氣，女人像也，故不加兵役；道作兵者可知。道人見天子、王侯不拜，像女人深宫不干政也；道士見天子、守令拜者，以干政爲臣僚也。道會飲酒者無過也；佛會不飲，以女人飲酒犯七出也。道會不齋，以主生，生須食也；佛會持齋，以主死，死不食也，又以女人節食也。道人獨坐，以女人守一也；道士聚宿，故無所制也。

文始傳稱：老子與尹喜遊天上，入九重白門。天帝見老便拜，老命喜與天帝相禮。老子曰：「太上尊貴，剋日引見。」太上在玉京山七寶宫，出諸天上，寂寂冥冥，清遠矣。

又造天地經云：西化胡王，老子變形而去。左目爲日，右目爲月。案玄妙經云：老子乘日精入清妙口中。是則老子乘一目之精而入口也。

文始傳云：老子與尹喜遊天上，喜欲見太上。老曰：「太上在大羅天玉京山，極幽遠，可遥禮闕。」遂不見而還。

老子消冰經云：老子語尹喜曰：「若求學道，先去五情。一父母，二妻子，三情色，四財寶，五官爵。若除者，與吾西行。」喜精鋭，因斷七人首持來。老笑曰：「吾試子心，不可爲事。所殺非親，乃禽獸耳。」伏視七頭爲七寶，七屍爲七禽。喜疑反家，七親皆存。又造立天地記云：老子化胡，胡王不伏。老子打殺胡王七子、國人一分。

神仙金液經云……又佛身黄金色者，蓋道法驗也。令身内外剛堅如金，故號佛金剛身也。

度王品云：天尊告純陀王曰：「得道聖衆至恒沙如來者，莫不從凡積行而得也。十仙者無數。亦有一舉〔一〕而致一仙位，復有積劫而登。由功高則一舉，功卑則十昇。有十階級，從歡喜至法雲，相好具足。」於是諸王聞説，即得四果。又度身品：尼乾子於天尊所聞法，獲須陀洹果。又文始傳：老子在罽賓彈指，諸天王、羅漢、五通飛天俱至。遣尹喜爲師，得道菩薩爲老子作頌。

按：法琳辯正論卷八亦有此文，内容大致相近，唯引度身品多兩條：「玄中養於靈鷲山中説五部尊經，度人無量。」「與太和先生於檀毒山中大度王民，號曰沙門。」

文始傳云：老子引四天王大衆，皆身長丈六，短者丈二。

又老子序云：道主生，佛主死。道忌穢，佛不忌。道屬陽，生忌穢，佛則反之……昇玄云：吾師化遊天竺。符子曰：老氏之師名釋迦文。

（以上均見道宣廣弘明集卷九）

校記

〔一〕「舉」，原誤作「興」，據上下文改。

破邪論

法琳

老子昇玄經云：天尊告道陵，使往東方詣佛受法。道士張陵別傳云：陵在鵠鳴山中，供養金像，轉讀佛經。昇玄經又云：東方如來遣善勝大士詣太上曰：「如來聞子爲張陵説法，故遣我來看子。」語張陵曰：「卿隨我往詣佛所，當令子得見所未見，聞所未聞。」陵即禮大士，隨往佛所。老子西昇經云：吾師化遊天竺，善入泥洹。智慧觀身大戒經云：道學當念遊大梵流影宮禮佛。昇玄經云：若有沙門欲來聽經觀齋，供主不得計飲食費遏截不聽，當推置上座，道士經師自在其下。昇玄經又云：道士設齋供，若比丘來者，可推爲上座，好設供養，道士經師自在其下。若沙門尼來聽法者，當隱處安置，推爲上座。供主如法供養，不得遮止。化胡經云：願採優曇花，願燒栴檀香。供養千佛身，稽首禮定光。又云：佛生何以晚，泥洹一何早。不見釋迦文，心中常懊惱。舊本皆言「我生何以晚，佛滅一何早。」靈寶消魔安志經云：道以齋爲先，勤行當作佛。新本並改云「勤行登金闕」。故設大法橋，普度諸人物。老子大權菩薩經云：老子是迦葉菩薩，化遊震旦。

（卷上）

辯正論

法　琳

儒生問曰：皇甫謐云，老子出關入天竺國，教胡王爲浮圖。此則老之與佛一時人也。何爲浪談前後，以矯俗乎？

開士喻曰：尋夫至人玄寂有類，谷神應變無方。事同山響，不疾而速，豈隔華夷？井坎之徒，好師偏見，朝三暮四，空生喜怒。是以虛己應物者，必有千變之容；狹情適事者，豈知萬殊之妙？案西域傳云：「老子至罽賓國，見浮圖，自傷不及，乃説偈供養，對像陳情，云：『我生何以晚，新本改云『佛生何以晚』。佛出一何早。新本改云『泥洹一何早』。不見釋迦文，心中常懊〔一〕惱。』」言不親覩佛，所以戀慕交懷。魏略西域傳云：「臨倪國王無子，因在浮圖，其妃莫耶夢白象而孕。及太子生，亦從右脅而出，自然有髻，墮地能行七步。其形相似佛，以祀浮圖得兒，故名太子爲浮圖也。國有神人，名曰沙律，年老髮白，狀似老子，常教民爲浮圖。近世黄巾見其頭白，改彼沙律，題此老聃，曲能安隱，誑惑天下。前漢哀帝時，秦景至月氏國，其王令太子口授浮圖經還漢。浮圖所載，略與道經相出入也。」皇甫之言，未究其本。化胡經云：「罽賓國王疑老子妖魅，以火焚之，安然不死。王知神人，舉國悔過。老子云：『我師名佛，若能出家，當免汝罪。』其國奉教，皆〔二〕爲沙門也。」佛若先無，老聃豈知變身爲佛？良以罽賓舊來信佛，老氏因推佛以化之，非起尹、聃始有佛也。隋僕射楊素從駕至竹林宫，經過樓觀，見老廟，壁上畫作老子化罽賓國度人剃髮出家之狀，問道士云：「道若大佛，老子化胡，應爲道士，何故乃爲沙門？將知佛力大，能化得胡；道力小，不能化胡。此是佛化胡，何關道化胡？」于時道士無言以對也。

（卷五佛道先後篇第三）

校記

〔一〕「懊」，原誤作「燠」，據前引破邪論改。

〔二〕「皆」，原誤作「昔」，據文意改。

附録三　老子化胡經相關史料

本部分主要是關於老子化胡經的史料，主要包括關於老子化胡經的早期史料，目録中關於老子化胡經的記載，以及圍繞老子化胡經的佛道交争史料。這部分以所述事件的時代順序編排。

出三藏記集

僧祐

後少時有一人，姓李名通，死而更蘇，云：「見祖法師在閻羅王處，爲王講首楞嚴經。云講竟應往忉利天。又見祭酒王浮，一云道士基公，次被鎖械，求祖懺悔。」昔祖平素之日，與浮每争邪正，浮屢屈。既意不自忍，乃作老子化胡經，以誣謗佛法。殃有所歸，故死方思悔。

（卷一五法祖法師傳）

按：此事流傳極廣，又見高僧傳卷一「帛遠」條、辯正論卷五、法苑珠林卷五七、開元釋教録卷二等，但恐怕很不可靠，可參本書前言所論。辯正論卷五引高僧傳此文，云出「裴子野高僧傳」，顯非。又改「乃作老子化胡經」一句爲「乃託西域傳爲化胡經」。其所謂「西域傳」即引有「我生何以晚，佛出一何早」一段話的「西域傳」，顯係佛教徒僞造的文獻。辯正論卷六又稱「晉世道士王浮改西域傳爲明威化胡經」，蓋法琳將當時所見明威化胡經視作王浮所撰。辯正論又引晉世雜録亦言此事，但其中也有「遂改换西域傳爲化胡經」的話，恐怕也是出於法琳的竄改或僞造。

破邪論

法　琳

正光元年（五二〇），歲次庚子，七月，明帝加朝服，大赦天下。二十三日，請僧尼、道士女官在前殿設齋。齋訖，帝遣侍中劉騰宣勑：「請法師等與道士論議，以釋弟子疑網。」爾時，清通觀道士姜斌與融覺寺法師曇謨最對論。帝問曰：「佛與老子同時以不？」姜斌對曰：「老子西入化胡，佛時以充侍者，明是同時。」法師問曰：「何以得知？」姜斌曰：「案老子開天經，是以得知。」法師問曰：「老子當周何王幾年而生？當周何王幾年西入？」姜斌曰：「當周定王即位三年乙卯之歲，於楚國陳郡苦縣厲鄉曲仁里，九月十四日夜子時生。當周簡王即位四年丁丑之歲，事周爲守藏史。當周簡王即位十三年景戌之歲，遷爲太史。當周敬王即位元年庚辰之歲，年八十五，見周德陵遲，遂與散關令尹喜西入化胡。此足明矣。」法師報云：「佛當周昭王二十四年四月八日生，穆王五十二年二月十五日滅度。計入涅槃經三百四十五年，始到定王三年，老子方生。生已，年八十五，至敬王元年，凡經四百二十五年，始與尹喜西遁。此則年月懸殊，所説不同，無乃謬乎？」姜斌曰：「若佛生當周昭王之時，出何文記？」法師對曰：「出周書異記并漢法本内傳，並有明文。」斌曰：「孔子既是制法聖人，當時於佛迥無文記。」法師對曰：「仁者識同管見，闚覽不弘遠。案孔子有三備十經，謂天、地、人。佛之文言出在中備，仁者善自披究，足得開曉。」姜斌曰：「孔子聖人，不言而知，何假卜乎？」法師對曰：「唯佛是衆聖之王、四生上首，達一切衆生前後二際、吉凶終始，不假卜觀。自餘聖人，雖曉未然之理，必藉蓍龜以通靈卦也。」明帝即遣侍中尚書令元乂宣勅：「語道士云：『姜斌論無宗旨。』」問斌：「開天經何處得來，是誰所説？」即遣中書侍郎魏收、尚書郎祖瑩等就觀取經。帝令官人議之。太尉丹陽王蕭綜、太傅李寔、衛尉卿許伯桃、吏部尚書刑巒、散騎常侍温子昇等一百七十人讀訖，奏云：「老子止著五千文，更無餘説。臣等所議，姜斌罪當惑衆。」帝時加斌極刑。三藏法師菩提流支苦諫，乃止，配徙馬邑。

（卷上）

按：這段記載流傳很廣，又見廣弘明集卷一、續高僧傳卷二三、集古今佛道論衡卷一、續集古今佛道論衡、佛祖統紀卷三九、佛祖歷代通載卷九等。廣弘明集卷一稱出自魏書，續集古今佛道論衡稱出自傳法記，似乎都是對破邪論的誤讀。這個故事可疑之處很多，如其中提到了魏收、蕭綜、邢巒等，但正光元年（五二〇）魏收僅十四歲，蕭綜要到五年後才降北魏，邢巒則在六年前已暴疾而卒。

續高僧傳

道宣

釋僧勔，未詳氏族，住新州願果寺。周武季世，將喪釋門，崇上老氏，受其符籙，凡有大醮，帝必具其巾褐，同其拜伏。而道經誕妄，言無本據，國雖奉事，未詳讎校。遂不遠鄉關，躬聞帝闕，面陳至理。以邪正相參，澆情趨競，未辨真僞，更遞毀譽，乃著論十有八條，難道本宗。文〔一〕以三科釋其前執，賢聖既序，凡位皎然。其詞略云：「勔以世之濫述云老子、尹喜西度化胡出家，老子爲說經戒，尹喜作佛，教化胡人；又稱是鬼谷先生撰，南山四皓注。未善尋者莫不信從以爲口實。異哉此傳！君子尚不可罔，況貶大聖者乎！今具陳此說非真，人世差錯，假託名字，亦乃言不及義，翻辱老子。意者勝人達士不出此言，將是無識異道誇競佛法，假託鬼谷、四皓之名，附尹喜傳後作此異論，用迷昏俗。竊聞傳而不習，夫子不許；妄作者凶，老君所誡。此之巨患，增長三塗，宜應糺正，救其此失。然教有内外，用生疑假；人有賢聖，多述〔二〕本迹。故班固漢書品人九等，孔丘之徒爲上上類，例皆是聖；李老之儔爲中上類，例皆是賢。何晏、王弼云：『老未及聖。』此則賢聖天分，優劣自顯。故魏文之博悟也，黄初三年下勑云：『告豫州刺史，老聃賢人，未宜先孔子，不知魯郡爲孔子立廟成未。漢桓帝不師聖法正，以嬖臣而事老子，欲以求福，良足笑也。此祠之興由桓帝，武皇帝以老子賢人，不毁其屋。朕亦以此亭當路行，來者輒往瞻視，而樓屋傾頽，儻能壓人，故令修整。昨過視之，殊未整頓。恐小人謂此爲神，妄往禱祝，違犯常禁，宜宣告吏民，咸使知聞。』據斯以言，程露久矣。世多愚人，不尋前達，故有此弊耳。今考據年月，群達誠言，區别人世，并内經外典並對條例，覽詳卷首，邪正自顯，雖復著論周世，垂名朝野，通人罕遇，終以事迷。」竟不行用。及後法毁逃難，不測所終。

（卷二一四周新州願果寺釋僧勔傳）

校記

〔一〕「文」，興聖寺本、趙城金藏、高麗藏作「又」，較是。

〔二〕「述」，據歷代三寶紀卷一一，似爲「迷」字之誤。

歷代三寶紀

費長房

釋老子化胡傳一卷

十八條難道章一卷

右二卷，新州願果寺沙門釋僧勔撰。勔以像代邪正相參，季俗澆情，易爲趍競，未辯真僞，更遞䜿毁。今以十八條難檢三科遺釋，則聖賢皎然，凡俗見矣。其序略云：勔以老子與尹喜西渡化胡出家，老子爲説經戒，尹喜作佛教化。又稱是鬼谷先生撰，南山四皓注，未善尋者莫不信從以爲口實。異哉此傳！君子尚不可罔，況貶大聖乎！今誠此説非直〔一〕，人世差錯，假託名字，亦乃言不及義，翻辱老子。意者勝人君子不出此言，將是無識異道誇競佛法，假託鬼谷、四皓之名，附尹喜傳後作此異論，用迷凡俗。傳而不習，夫子不許；妄作者凶，老子所誡。此之巨患，增長三塗，宜應糺正，救其此失。然教有内外，用生疑似；人有聖賢，多迷本迹。今考校年月，究尋人世，依内經外典，採群達誠言，區别真假，使覽便見。

（卷一一）

校記

〔一〕「直」，據續高僧傳卷二四，似爲「真」字之誤。

續高僧傳

道宣

開皇三年（五八三），隋高祖幸道壇，見畫老子化胡象，大生怪異，勑集諸沙門、道士，共論其本。又勑朝秀蘇威、楊素、何妥、張賓等，有參玄理者，詳計奏聞。時琮預在此筵，當掌言務，試舉大綱，未及指覈，道士自伏，陳其矯詐。因作辯教論，明道教妖妄者，有二十五條。詞理援據，宰輔褒賞。

（卷二隋東都上林園翻經館沙門釋彦琮傳）

集古今佛道論衡

道宣

故隋尚書令楚國公楊素，行經樓觀，見壁畫尹喜化胡之像，素告諸道士，曰：「承聞老君化胡，胡人不受，令喜變身作佛，胡人方受。是則佛能化胡，胡人奉佛，道不能化，云何言老子化胡？」

（卷乙隋高祖下詔述絳州天火焚老君像事五）

顯慶五年（六六〇）八月十八日，勑召僧静泰、道士李榮在洛宫中。帝問僧曰：「老子化胡經述化胡事，其事如何？可備詳其由緒。」

静泰奏言：「詳夫皇王盛事，其迹不同。或闢明堂以待賢，或臨衢室而問下，或賦清文於柏殿，或延雅論於蓬山，並驅名教之場，未踐真玄之肆。豈若我皇，德静兩儀，道清八表，巖廊多暇，二教融襟，控方外之輪，高昇慧日，理域中之躅，暢引玄風，爰詔緇黄，對揚賓主。但静泰編學謏聞，雕冰鑄木，肅承疏宁，斧鉞交襟，聖旨問道士化胡經，云：老子化胡爲佛，此事如何。静泰奏言：老子二篇，莊生内外，或以虚無爲主，或以自然爲宗，固與佛教有殊，然是一家恬素。降兹以外，制自下愚。靈寶創起張陵，吴時始盛；上清肇端葛氏，齊代方行。亦有鮑静，謬作三皇被誅，具明晉史。大唐貞觀之際，下詔普焚此化胡經者，泰據晉代雜録及裴子野高僧傳，皆云：道士王浮與沙門帛祖對論每屈，浮遂取漢書西域傳，擬爲化胡經。搜神記、幽明録等，亦云王浮造僞之過。」

道士李榮云：「静泰無知，浪爲援引。榮據化胡經云：老子化胡爲佛。又老子序云：西適流沙。此即化胡之事顯矣。」

静泰奏言：「李榮重引化胡，静泰前已指僞。縱令此經實録，由須歸佛大師化胡經中。老子云：我師釋迦文，善入於泥洹。又榮引老子經序，竟無西邁流沙之論。但云尹喜謂老子曰：將隱乎？據榮對詔不實，請付嚴科。又莊子云：老聃死，秦矢吊之。又西京雜記云：老子葬於槐里。此並典誥良證。又道士諸經，唯有莊、老，餘皆僞誑。偷竊佛教，安置縱横，首尾蹈機，進退惟咎。假令榮經改無歸佛之語，陛下秘閣亦有道經，請對三觀學士，以定是非，即源真謬。」

李榮云：「道人亦浪譯經，據白馬將經，唯有四十二章，餘者並是道人僞作。近亦有玄奘，浪翻經論。」

（下略）

（卷丁上在東都，令洛邑僧静泰與道士李榮對論事五）

佛祖統紀

志磐

唐高宗總章元年（六六八），詔百僚、僧、道會百福殿，議老子化胡經，沙門法明排衆而出曰：「此經既無翻譯朝代，豈非僞造？」舉衆愕然，無能應者，乃勅令搜聚僞本，悉從焚棄。

（卷三九法運通塞志第十七之六唐高宗條）

按：宋高僧傳將此事繫於神龍元年（七〇五），詳後。

佛祖歷代通載

念常

（總章元年）詔僧道會于百福殿，定奪化胡經真僞，百官臨證，僧法明者預選入。方三教首座議論紛紜，明察其非是，即排衆出曰：「老子化胡成佛之際，爲作華言化之耶？爲作胡語誘之？若作華言，則胡人未善，必作胡語，既傳此土，須假翻譯。未審道流所謂化胡經者，於何朝代翻譯？筆授、證義，當復爲誰？」於是舉衆愕然，無能應者。公卿列辟，咸服其切當，忻躍而罷。有勑搜聚天下化胡經焚棄，不在道經之數。既而洛京恒道觀桓彦道等奉表乞留，詔曰：「三聖重光，玄元統叙，豈忘老教，偏意釋宗？朕志欽還淳，情存去僞。理乖事舛者，雖在親而亦除；義符名當者，雖有寃而必録。自今道經諸部有記及化胡事者，並宜削除。有司條爲罪制。」

（卷一二唐高宗條）

新唐書

歐陽脩

議化胡經狀一卷。萬歲通天元年（六九六），僧惠澄上言乞毁老子化胡經，敕秋官侍郎劉如璿等議狀。

（卷五九藝文志）

混元聖紀

謝守灝

萬歲通天元年丙申，東都福先寺僧惠澄表乞除毀老子化胡經。敕秋官侍郎集成均監、弘文館學士詳議化胡經議。

太中大夫守秋官侍郎上柱國劉如璿議曰：李、釋元同，未始有異；法身、道體，應現無方。降跡誕靈，各行其化。且老子發自東方，遠之西域，雖莫知其終，而事見之前史。謹按後漢書云：「老子入夷狄爲浮屠之化。」高士傳曰：「老子化戎俗爲浮屠。」皇朝實録云：「于闐國西五百里有毗摩伽藍，是老子化胡之所建。老子至是白日昇天，與群胡辭決曰：『我昔遊天上，簡定人鬼之録，尋當下降。』因立此祠焉。」然則歷考經典，焕乎可矚，則知化胡是實，爲經不虚。浮屠即佛陀也，化俗豈無經乎？但聖人設教，應物施行。況復中人、上士，性分有殊；道、佛二門，隨性開化。洪通兩教，不亦宜乎？

宣德郎行右補闕弘文館學士張思道議曰：老君見形東土，演教西方，事著前書，跡彰往諜。化胡是實，爲經不虚。言包天地之先，理起文範之表。或則恂恂接物，爰開柔弱之宗；或則察察繩非，乃挫剛强之力。隨機設教，妙旨難量，應病施方，聖功莫測。云云。

朝散大夫行太子宫尹兼弘文館學士張元簡議曰：大道圓通，隨方感應，在胡在漢，只轉我身。居中夏則暢清浄之真風，適西戎則現神通之變化。云云。

中散大夫行太子典膳郎上柱國張太元議曰：道本中華，釋垂西域，隨方設教，同體異名。且老君變化無方，易形改號，或在天爲帝，或在世爲師，隨物見形，靈應難測。縱使史籍無據，釋教不異老君。云云。

成均監大學士王方回議曰：史記云：「老子過關，爲尹喜説道德經五千餘言，而莫知所終。」又劉向列仙傳曰：「老子好養氣，重無名，久而入大秦，乃知真聖人也。」又西域傳云：「老子與尹喜俱至流沙，莫知所終。」云云。

成均監大學博士吴揚吴議曰：史記云：「老子，楚人也，生於商時，爲守藏史。孔子適周，問禮於老子，老子曰：『子之所言者，其人骨已朽矣，獨其言在耳。吾聞之，良賈深藏若虚，君子盛德，容貌若愚。去子之驕氣與淫欲，皆無益於子之身。吾所以告子若是也。』孔子歸，謂弟子曰：『吾今日見老君，其猶龍耶？』老〔一〕子出關，尹喜曰：『子將隱矣，願爲我著書。』於是作道德經五千餘言，莫知所終。或言老子一百六十歲，或言一千二百歲，罔知其然。」又劉向列仙傳云：「老子好養氣，重無名，久而入大秦，乃知其聖人也。」云云。

弘文館學士賜紫金魚袋員半千議曰：謹按范蔚宗後漢襄〔二〕楷傳、魏略西域傳兼北史西域傳及周、隋等十餘家書傳，並云老子西入流沙，皆稱化胡。云云。

弘文館大學士仍守諸王侍讀崔元悟議曰：據佛普曜、瑞應、長阿含等經，并中元記、高士傳及晉、宋、齊、梁、周、隋等十餘家書傳，並云佛生周莊王九年癸巳歲四月八日。云云。

萬歲通天元年六月十五日敕旨：「老君化胡，典誥攸著，豈容僧輩妄請削除？故知偏辭難以憑據，當依對定，僉議惟允，倘若史籍無據，俗官何忍虚承？明知化胡是真非謬。」云云。

按唐書藝文誌丙部載議化胡經狀一卷，云：「萬歲通天元年，僧惠澄上言乞毁老子化胡經，敕秋官侍郎劉如璿等議。」

（卷八）

按：其中劉如璿、張思道、張太元、吴揚昊之議又見全唐文卷一六五。

校　記

〔一〕「老」，原誤作「若」，據文意正。

〔二〕「襄」，原誤作「裴」，據文意正。

錦繡萬花谷前集

阿含經，昔晉、宋、周、隋等十餘家書並云：佛生周莊王七年、魯莊公七年癸巳歲四月八日，常星不見。至匡王五年，七十九歲，死於拘尸那城雙林木下，葬於回鹿山。又魚豢魏略曰：「佛生天竺城下臨猊國王，父曰屑頭邪，母曰莫邪。」好誕之徒改曰佛，父浄梵王，母曰摩邪。且摩邪自是高祖，非也。老子化胡經八學士議。

（卷二九佛生）

按：據混元聖紀，此文當即崔元悟之議。

僧道並重敕

武則天

老君化胡，典誥攸著，豈容僧輩妄請削除？故知偏辭難以憑據，當依對定，僉議惟允。儻若史籍無據，俗官何忍虛承？明知化胡是真，作佛非謬，道能方便設教，佛本因道而生，老、釋既自元同，道、佛亦合齊重。自今後，僧入觀不禮拜天尊，道士入寺不瞻仰佛像，各勒還俗，乃科違敕之罪。

（全唐文卷九六）

舊唐書

劉昫

（神龍元年，七〇五）九月壬午，親祀明堂，大赦天下，禁化胡經及婚娶之家父母親亡停喪成禮。（卷七中宗紀）

親禮明堂赦

李顯

（神龍元年九月）如聞天下諸觀皆畫化胡之變，諸寺亦畫老君之形，一種尊容，兩俱不可。限制到後十日，并除却。有故留者，即科違敕罪。其化胡經先有明敕禁斷，如聞在外仍頗流行。自今諸部化胡經事及諸凡説化胡事處，并宜除削。（唐大詔全集卷七三）

按：此赦又見册府元龜卷五一、卷八四。

宋高僧傳

贊寧

釋法明，本荆楚人也。博通經論，外善群書，辯給如流，戒範堅正。中宗朝，入長安遊，訪諸高達，適遇詔僧、道定奪化胡成佛經真僞。時盛集内殿，百官侍聽，諸高位龍象抗禦黄冠，翻覆未安，鵵鶂難定。明初不預其選，出場擅美，問道流曰：「老子化胡成佛，老子爲作漢語化？爲作胡語化？若漢語化胡，胡即不解；若胡語化，此經到此土便須翻譯。未審此經是何年月何朝代何人誦胡語？何人筆受？」時道流絶救無對，明由此公卿歎賞，則神龍元年也。其年九月十四日下勑曰：「仰所在官吏廢此僞經。」刻石於洛京白馬寺，以示將來。勑曰：「朕叨居寶位，惟新闡政，再安宗社，展恭禋之大禮，降雷雨之鴻恩，爰及緇黄，兼申懲勸。如聞天下諸道觀皆畫化胡成佛變相，僧寺亦畫玄元之形。兩教尊容，二俱不可。制到後，限十日内並須除毁。若故留，仰當處官吏科違勑罪。其化胡經，累朝明勑禁斷，近知在外仍頗流行。自今後，其諸部化胡經，及諸記録有化胡事，並宜除削。若有蓄者，準勑科罪。」其月，洛京大恒道觀主桓道彦等上表固執，勑批曰：「朕以匪躬，忝承丕業。雖撫寧多失，而平恕實專。矧夫三聖重光，玄元統序，豈忘老教，偏意釋宗？朕志欲還淳，情存去僞。理乖事舛者，雖在親而亦除；義符名當者，雖有怨而必録。頃以萬機餘暇，略尋三教之文，至於道德二篇，妙絶希夷之境；天竺有空二諦，理祕真如之談，莫不敷暢玄門，闡揚至賾。何假化胡之僞，方盛老君之宗？義有差違，文無典故。成佛則四人不同，論弟子則多聞舛互。尹喜既稱成佛，已甚憑虚；復云化作阿難，更成烏合。鬼谷、北郭之輩，未踐中天；舍利、文殊之倫，妄彰東土。胡、漢交雜，年代亦乖。履水而説涅槃，曾無典據；蹈火而談妙法，有類俳優。誣詐自彰，寧煩縷説？經非老君所制，毁之則匪曰孝虧；文是鄙人所談，除之則更彰先德。來言雖切，理實未安。宜悉朕懷，即斷來表。」明之口給，當代無倫，援護法門，由之禦侮。惡言不入耳，其是之謂乎？

系曰：化胡經也，二教不平，其争多矣，無若法明一言蔽之。設或凝神抒思，久不可酬；況復萬乘之前，孰能卒對？昔楊素見嵩陽觀畫化胡，素曰：「何不化胡成道，而成佛乎？」道士無言。觀夫明之垂問，義含兩意，正爲化胡成佛，旁譏諸天仙言語與人不同。天言傳授諸經，是誰辯譯？其猶一箭射雙梟，又若一發兩豵之謂歟？

（卷一七唐江陵府法明傳）

佛祖統紀

志磐

（唐中宗神龍元年）九月，祀明堂，大赦，詔曰：「如聞道觀皆畫化胡成佛之相，諸寺亦畫老君之形，兩教尊容互有毁辱，深爲不然，自今並須毁除。其化胡經屢朝禁斷，今後有留此僞經，及諸記録有言化胡者，並與削除，違者準勅科罪。」

弘道觀者桓彦道表留化胡經，勅曰：「朕志在還淳，情存去僞，頃以萬幾之暇尋三教，道德二篇之説，空、有二諦之談，莫不敷暢玄門，闡揚妙理。何假化胡之僞，方盛老子之宗？義有乖違，事須除削。」

（卷四〇法運通塞志第十七之七唐中宗條）

續資治通鑑長編

李燾

樞密使王欽若上新校道藏經，賜目録名寶文統録，上製序，賜欽若及校勘官器幣有差。尋又加欽若食邑，校勘官階勳，或賜服色。初，東封後，令兩街集有行業道士修齋醮科儀，二年七月壬申。命欽若詳定，成羅天醮儀十卷。八年正月丙申。又選道士十人校定道藏經。二年八月辛卯。明年，於崇文院集官詳校，欽若總領，鑄印給之。舊藏三千七百三十七卷，太宗嘗命散騎常侍徐鉉、知制誥王禹偁、太常少卿孔承恭校正寫本，送大宫觀，欽若增六百二十二卷。又以道德、陰符經乃老君聖祖所述，自四輔部升於洞真部。欽若自以深達教法，多所建白。時職方員外郎曹谷亦稱練習，欽若奏校藏經，未幾，出爲淮南轉運使，奏還卒業，詮整部類，升降品第，多其爲也。仍令著作佐郎張君房就杭州監寫本。初，詔取道、釋藏經互相毁呰者刪去之，欽若言：是年是月。「老子化胡經，乃古聖遺迹，不可削去。」又言：五月十二日。「九天生神章、玉京、通神、消災、救苦、五星、祕授、延壽、定觀、內保命、六齋、十直凡十二經，溥濟於民，請摹印頒行。」從之。此段總載，或已有入長編者，當檢討刪去。曹谷，即驗汾陰靈文者。七年五月癸丑，欽若上洞真部六百七十卷。

（卷八六真宗大中祥符九年）

混元聖紀

謝守灝

大中祥符二年（一〇〇九）己酉，詔左右街選道士十人校定道藏經典。至三年，又令於崇文院集館閣官僚詳校，命宰臣王欽若總領之……初，詔道、釋藏經互相毀呰者削去之，欽若言老子化胡經乃古聖遺跡，不可削除，詔從之。

（卷九）

佛祖歷代通載

念常

乙卯（大中祥符八年），詔道、釋藏經互相毀者刪去。樞密王欽若以化胡經乃古聖遺跡，不可削。

（卷一八）

廣川畫跋

董逌

閻立本在唐以丹墨名世，而後録其畫，謂入神解。而此經示相，粉墨湮昧，不能得其神態意度，然筆力圓勁，具存規模，可以知也。西昇經，昔人謂道家者爲之，世或信其説者，莫能實之。此果可信邪？晋中經言：佛本臨倪國世子，父曰屑頭邪，母曰莫邪，身服色黄，髮如青絲。初，莫邪夢白象始孕，及生，從左脅出，生而有髻，墮地能行。臨倪在天竺域。天竺又有神人，名沙津。一作律。漢元壽元年，秦景憲使大月氏，隋志作秦景使伊存口授浮圖經。王使伊存口授浮圖經，口復豆者其人也。偏歸一作滿。塞、桑門、伯開、疏簡、白間、比丘、桑門，皆弟子號。釋志又謂，佛迦維衛國王子，當周莊王九年，春秋魯莊公七年，四月辛卯，恒星不見，夜明，既生，姿相超異，三十二種，天降嘉瑞以應，亦三十二相。而法明、道安所録雖絶一作詭。異，然大概可謂一作得。者，不與西升所説合。今經謂老子西出關，過西域之天竺，教胡爲浮圖，徒屬弟子，其名二十九，又與秦景憲所傳異，則其説不可考也。昔寇謙之受禄真經，其謂佛者昔于西胡得道，在四十二天，爲延真宫主，勇猛苦教，故其弟子皆髡形染衣，斷絶人道，諸天衣服悉然，而教一作在。習其書，謂如此矣。然則道家者其説初亦異也。豈後世傳誤，人竟以其説實之經邪？詩、書、禮、春秋，本出中國，師承相授，久猶混雜，至私定蘭臺漆書，况經本外國而翻譯以傳者？皆其徒爲之，竄入文義，其説至不可合者，亦何增異哉？觀漢人論者，謂浮圖經所載與中國老子經相出入。崔浩謂劉元真、吕伯强之徒乞胡之誕言，用莊之虚假，附而益之。今攷梵書，不與老子相出入。疑在晋、魏時其經如此，逮真君之世，焚滅既絶，而後人翻譯所得，及屋壁山石之與西域所傳至中國者，故其立教本異，則經之所傳亦不同也。不知西升出在何世，而論不入諸經，世雖疑之，然傳世已久，不可遽廢，存而不議可也。

（卷二書西昇經後）

某作西昇經後語，或疑其説，謂諸經所録，不可疑其事，况唐貞觀已入録邪？今考諸經説西域事，或本法明天竺記、支僧載外國事〔二〕、法盛諸國傳、道安西域志及佛國記、曇勇〔三〕智猛外國傳、支曇諦鳥山銘等書，雖其説怪詭，皆無老子化浮圖事，則知其書爲不足據也。方隋之世，釋書多于六經數十百倍。大業時，令沙門智果都内道場撰諸經目，分别條貫，以佛所説經爲三部，一曰大乘，二曰雜經，其餘似後人假托爲之者别爲一部，謂之疑經。而三部無西昇經，則余爲此説，可得而有據也。

（卷三書别本西昇經後）

貢士邦憲出化胡經像，復與西升所畫盡異。其説以老子化胡俗成正覺者，則不知其所據也。西域舊傳：「于闐西五百里有比摩寺，云是老子化胡成佛處也。」老子初至此，與群胡辭決，言暫游天上，當尋下生，其後出天竺國，化爲胡王太子，言號曰佛。今考老子與孔子同時，而經既説恒星不見以證，則此尤不可信。而畫又與此異，然畫特佳，疑江南時所爲也。

（卷三書化胡經後）

校記

〔一〕「支僧」不知所謂，或有訛誤。

〔二〕「曇勇」，僧傳中無此人，當是指法勇。

通志

鄭樵

老君始終記，一卷。混元皇帝升天記，一卷。老子出塞記，一卷。宣虞撰。老子化胡經，十卷。老子私記，十卷。梁簡文帝撰。太上混元皇帝聖紀，十卷。楊上器注。開元天紀，一卷。皇天原太上老君現跡記，一卷。唐文明元年，現于虢州閿鄉縣皇天原，與豫章人鄔元宗語唐世祚運事。尹喜本行記，一卷。傳仙宗行記，一卷。陰日用撰。邊洞元升天記，一卷。議化胡經狀，一卷。唐武后時，侍郎劉如璿等議狀。

（卷六七藝文略五）

郡齋讀書志

晁公武

老子化胡經十卷

右魏明帝爲之序。經言老子歸崑崙化胡，次授罽賓，後及天竺。按裴松之三國志注言「世稱老子西入流沙，化胡成佛」，其説蓋起於此。議化胡經八狀附於後。唐志云：「萬歲通天元年，僧惠澄上言乞毁老子化胡經，秋官侍郎劉如璿等議狀，證其非僞。」此是也。

（卷一六神仙類）

路史

羅泌

德經曰：「出生入死，生之徒十有三，死之徒十有三。人之生動之死地十有三。」嘗謂道陽而德陰，老氏歸陽，釋氏歸陰。分道德爲二經，其義斯在。昔未有知此者，惟道君皇帝以僧爲德士，蓋體之矣。夫一性之元，湛然虛徹，曾何有于生死哉？其所以生死者，出則爲生，入則爲死而已矣。「生之徒十有三」，謂十之中生者居其三也。「死之徒十有三」，謂十之中死者亦居其三也。而「人之生動之死地十有三」者，則是一性本生而顧不能静，每以物動而自趣于盡者，十又處其三也。蓋生者居其一，而死者處其二也。既已十管其九矣，而其一置而不顯者是何邪？非出生而入死者邪？乃不生而不死者也。是生死之道九，而不生不死之道一也。佛者之教，不出于此矣。老子之所以化胡，惟此道爾。謂之「德經」，事可見矣。詳五千文意，蓋留猜後人者，而韓非以爲四肢、九竅三生；李宿以爲之食神禄與倒食陽干前一，陽干爲食神後一，陽干爲倒食互相食伐皆在于十三數。以是爲所言生死之徒，溺于術矣。然釋氏之無知者輒諱其事，又從而誣罔之，固非毗皤尸之意。釋氏推過去毗婆尸佛。而老子者不知出此，乃復群起而較其容儀之盛衰與夫出世之先後以争之，祇見其不能勝爾。雖然，釋子之無耻，豈惟誣老哉？羲、媧、孔、顔之聖，且弗免也。彼腐儒者既莫之能謫，又從而怖之，吁！釋有所謂造天地經，云：寶歷菩薩下生世間，號曰伏羲；吉祥菩薩下生世間，號曰女媧；摩訶迦葉，號曰老子；儒童菩薩，號曰孔丘。復有清静法行經云：真丹國乃能從化，其見侵侮，迦葉往爲老子，浄光童子往爲孔丘，又遣月明、儒童往爲顔回三弟子者，出生其國，乃能從化。其見侵侮如此。故唐杜嗣先有「吉祥御宇，儒童衍教」之説。而韓愈曰：「佛者云，孔子，吾師之弟子也。」釋者遂有詆韓論。甚矣，其無忌憚也！雖然，道家者流亦有記莊王癸巳之歲一陰之月，老君遣尹真人喜乘月精白象下天竺，於静飯夫人口中託生佛者。嘻，事亦善于報復矣。夫天下之事豈有二道？老、釋之教，其初則一，第其立教，各開户牖以自爲異，而末遂至于不相涉爾。今溧水縣南七十五里有儒童寺者，本孔子祠。唐景福二年遂以爲孔子寺，以孔子適楚經此。南唐改曰儒童寺。故予嘗謂江南之亡，非文之罪，用浮屠之過。己丑閉日閲化胡經書。

（卷三四老子化胡説）

按：其中「莊王癸巳之歲一陰之月，老君遣尹真人喜乘月精白象下天竺，於静飯夫人口中託生佛」的記載與敦煌本老子化胡經卷一極爲相近，但又有不同。未知羅泌所閲之化胡經是敦煌十卷本的不同傳本還是别本老子化胡經。

佛祖統紀

志磐

沙門白法祖與道士王符議論，符屢屈，乃僞作老子化胡經。後法祖亡，有李通者暴死，見祖法師在冥府爲閻王講楞嚴三昧經，云：「講竟，應往忉利天講經。」又見道士王符身被杻械，求祖法師懺悔，閻王訶之曰：「汝造言謗佛，待世間僞經盡毁，汝罪方脱。」補注云：其文本一卷，其徒增爲十一卷，第一卷説化罽賓胡王，第二卷俱薩羅國降伏外道，第三卷化維衛胡王，

第四卷化罽賓王兄弟七人，第五卷化胡王，經十二年。皆偷竊佛語，妄自安置。（卷三六法運通塞志卷第十七之三晉成帝條）

按：此處正文所説與出三藏記集等書的記載大致相當，但繫於咸康六年（三四〇），其謬不言可知。小字注列出各卷梗概，前兩卷與敦煌十卷本對應，可知宋代流傳的老子化胡經可能與敦煌十卷本相近。

辯僞録

祥　邁

辯僞録，五卷，元代僧人祥邁撰。該書卷一、卷二爲對老君八十一化圖説的駁斥，卷三、卷四載蒙元初年佛道交争及焚禁化胡經始末，卷五附録了一些官方文件和祥邁的兩篇文章。其中關於焚禁化胡經的記載極爲詳實，本書不得不做一些節略，節選了書前張伯淳的序和卷三、卷四的部分内容。

天無私覆，地無私載，日月無私照。辯僞録之所云，良有以也。洪惟聖朝繼天立極，論道經邦，以佛心子育萬方，以正法澤被四海。至元辛卯之歲孟春，大雲峰長老邁吉祥欽奉皇帝明命，撰述至元辯僞録，奏對天顔，睿覽頒行，入藏流通。原其所自，乙卯間道士丘處機、李志常等，毁西京天城夫子廟爲文城觀，毁滅釋迦佛像、白玉觀音、舍利寶塔，謀占梵刹四百八十二所，傳襲王浮僞語老子八十一化圖，惑亂臣佐。時少林裕長老率師德詣闕陳奏，先朝蒙哥皇帝玉音宣諭，登殿辯對化胡真僞，聖躬臨朝親證，李志常等義墮詞屈。奉旨焚僞經，罷道爲僧者十七人，還佛寺三十七所。黨占餘寺，流弊益甚。丁巳秋，少林復奏，續奉綸旨，僞經再焚，僧復其業者二百三十七所。由乙卯而辛酉凡九春，而其徒鼠匿未悛，邪説謟行，屏處猶妄，驚瀆聖情。由是，至元十八年冬，欽奉玉音頒降天下，除道德經外，其餘説謊經文盡行燒毁。道士愛佛經者爲僧，不爲僧道者娶妻爲民。當是時也，江南釋教都總統永福楊大師璉真佳大弘聖化，自至元二十二春，至二十四春，凡三載，恢復佛寺三十餘所。如四聖觀者，昔孤山寺也。道士胡提點等舍邪歸正，罷道爲僧者，奚啻七八百人，挂冠於上永福帝師殿之梁栱間，故典如南嶽山之券，爲事僞者戒。試嘗攷之，自大教西來，漢明帝迎摩騰、竺法蘭二師於洛陽，五嶽道士褚善信等上表譏毁佛法，當時築壇，以佛道二經焚之，道經悉爲灰燼，佛經放光無損，尊者踊身作十八變，有「狐非獅子類」「燈非日月明」之至言，道士爲僧者不可勝數。如寇謙之矯妄，崔浩惑魏太武，而崔浩卒以族誅。曇謨最之挫屈姜斌，斌流於馬邑。齊曇顯之愧陸修静。唐總章元年，法明辯化胡之僞，勑搜聚天下化胡經，抑嘗火其書矣。由古而今，歷代帝王之制，斯可忽諸？

（張伯淳辯僞録序）

丘處機以行鸞爲神奇，失全真之要妙。西行萬里，不明對主之談；東迴三年，偶合標其殊異。欺人誷聖，矜衒自高。始爲烏有之談，終成無是之説。古來矯妄，且略不言；今朝行事，且陳數段……後道士志常，字浩然，號真常子，簪冠自整，紹復前蹤。斂道士之財，買王臣之意。婾薄巧飾，趨媚時流。虚冒全真之名，不行道德之實。梟鳴正道，虎視釋家；挾邪作威，侵占佛寺……壬辰中，合罕皇帝弔民洛汭，問罪汴梁，急於外征，未遑内整。而志常奸心狙妬，欲欺佛家，蔑視朝廷，敢爲不軌。乘國軍擾攘之際，當羽檄交馳之辰，縱庸鄙之徒，作無稽之典。令狐璋首集僞説，史志經又廣邪文。菽麥不分，古今匡(一)辯。採王浮之詭説，取西昇之鄙談。學佛家八十二龕，粿老子八十一化。要合九九之數，簧鼓二篇之風。乃舉李耳在虚無之前，屈迦文降周莊之代。倚竊佛教，增闡多端。欲高釋氏之前，乃説李耳在陽甲之歲；欲登儒者之上，乃立九歲在太易之先。欲同佛家五方如來，乃説五方出法度人。擬倫佛經世界初成、風輪下布，乃説氣射往來，變作彌羅之氣。如此之事，一一難陳。秖欲混自濁流，濫彼清濟。金鍮相雜，涇渭難分。誷聖欺賢，蔽蒙天下。瞎他正眼，昧自心靈。夭遏佛門，溝壑正道。傲慢典憲，不懼朝章。使秦川道衆，暗板流傳，遠地發揚，欲妨自害。不遇明聖，真假孰分。佛法中興，待時而顯。苟非其人，道不虚行。

我蒙哥皇帝克岐克嶷，曰聖曰明，布政簡嚴，聰達神武，修祖宗之令典，酌先代之洪規，率由舊章，不忘外護。初鑄國寶，先賛佛門，凡是僧人，並無徭賦。聖旨特賜那摩國師白金二千定，計鈔二十萬兩。修福佛門。又令勝菴主發黄金五百兩、白金萬兩，於昊天寺大作佛事。七日方滿，飯僧萬餘也。

道門志常以八十一化圖刻板既成，廣張其本。若不遠近咸布，寧知李老君之勝？宜先上播朝廷，則餘者自然草靡。乃使金坡王先生、道人温的罕廣齎其本，遍散朝廷近臣。土魯及乞台普華等並授其本。時少林長老裕公建寺鶻林，皇上欽仰，因見其本謗訕佛門，使學士安藏獻呈阿里不哥大王，訴其僞妄。大王披圖驗理，閱實甚虚，乃奏天子，備陳詐冒，破滅佛法，敗傷風化。

天子未詳真僞，俾召少林長老及道士李志常，於大内萬安閣下，共丞相鉢剌海、親王貴戚等，譯語合剌合孫并學士安藏，帝御正座，對面窮考，按圖徵詰。志常一詞罔措，拱身叉手，唯稱「乞兒不會」而已，推以不知。少林讓曰：「汝既不知，何以掌教？」志常又默無言。少林因曰：「道士欺負國家，敢爲不軌！今此圖中説李老君生於五運之前，如此妄言，從何而得？且史記老子與孔子同時，出衰周之際。故唐初秀才胡曾詠史詩云：『七雄戈戟亂如麻，四海無人得坐家。老氏却思天竺住，便將徐甲去流沙。』此則周末時人明矣。

何乃妄構此説，謾昧主上乎？」志常曰：「此是下面歹人做來，弟子實不知也。」少林又曰：「老子既是大賢，宜當佐國安民，匡君不逮。何乃坐視亂亡，西去流沙，忍而不救乎？自己家鄉而不能整，且欲遠化羌胡，不亦謬哉？此同頭上火燒而不能却，且欲遠救他山之火。縱是愚人，亦知迂誕。」志常拱默無言，面赧汗出。少林重奏曰：「道士欺謾朝廷遼遠，倚著錢財壯盛，廣買臣下，取媚人情，恃方凶愎，占奪佛寺，損毁佛像，打碎石塔。玉泉山白玉石觀音像，先生打了。隨處石幢，先生推倒。占植寺家園果、梨栗、水土、田地。大略言之，知其名者，可有五百餘處。今對天子，悉要歸還。」而志常情願吐退，别無詶答。少林又曰：「此化胡圖本是僞造，若不燒板，難塞邪源。」志常唯言「情願燒却」，更無伸説。

上曰：「我爲皇帝未登位時舊來有底，依古行之；我登位後先來無底，不宜添出。既是説謊道人新集，不可行之。」時勝講主瞋目詈之，指爲畜類，塊然無對。帝謂群臣曰：「道士理短，不敢詶答也。」

少林翌日復上表云：「和林上都北少林寺嗣祖雪庭野人誠惶誠恐，頓首頓首，謹言……自我皇朝聖祖開闢大統以來，兵燼之際，有學者興，肇起其門，是曰全真。冠伯陽之衣冠，稱伯陽之徒黨，棄伯陽之宗廟，悖伯陽之道德，浸漫四方，不可勝數。毁拆寺宇，摧滅聖像，僞興圖籍，妄設典章，肆其異端，以干時惑衆，殘賊聖人之道。輒以無稽之言自彫入藏，目之爲經，良可笑也。如新集老氏八十一化圖、化胡經等，百端誣誕之説，使識者誦之則齒寒，聞之則鼻掩。圖云：『老君以殷第十八王陽甲庚申歲，真妙玉女晝寢，夢日精駕九龍而下，化五色流珠，吞之而孕。八十一年，至二十一王武丁庚辰二月十五日，其母攀李樹，剖左脇而生。九步生蓮，四方乘足。日童揚輝，月妃散華。七元流景，祥雲廕庭。四靈翊衛，玉女捧接。其母攀枝，萬鶴翔空，九龍吐水。七十二相，八十一好，指天指地，唯道獨尊。及長，爲文王守藏史。至成、康，爲柱下史，而棄周爵。』不知此語何從所出也。又云：『老君以周昭王二十四年四月八日上昇太微，復生於成都李氏家，與尹喜會。復上昇，適西竺，使尹喜作佛，以化胡人，剃鬚髮爲僧，誓而歸之。』如此謬妄數端，皆兒戲之語也。嘻噫！佛生周昭，老生於定，尹喜受道德於景王之己卯，相去五百有七年。何尹喜之爲佛耶？是今日適越而昔至也，無乃太誕乎？夫老氏之首末具載周史，而今以爲殷陽甲真妙玉女所生者，然則真妙者凡耶？聖耶？若聖，則老氏豈復仕周爲吏耶？若凡，則何族耶？況老氏之聖也，有萬種禎祥，而世人豈不知，復以爲吏耶？何捨明趣味如此？可不愧歟？況今槐里塚墓在焉。其徒以爲老氏白日上昇，何塚墓之有哉？乃棄於荆棘之間而不祀，此皆具人眉目者之所不爲也。其莊、列氏亦伯陽之命世亞聖也，而子莊子言，老聃死，秦佚弔之，三號而出，獨不言上昇太微之事乎？子列子雖闢尹喜一言之善，又〔二〕嘗捨之，又喜仲尼答西方有大聖人，以爲至言，獨不言化胡之事乎？略舉其兩端，則衆謬斯釋矣。以前後所説，全與本史相違，似非老聃者也。然則老聃外别有太上老君者成聖耶？何設僞以非聖人者如此？且夫世亦有至不肖者，然樵牧之豎安敢輒欺之，況大聖人乎？仲尼曰，非聖人者無法，此大亂之道也。又許昌新作三教碑，以老氏正席，佛、儒翼之，亦不稽古之甚也。且三教之位，自漢至今，千有餘載，如指之據於掌，短長左右固有定處，豈匹夫匹婦能異哉？觀此效顰忘本之徒，必欲毁滅大覺之道，非毁而能滅，惜乎伯陽之道掃地矣……但野人福裕無任瞻天望聖誠惶誠恐頓首頓首謹言。即乙卯年八月也。」

帝既目覽是非，具知臧否，乃傳聖旨曰：「那摩大師、少林長老奏來，先生毁壞了釋迦牟尼佛底經教，做出假經來有。毁壞了釋迦牟尼佛底聖像，塑著老君來有。把釋迦牟尼佛塑在老君下面坐有。共李真人一處對證問來。李真人道：『我並不理會得來。』今委布只兒衆斷事官，那造假經人及印板木，不揀是誰根的有呵，與對證過。若實新造此説謊經，分付那摩大師者，那造假經底先生，布只兒爲頭衆斷事官一處當面對證倒時，決斷罪過，要輕重那摩大師識者。又毁壞釋迦佛像及觀音像，改塑李老君底，却教那先生依前舊塑釋迦、觀音之像。改塑功了，却分付與和尚每者，那壞佛的先生依理要罪過者。斷事官前立下證見，交那摩大師識者。若是和尚每壞了老子塑著佛像，亦依前體例要罪過者。即乙卯年九月二十九日，君腦兒裏行此聖旨。」

那摩大師緣此聖旨，見奉福寺先生侵了餘占寺院，先生不肯分付；及玉泉山白玉觀音，先生打了不肯陪還；使少林長老、金燈長老就德興府對今上皇帝，宣前聖旨，即要陪償。少林長老先與執結，而張權教志敬妄欲支吾，不肯分付。今上大怒，令劉侍中活者思歐擊罵之，頭面流血，全無愧恥。明年，遣使胡靚孫下來，依著皇帝聖旨本意，盡行歸斷，時築界牆。分付奉福寺家：「初蒙哥皇帝聖旨裏委付布只兒爲頭衆斷事官隨路合退，先生住著寺院地面三十七處，並令分付釋門。」而李志常不依歸斷，差道士樊道録再奏：「聖旨别生情見，依著胡靚虎那演抄數，已後不許改正。」雖如是奏，上未允許。而道士樊志應但向乞台普花處説，便詐傳皇帝聖旨，一面却都奪了，復推界牆。

丙辰年五月，那摩大師再共少林長老、奉福亨長老、統攝温菴主、開覺邁長老、大名津長老、上方雲長老、資福朗講主、塔必小大師蘇摩室利、中山提領要阿失、真定譯言蒙古歹並上合剌鶻林預待李志常等，共對朝廷，與先生每大行辯論。以七月十六日，覲帝於鶻林城之南昔剌行宫。帝引諸師入内，温顔接話，並賜金帛，專待道士辯明真僞。而李志常怯不敢去，自念前對天子，唯推不知，今更相抗，慮恐墮負。乃使權教張志敬、字義卿。魏仲平、温的罕等遷延緩進，狙僧遠近，竟不面會。䁥聞諸師退朝，即復趨程天子。阿里不哥大王知此道士無理，雖復多語，竟不與言。而李志常見僧上行，進退狼狽，愁思内鬱，變成腦疽，股慄魂驚，又感雷震，因而殂焉。故常時之人爲詩詠云：「楂子店前不死方，老丘傳與李真常。三千玉女長春館，十二瓊樓偃月堂。服氣變爲休息痢，吞霞化作腦疽瘡。全真業貫年來滿，霹靂掀簷罪玉皇。」聞者以爲實言。即戊午年六月日也。

帝以諸王大會封賞事殷，僧道對辯之事且令阿里不哥大王替行問當，所有事件，一一奏聞……丁巳年秋八月，少林長老、金燈長老再上朝廷。阿里不哥大王特傳聖旨：「道家前來做下八十一化圖，破壞佛法，并餘謗佛文字有底板木，燒毁了者。有塑著底、畫著底、石頭上刻著底、先生每不依舊時體例裏底，並與壞了者、刷洗了者、磨了者，委付今上皇帝如法行了者。帝念此處已定，漢地不知，若不就彼廣集對辯，辭窮自屈，乃訟國家强抑折伏。時今上皇帝建城上都，爲國東藩，皇帝聖旨，倚付將來，令大集九流名士，再加考論，俾僧道兩路邪正分明。今上皇帝承前聖旨事意，普召釋道兩宗，少林長老爲頭衆和尚每，張真人爲頭衆先生每，就上都宫中大閣之下座前對論。」内衆即有那摩國師、拔合斯八國師……等三百餘僧，儒士竇漢卿、姚公茂等，丞相蒙速速廉平章、丞相没魯花赤、張仲謙等二百餘人共爲證義。道士張真人、蠻子王先生、道録樊志應、道判魏志陽、講師周志立等二百餘人共僧抗論。

校記

〔一〕「匡」，當爲誤字，可能是「罔」字之類否定詞。

〔二〕「又」，疑爲「未」字之誤。

（卷三）

今上問曰：「道家所造八十一化圖，并餘謗佛文字，李志常先於蒙哥皇帝面前共少林辯論，已屈伏了，招承燒却。皇帝恐先生每心内不伏，特傳聖旨，再倚付將來，令子細持論。若是僧道兩家有輸了底，如何治罰？」釋曰：「西天體例，若義墮者，斬頭相謝。」而道士相顧，莫敢明答。帝曰：「不須如此。但僧家無據，留髮戴冠；道士義負，剃頭爲釋。」時先生每鳧躍鶴列，藍袍錦袖，攘臂争前。

僧曰：「釋道辯諍，源起化胡。今將從頭一一討論。且如汝書題云『太上混元上德皇帝明威化胡成佛經』，若具辯之，恐成繁雜，且舉大意，試爲評論。問云：今化胡經文，端的實是老子説耶？」道曰：「是老君説也。」釋曰：「若是老君説來，化胡經中説俺僧衆剃髮受戒所行之事，汝宜知之。受戒儀範，詳細説來。」道曰：「爾每之事，我不管之。」釋曰：「受戒小事，汝猶不知。明顯化胡經文並是偷佛經作。」道士無答。又問：「化胡成佛，佛是何義？」道曰：「佛是世間上等好人。」釋曰：「自古以來多少好人，何不稱佛耶？佛之深義，汝本不知。」道曰：「佛是覺義。」釋曰：「覺箇甚麼？」道曰：「覺察，覺悟。」釋曰：「何者能覺？何者所覺？」道曰：「覺天覺地，覺陰覺陽，覺仁覺義，覺知覺信，無所不覺，是佛義也。」釋曰：「佛是大聖之人，窮盡性命之道，豈但覺於仁義耶？五常訓世之典，孔子所談。佛若但知此者，孔子何不稱佛耶？」道士無答。圓福長老問姚公茂曰：「仁義等語，老子之言耶？孔子之言耶？」姚公茂答曰：「孔子之教也。」圓福曰：「道士從來偷俺佛經，改作道書。儒門唯有仁信之言，汝家看守不定，亦被道士每當面偷了。」帝問諸儒曰：「仁義之語，孔子所談耶？」姚公茂等對曰：「是孔子之説也。」帝曰：「既是孔子之説，云何將來説佛？明知道家之言並是説謊之語。」

道士既不能答，乃將老子傳、化胡經、史記等書呈於帝。帝曰：「不須道士多言，但取文字爲證。」帝曰：「此是何人之書？」道曰：「此是漢地自古已來有名皇帝集成底史記，古今爲憑。」帝問：「自古皇帝唯漢地出耶？他處亦有耶？」道曰：「他國亦有。」又問：「他國皇帝與漢地皇帝都一般麼？」道曰：「一般。」又問：「既是一般，他國皇帝言語，漢地皇帝言語，都一般中用麼？」答曰：「都中使用。」帝曰：「既中使用，老子他處不曾行化。而這史記文字主張老子化胡，不是説謊文字？那這般史記都合燒了，不可憑信。」道士並無一答。那摩國師以拄杖指著道士罵曰：「這般驢馬之人百事不曉，與這般先生設箇什麽？」

拔合思八國師問曰：「老子留下根本經，教名爲什麽？」答曰：「有道德經是正根本。」再問：「除此經外，更有什麽根本經教？」再答：「唯此道德爲源本經。」再問：「此道德中還有化胡事麽？」答：「無有此事。」問：「此中無有，何處説耶？」答曰：「漢兒地而史記文字説化胡事。」問：「儞上説言，他國史記與此漢地史記一般中用。俺西天有頻婆娑羅王史記言語，還憑麽？」答曰：「都是史記，敢不憑信。」又問：「既然憑信，彼史記道：『天上天下無如佛，十方世界亦無比。』此是西天史記恁般説來。既『天上天下無如佛』，何處更顯老君化胡成佛來？明知儞每之言並是虚謟之説。」道士無答。國師又曰：「彼史記又言：『天下有頭髮底俗人，禮拜一箇小小沙彌。』這般言語，彼史記道來，不曾見説老君度人。汝曾聞麽？」道士答曰：「不曾聞得。」上怒曰：「偏此史記汝不聞得，漢地史記儞偏聞得。」姚公茂謂道士曰：「守隅曲士，難論大方。只爲執著漢兒史記，自語相違。向者前言都是史記，敢不憑信。既西天史記如此言之，則佛是聖也，今已輸了。」猶更折證，道士默然。帝曰：「老君之名但聞此處，佛之名字普聞天下，何得與佛齊耶？」道士言既無據，面赧詞窮。

先是，少林上表於蒙哥皇帝，論道不真。中有一道士不勝其憤，高言謂少林曰：「汝之表文謗李老君，言其實死，妄引莊子秦佚弔之。此乃莊周寓言，何可憑信？」少林曰：「莊子之書，道家宗尚。既是寓言，則道藏之言並無實説。」道士又屈。

帝問張真人曰：「爾心要持論否？」張真人曰：「不敢持論。」上曰：「爾每常説，道士之中多有通達禁呪方法，或入火不燒，或白日上昇，或攝人返魂，或驅妖斷鬼，或服氣不老，或固精久視。如此方法，今日盡顯出來。」張真人並無酬答。

時逼日没，閤中昏暗。帝曰：「道士出言掠虚，即依前約，脱袍去冠，一時落髮。」當時正抗論者一十七名。論畢，那摩大師使西京明提領、燕京定僧判、玉田張提點、德興府龐僧録及隨路僧官監守防送，來到燕京。既入都門，塔必大師蘇摩室利使道士星冠袍服掛在長竿，普令曉諭。并所占寺宇、山林、水土四百八十二處，並令分付釋家。洎燕京奉福寺、長春宫所占虚皇大閣，却分付與金燈長老。上件八十一化等僞經，及有雕底板木，並令燒却。并天下碑刻之文、塑畫之像，道家無底，盡與剗除。少林長老與僧議曰：「若盡要了，恐譏恃力。却回與二百八十處，但取訖二百二處。」大小讚美，稱佛門之多讓焉。

今上皇帝乃降聖旨曰：「依著蒙哥皇帝斷來聖旨，先前少林長老告稱，李真人爲頭先生雕造下説謊底文書：化胡經、十異九迷論、復淳化論、明真辯僞論、辯正謗道釋經、辟邪歸正議、八十一化圖。上欽奉聖旨，倚付將來，俺每抱集至，和尚、先生對面持論過，爲先生每根脚説謊上，將和尚指説出來底説謊化胡經衆多文書并刻下板燒毁了者。這般斷了，也恐别人搜刷不盡，却教張真人自行差人各處追取上件經文板木，限兩箇月赴燕京，聚集燒毁了者。及依著這説謊文書轉刻到碑幢并塑畫壁上有底，省會隨處先生就便磨壞了者，刮刷了者。先生不得隱藏者。若有隱藏的，或人告首出來，那先生有大罪過者。時戊午年七月十一日行。」

張真人既聽讀訖，乃使人就雲臺觀追取説謊僞經化胡經、八十一化圖等板木，及隨處宫觀有底僞經，輦載到燕京，於大憫忠寺正殿之西南，面對百官，並與燒却，萬壽諫和尚與下火云。

（卷四）

元初焚禁道經相關詔書

欽奉聖旨禁斷道藏僞經下項：見者便宜燒毁。

化胡經王浮撰。　猶龍傳　太上實録宋謝守灝撰。　聖紀經　西昇經　出

明真塞記　帝王師録　三破論齊人張融假託他姓。　十異九迷論傳奕、李玄卿。　輔正除邪論吴筠。　辯僞論吴筠。　十小論吴筠。　欽道明證論唐員半千假託他姓。　謗道辟邪歸正議杜庭〔一〕。　齕邪論梁曠。　辯仙論梁曠。　三天〔二〕列記　大方釋經破大藏經。　林靈素、杜光庭撰。　五公問虚無經　三教根源圖大金天長觀道士李大方述。　道先〔三〕生三清經　九天經　赤書經　上清經　赤書度命經　十二〔四〕虚無經　藏天隱月經　南斗經　玉緯經　靈寶二十四生經　歷代應現圖　歷代帝王崇道記　青陽宮記　紀勝賦　玄元内傳　樓觀先生内傳　高上老子内傳　道佛先後論　混元皇帝實録

長生天氣力裏，大福廕護助裏，皇帝聖旨。

道與中書省、樞密院、御史臺、隨路宣慰司、按察司、達魯花赤管民官、管軍站人匠等官，并衆先生每：在前蒙哥皇帝聖旨裏：「戊午年，和尚、先生每折證佛法，先生每輸了底上頭，教十七箇先生剃頭做了和尚，更將先生每説謊做來的化胡等經并印板都燒毁了者。隨路觀院裏畫著底、石碑上鐫著底八十一化圖盡行燒毁壞了者。」麼道來。如今都功德使司奏：「隨路先生每將合毁底經文并印板至今藏著，却不曾毁了。更保定、真定、太原、平

陽、河中府王祖師菴頭，關西等處，有道藏經板。」這般奏的上頭，教張平章、張右丞〔五〕、焦
尚書、泉總統、忽都于思、翰林院衆學士、中書省客省使都魯〔六〕、中書省宣使苫速丁、淵僧
録、真藏僧判、衆講主長老等，張天師、祁真人、李真人、杜真人衆先生每，一同於長春宫内
分揀去來。如今張平章等衆人每迴奏：「這先生家藏經，除道德經是老君真實經旨，其餘
皆後人造作演説，多有詆毁釋教、偷竊佛語。更有收入陰陽、醫藥、諸子等書，往往改易名
號，傳注訛舛，失其本真。僞造符呪，妄言佩之令人商賈倍利，夫妻和合有如鴛鴦，子嗣蕃
息，男壽女貞。誑惑萬民，非止一端，意欲貪圖財利，誘説妻女。至有教人非妄『佩符在
臂，男爲君相，女爲后妃，入水不溺，入火不焚，刀劍不能傷害』等。及令張天師、祁真人、
李真人、杜真人試之於火，皆求哀請命，自稱僞妄，不敢試驗。今議得，除老子道德經外，
隨路但有道藏説謊經文并印板，盡宜焚去。」又據祁真人、李真人、杜真人等奏告：「據道
藏經内，除老子道德經外，俱係後人捏合不實文字，情願盡行燒毁了，俺也乾浄。」准奏。
今後先生每依著老子道德經裏行者。如有愛佛經底，做和尚去者。若不爲僧道，娶妻爲
民者。除道德經外，説謊做來底道藏經文并印板盡行燒毁了者。今差諸路釋教泉總統、
中書省客省使都魯前去，聖旨到日，不以是何官吏、先生、道姑、秀才、軍民人匠鷹房打捕
諸色人等，應有收藏道家一切經文，本處達魯花赤管民官添氣力用心拘刷，見數分付與差

去官，眼同焚毁。更觀院裏畫著底、石碑上鐫著底八十一化圖，盡行除毁了者。自宣諭已後，如有隨處隱匿道家一切説謊捏合、毁謗釋教、偷竊佛言、窺圖財利、誘説妻女如此誑惑百姓符呪文字，及道家大小諸般經文，若所在官司不添氣力拘刷，與隱藏之人一體要罪過者。外，民間諸子、醫藥等文書自有板本，不在禁限。

准此。至元十八年十月二十日。

校記

〔一〕「杜庭」，佛祖歷代通載卷二一作「杜光庭」，或是。
〔二〕「天」，原誤作「光」，據佛祖歷代通載卷二一正。
〔三〕「道先」，佛祖歷代通載卷二一作「混元」。
〔四〕「三」，佛祖歷代通載卷二一作「二」。
〔五〕「右丞」，佛祖歷代通載卷二一作「左丞」。
〔六〕「魯」，原脱，據佛祖歷代通載卷二一補。

長生天氣力裏，皇帝聖旨。〔一〕

宣撫司〔二〕每根底，城子裏、村子裏達魯花赤根底，官人每根底，張真人爲頭兒先生每根底宣諭的聖旨：馬兒年，和尚、先生每持論經文，問倒先生每的上頭，十七箇先生每根底教做了和尚也。已前屬和尚每底，先生每占了的四百八十二處寺院，內二百三十七處寺院并田地、水土、產業，「和尚根底回與也」麼道，張真人爲頭兒先生每退狀文字與了來。又，「先生每説謊做來的化胡經等文字印板教燒了者。石碑上有底，不揀甚麼，上頭寫著底文字有呵，盡都毀壞了者」麼道來。又，已前先生每，三教裏釋迦牟尼佛的聖像當中間裏塑著有，老君、孔夫子的相貌左右兩邊塑著有來。如今先生每把已前體例撇了，「釋迦牟尼佛的聖像下頭塑者有〔三〕」麼道，這般説有。「依著已前三教體例裏做者。釋迦牟尼佛的聖像下頭塑有呵，改正了者。」麼道，斷了來。如今少林長老爲頭兒和尚每奏告：「教回與來的寺院內，一半不曾回與了的，却再爭有。又説謊做來的化胡經等文字印板，一半不曾燒了有。三教也不依著已前體例裏做有。」麼道，這言語是實那，是虛？真箇這的每言語一般呵，一般斷了者。別了呵，怎生行的？依著已前斷了的，內不曾回與來的寺院有呵，但屬寺家的田地、水土、產業，回與了者。説謊做來的化胡經文書印板不曾毀壞了的有呵，毀壞了者。三教也依著已前體例裏做者。俺每的這聖旨這宣諭了呵，已前斷了的言語別了呵，寺院的田地不回與呵，爭底人有呵，斷按打奚罪過者。又這和尚每「有聖旨」麼道，已前斷了的已外，不屬自己的寺院、田地、水土爭呵，不怕罪過那甚麼？聖旨俺每底。鷄兒年〔四〕六月二十八日，開平府有的時分寫來。

校記

〔一〕河北蔚縣玉泉寺碑載有至元十七年聖旨，與此大致相近。劉建華河北蔚縣玉泉寺至元十七年聖旨碑考略（考古一九八八年第四期）有録文和部分拓片，可參。

〔二〕「宣撫司」，蔚縣玉泉寺聖旨碑作「宣慰司」，似較是。

〔三〕「有」，原作「存」，據文意改。

〔四〕「鷄兒年」，當爲元世祖中統二年（公元一二六一辛酉年）。

長生天底氣力裏，蒙哥皇帝福廕裏，薛禪皇帝潛龍時令旨。

道與漢兒州城達魯花赤管民官、僧官僧衆、道官道衆人等：據少林長老告稱，蒙哥皇帝聖旨裏委付布只兒爲頭斷事官，斷定隨路合退先生住寺院地面三十七處，却有李真人差人詐傳蒙哥皇帝聖旨，一面奪要了來。這言語問得承伏了，是李真人差人詐傳的上頭，如今只依先前的聖旨委付布只兒爲頭斷事官元斷定三十七處地面，教分付與少林長老去也。

准此。至元戊午年〔二〕七月十一日開平府行。

（載祥邁辯僞録卷二）

校記

〔一〕至元年號並無戊午年，此戊午當指一二五八年，「至元」蓋衍。

聖旨焚毁諸路僞道藏經之碑

唐方 等

翰林院臣唐方、楊文郁、王構、李謙、閻復、李濤、王磐等奉勑撰〔一〕

至元二十一年三月日〔二〕，詔遣資德大夫、總制院使兼領都功德使司事相哥諭翰林院：戊午年僧道持論，及至元十八年十月二十日焚毁道藏僞經始末，可書其事于後〔三〕。臣磐等謹按釋教總統合台薩哩所録事跡，昔在憲宗皇帝朝，道家者流出一書曰老君化胡成佛經，及八十一化圖，鏤板本，傳四方。其言淺陋誕妄，意在輕蔑釋教而自重其教。罽賓大師蘭麻、總統少林福裕以其事奏聞。時上居潛邸，憲宗有旨，令僧道二家詣上所辯析。二家自約，道勝則僧冠首而爲道，僧勝則道削髮而爲僧。僧問道曰：「汝書謂化胡成佛經，且佛是何義？」道對曰：「佛者，覺也。覺天覺地、覺陰覺陽、覺仁覺義之謂也。」僧曰：「是殆不然。所謂覺者，自覺、覺他、覺行圓滿。三覺圓明，故號佛陀。豈特覺天地、陰陽、仁義而已哉？」上謂侍臣曰：「吾亦心知仁義乃孔子之語。謂佛覺仁覺義，其説非也。」道者又持史記諸書以進，欲以多説僥倖取勝。帝師辯的達拔合思八曰：「此謂何書？」曰：「前代帝王之書。」上曰：「今持論教法，何用攀援前代帝王？」帝師曰：「我天竺亦有史記，汝聞之乎？」對曰：「未也。」帝師曰：「我爲汝説，天竺頻婆娑羅王讚佛功德，有曰：『天上天下無如佛，十方世界亦無比。世間所有我盡見，一切無有如佛者。』當其説是語時，老子安在？」道不能對。帝師又問：「汝史記有化胡之説否？」曰：「無。」「然則老子所傳何經？」曰：「道德經。」「此外更有何經？」曰：「無。」帝師曰：「道德經中有化胡事否？」曰：「無。」帝師曰：「史記中既無，道德經中又不載，其爲僞妄明矣。」道者辭屈。尚書姚樞曰：「道者負矣。」上命如約行罰，遣使臣脱歡將道〔四〕者樊志應等十有七人詣龍光寺削髮爲僧，焚僞經四十五部。天下佛寺爲道流所據者二百三十七區，至是悉命歸之。道教提點甘志泉所居吉祥院，其一也，據而不與。至元十七年夏四月，僧人復爲徵理。長春道流謀害僧録廣淵，聚徒持捉，毆擊僧衆。自焚廩舍，誣廣淵遣僧人縱火。且聲言：「焚米三千九百餘石，他物稱是。」事達中書省，辯其誣。甘志泉、王志真欵伏。詔遣樞密副使孛羅及諸大臣覆按，無異辭。志泉、志真就誅，劓刵〔五〕流竄者凡十人。仍徵所聲言米物如其數，歸之僧衆。會有道家僞經尚存，爲言者聞諸皇太子。十八年九月，都功德司脱因小演赤奏言：「往年所焚道家僞經板本、化圖多隱匿未毁。其道藏諸書類皆詆毀釋教，剽竊佛語，宜加甄別。於是命樞密副使與前中書省左丞文謙、秘書監友直、釋教總統合台薩哩、太常卿忽都于思、中書省客省使都魯、在京僧録司教禪諸僧及臣等詣長春宮無極殿階，正〔六〕一天師張宗演、全真掌教祁志誠、大道掌教李德和、杜福春暨諸道流考證真僞。翻閲兼旬，雖卷帙數千，究其本末，惟道德二篇爲老子所著，餘悉漢張道陵、後魏寇謙之、唐吴筠、杜光庭、宋王欽若輩撰造演説，鑿空架虚，罔有根據。詆毀釋教，以妄自尊崇；復愛慕其言，而竊爲己有；假陰陽、術數以示其奥，裒諸子、醫藥以誇其博；往往改易名號，傳注訛舛，失其本真。又所載符呪，妄謂佩令人商賈倍利、子〔七〕嗣蕃息、伉儷和〔八〕如鴛鴦之有偶，將以媒淫辭而規財賄。至有教人非妄『佩符在臂，則男爲君相，女爲后妃，入水不溺，入火不焚，刀劍不能傷害』之語。其僞妄駁雜如此。留之徒以誑惑愚俗。自道德經外，宜悉焚去，臣等同辭以聞。」上曰：「道家經文傳訛踵謬非一日矣。若遽焚之，其徒未必心服。彼言水火不能焚溺，可姑以是端試之。俟其不驗，焚之未晚也。」遂命樞密副使孛羅、守司徒和禮霍孫等諭張宗演、祁志誠、李德和、杜福春等，俾各推擇一人，佩符入火，自試其術。四人者奏言：「此皆誕妄之説，臣等入火，必爲灰燼，實不敢試。但乞焚去道藏，庶幾澡雪臣等。」上可其奏，遂詔諭天下：「道家諸經可留道德二篇，其餘文字及板本、化圖一切焚毀，隱匿者罪之。民間刊布諸子、醫藥等書不在禁限。

今後道家者流其一遵老子之法，如嗜佛者削髮爲僧，不願爲僧道者聽其爲民。」乃以十月壬子集百官于憫忠寺，盡焚道藏僞經雜書。遣使諸路，俾遵行之。

臣磐等聞，老氏之爲道也，以清浄爲宗，無爲爲本，謙冲以處己，損抑以下人，非有貪欲好勝之事。厥後枝分派列，徒屬寖盛，襲訛成僞，誇誕百出。清浄一變，而爲污穢；無爲一變，無所不爲。如漢之文成、五利，致身求僊，恍惚誕幻，帛書飯牛之詐，黄金可成之妄，一旦敗露，爲武帝所誅。三張之徒，以鬼道惑衆，倡亂天下，爲皇甫嵩、曹魏所滅。宋王仔昔居上清寶籙宫，與女冠爲姦；林靈素自稱神霄紫府仙卿，禳大水不驗；並爲徽宗誅竄而死。迨金〔九〕末年，復有麻被先生、鐵笠李二人，以姦謀秘計出入時貴之門，肆爲淫污之行，咸受顯戮。歷代以來，若此之類，不可勝數。追惟禍亂之源、姦宄之本，率皆假符籙以神其教，託僞經以警其俗，横肆巧誣，倡爲詭狀，詆毀聖教，寇攘内典，固已悖老氏不争不盜之禁矣。及陷刑辟，皆孽子自内作慢，將誰咎哉？且夫釋氏之教宏闊勝大，非他教所擬倫。歷百千世，聖帝明王莫不尊崇。東冒扶桑，西極昧谷，冰天桂海，山河大地，昆蟲草木，胎卵濕化，有情無情，百千萬類，皆依佛蔭生息動止於天地之間。故天上天下，惟佛爲尊。超出乎有生之表，歸極乎無礙之真，智周三界，神妙諸方，澤及大千，功用不宰，其大有如此者。慈航所至，無溺不援，法雨所霑，有生皆潤，憫世人之沈淪幻海，顛覆迷津，展轉多生，流連累劫，將使之脱凡企聖，蠲弊崇真，故神光破沈晦之門，大覺指無生之路，其仁有如此。何意狂謀輒形媢忌，雖積毁銷骨，衆煦漂山，法體圓成，初無小玷。譬如盲人之毁日月，何傷日月之明；井蛙之小河海，奚損河海之大？多見其不知量也。欽惟聖天子識超四諦，道慕三乘，參無象之真空，傳法王之心印，所以尊崇之禮，歸向之誠，矯百僞以從真，黜群邪而歸正，有不容不嚴者焉。況乎筆墨勸淫，妖術誤世，恣爲欺誑，鼓蕩群愚，若不大爲改革，則邪説肆行，枉道惑衆，其如天下後世何？凡天下之理，有善有惡，有正有邪，有真有僞，常混然而同處，雜然而並行。自非稟上聖之資，誕生知之性，智出庶物，明照群情，則紅紫之亂朱，洼淫之變雅，是孰得而辯明之哉？由是言之，聖天子匡濟真圖，翼扶大法之功至矣，概諸聖不可有加矣。于以鑿含靈之耳目，開正途之荒穢，使般若之光永乎無際劫，遍滿恒河沙界，延洪聖壽於無疆，衍綿儲君之福，利鼎祚於億萬年之久者，庸有既乎？是可述也。臣磐等敬爲之書，以貽後人，俾爲老氏之學者有所警焉。

至元二十一年三月　　日

（載祥邁辯僞録卷五）

校記

〔一〕佛祖歷代通載卷二一載此碑，「王構」後多「趙與」，「李濤」作「李𧹞」，後多「李監」，「王磐」

作「王盤」。又有「正奉大夫樞密副使臣商挺奉勅書，光禄大夫中書左丞相監修國史臣耶律鑄奉勅篆額」。從形式看，佛祖歷代通載卷二一可能是據碑録文，辯僞録可能是據碑文底稿。兩本互有異同，爲省煩冗，以下僅出校於文義有影響者。

〔二〕「日」，佛祖歷代通載卷二一作「初三日」。

〔三〕「後」，佛祖歷代通載卷二一作「石」。

〔四〕「道」，原脱，據佛祖歷代通載卷二一補。

〔五〕「刵」，原誤作「刖」，據佛祖歷代通載卷二一正。辯僞録後載公文有「别箇的割了耳朵鼻子的割了」等語，可知當是「刵」字。

〔六〕佛祖歷代通載卷二一「正」上有「偕」字。

〔七〕「子」，原誤作「之」，據佛祖歷代通載卷二一正。

〔八〕「和」，佛祖歷代通載卷二一作「諧和」。

〔九〕「金」，原誤作「今」，據佛祖歷代通載卷二一正。

天皇至道太清玉册

朱　權

昔在金虜、蒙古之時，當宋季中微之日，其羌人呼延邁妬中國道藏内有藏天隱月之經，玉緯、九天等經，皆上天極玄至秘之書，乃詒胡主蒙哥、忽必烈，盡令燒毀。其令有曰：「漢人則興漢人之教，蒙古必興蒙古之教，豈可使漢人的經書勝俺蒙古的？凡有一書一字見，疾燒毀，勿留人間。」今故絶而無傳焉。亦間有存者，未入經藏。今我大明麗天，其中國人必尊中國之道，故紀其名目于左：

藏天隱月經　玉緯經　九天經　上清經　赤書度命經　赤書經　靈寶二十四生經　聖紀經　十三虛無經　五公問虛無經　謗道釋經　道先生三清經　南斗經　西昇經　化胡經　太上實録　混元皇帝實録　玄元内傳　高上老子内傳　樓觀先生内傳　辟邪歸正議　辯仙論　欽道明證論　輔正除邪論　道佛先後論　明真辯僞論　十異九迷論　三破論　齕邪論　十小論　歷代帝王崇道記　三天列記　青陽宫記　出塞記　三教根源圖　歷代應現圖　帝王師録　猶龍傳　紀勝賦　霹靂經　太上化胡書　至正辯僞録　唐八學士議狀　心傳玉堂初階宗旨　心傳玉堂宗旨　太清玉册　太清天籙　太清玉譜　重編猶龍傳　重編龍虎經　闡道論　三教本末　造化鉗槌　神隱　太極　丹髓　庚辛玉册　遐齡洞天誌　蓬瀛志　玉宸玄範　玄範行移式　北辰奏告儀　水火鍊度儀　禳五部儀　玉樞會醮

儀　圜堂儀　水府拔幽燈儀　祈天懺　保命燈科　肘後神樞　肘後靈樞　肘後經　運化玄樞　乾坤生意　壽域神方　神應經　十藥神書　天地卦　北斗課　涉世圖　茶譜　洞天神品秘譜　神功妙濟丹方　注解道德經　注解清静經　注解大通經　注解洞古經　注解太上心經　注解素書　注解長生久視經　唐聖祖傳

劉基曰：元者，祥邁等妬中國道教之經典皆天章龍文之書、琅函玉笈之典，時儒者多尚之，釋氏歸道者十有七八，祥邁乃詒胡主忽必烈，盡焚中國道藏經書，其令有曰：「敢有收執片紙隻字者，勿赦。」自是中國道藏經書始絶。時值宋遇傾圮、胡虜亂華、離明有晦、幽陰侵陽故也。

自靖康徽、欽北狩，當金虜亂華之日，羌胡乃作，滅中國大道之書。至胡元二百七十二年之間，所作妖書九十卷，假以唐人道宣、道世、玄嶷、智昇、法琳等所作，而滅中國之道。其辯僞録有曰：「使大羅玉帝魂驚於九天之中，元始天尊膽落於三清之上，萬天教主羞赧難神，九府洞仙慚惶無地。」毁天帝、滅孔老、貶黄帝之惡言不可盡書。蓋黄帝乃繼天立極之始祖也，老子乃唐之祖也，安有當時之人自滅時君之祖？豈中國人自滅中國之道？實遼、金、胡元之人所作。宋理宗端平間，因胡寇鈔邊，乃得是書一二卷。帝覽書嘆曰：「縱尔百千萬卷，只以中國夷狄之道論之，其高下不待辯而可知矣。」故紀滅道妖書名目于左：

佛道論衡實録四卷　續佛道論衡一卷　甄正論三卷　辯正論八卷　破邪論二卷　弘明集十四卷　廣弘明集三十卷　法苑珠林内第五十五卷　至元辯僞録五卷　佛祖通載二十二卷

（卷二天皇龍文章）

按：此處所記頗爲荒誕不經，但係道教視角下對至元焚經的記載。其中所載焚經目録，紀勝賦以上與辯僞録所載相合，霄霤經以下則不知來源，有些可能有歷史依據，有些可能來自當時的闕經目録，有些甚至可能是朱權的杜撰。

回鶻之教

按回鶻謨素兒馬儀教門之經，漢譯其名曰太上老君往西域化胡得道天經，曰：人子之道在於忠孝，既知忠孝，要知身體從何而來，乃是父母之遺體，以成子身。既有此身，便要知孝道之理。用於君必要盡人臣之義，不敢悖乎天道。其大道也，獨主一元，造化爲天地日月星辰萬物之主，至廣至大，至尊至貴，無極無一之道，是以包含萬象，萬教千門皆從此出。故爲天地萬物之母。其爲人也，天之所生，天之所履，只知有一箇天，故曰奉天爲教。偈曰：有物先天地，無形本寂寥，而爲萬象主，天道自昭昭。以是論之，太上之設教，雖蠻貊之邦、異言之域，莫不化之以仁，而教之以義，備見於此矣。故回鶻之人，修其教者，三百歲者有之，是其驗也。故回鶻之人，不悖其天而奉其教焉。其教也，止知有天，更不奉其他神。每日朝暮，向天叫天而求福，以手接之，捫之於面，揣之於懷，謂天賜福矣。此回鶻奉天之教也。

宋理宗皇帝御製化胡辯

朕嘗觀滅儒道諸書，胡人皆忌其老子有化胡之説，言老子生於定王之世，佛生於老子出關之前，在昭王之日，因與中國儒書所載不同。朕以儒典考之，通鑑内當幽王之世，洛河竭，有老子嘆河竭之説，皆載之史籍矣。幽王乃定王之十世祖也，在定王前，相隔十世之前，何先有老子之名也？又考之漢劉向所編老氏傳，載老子在商爲西伯之守藏史。又考之儒典曰：「老彭，商之賢大夫也。」又考之回回經書，皆載老子化胡成道事蹟。以是推之，老子生於商可辯矣。蓋當是時，受天命而君天下者曰天王，周以文王之德，皇天眷命，奄有四海，爲天下君。其德澤化被萬方，無思不服，是以萬方來朝，皆沐天子之德澤所致也。其老氏乃周天王之臣也，以天子德化，西出函谷，化被羌酋〔一〕，其治教皆出於中國。如言修道學道者，道之一字，乃老子所起。既曰修道，即老子所化而無疑矣，豈非老氏之徒乎？中庸曰：「修道之爲教。」既言修道，即是修老子之教也。復何疑焉？其佛也，載諸梁武帝與昭明太子所編文選，其佛生之日已有證矣。其文曰「周魯二莊，親昭夜景之鑑」，謂恒星不現也；「漢晉兩明，並勒丹青之飾」，謂其教始興也。謂佛生於周莊王之九年，當魯莊公之七年，佛法漢明帝時始來，其教晉明帝時始興，故曰「二莊而生」「兩明而興」。此梁武帝命載諸儒典，爲天下萬世之證，此萬世之公論，不可改也。豈非天意之有在，是知中國聖人誕生之跡、化胡之事，天道有不可泯者矣！嗚呼艱哉！

今故考之道、釋二教，函矢之生者，始於王浮。初爲生，因其聰慧絶倫，衆僧妬之，酖之不死，浮遂畜髮爲黄冠，陞爲祭酒，因與僧家有隙，乃改古本化胡經，增其僞説，互相抗壓，於是移老子生於定王之世，移佛生於昭王之時，在老子西化出關之前，自是函矢之生非一日也。余謂其化胡之事不可憑，道、釋二家之書當以儒典證之，則知何人爲之立教，爲何人所化也。其事見乎括地志四夷部、魏略西戎傳、隋史西域傳、襄〔二〕楷上漢桓帝疏及所注三國志、崔元山瀨鄉記、皇甫謐嵇康等傳、范蔚宗書、宋雲南行記、唐太宗實録、八學士議狀、歷代帝王之贊、唐玄宗宋光宗之序，俱有載也，皆出於儒書，及見回回謨素兒馬儀經，事之虛實，昭如日星，不可掩也。此天下萬世之公論，明矣。吾復何言哉！校其佛氏之教，導之以慈愛；黃帝之教，導之以仁義；老氏之教，導之以道德，陳之以忠孝；孔氏之教，導之以禮樂，陳之以綱常。此三教開化之本，莫過止于一善而已，豈可以同藝相妬而相攻耶？雖〔三〕夷夏之不同，風俗之各異，而其爲善一也。自漢之先，中國止知有儒道二教，儒者尚以楊朱、墨翟爲異端而攻之，至宋亦以濂、洛諸儒爲僞學，因其各立門庭，不循先王之軌轍也。蓋聖人立教必有妙理，如孔門尚謂理有未窮，知有未盡，聖人尚爾，況庸夫俗士，安能測識哉？豈可妬其所長而毀天帝，貶孔老而嫉之也？是謂非聖人者無法，此大亂之道也，豈不然乎？

（以上卷六玉笈靈文章）

按：以上兩條文理淺薄，極其荒誕無稽，但也代表了老子化胡經亡佚後新出現的化胡説。

校記

〔一〕「酋」，原作「酉」，據文義正。

〔二〕「襄」，原作「裴」，據文義正。

〔三〕「雖」，原作「睢」，據文義正。